Rainer Jakubowski
Risikomanagement und Regulierung

Rainer Jakubowski

Risikomanagement und Regulierung

Aufgabengebiete und neues Rollenverständnis des
Bank-Risikomanagements

DE GRUYTER
OLDENBOURG

ISBN 978-3-11-059654-0
e-ISBN (PDF) 978-3-11-059657-1
e-ISBN (EPUB) 978-3-11-059970-1

Library of Congress Control Number: 2024937173

Bibliografische Information der Deutschen Nationalbibliothek
Die Deutsche Nationalbibliothek verzeichnet diese Publikation in der Deutschen Nationalbibliografie;
detaillierte bibliografische Daten sind im Internet über http://dnb.dnb.de abrufbar.

www.degruyter.com

Vorwort

In diesem Lehrbuch werden die beiden wesensverschiedenen und dennoch eng verbundenen Materien des Risikomanagements einerseits und der Bankregulierung andererseits in ihren Grundzügen dargestellt, um ein Rollenverständnis des zeitgemäßen Risikomanagements zu entwickeln. Dieses Buch ist entstanden aus dem Wunsch, die eigene berufliche Tätigkeit als Entscheider im Risikomanagement eines Kreditinstituts wissenschaftlich einzuordnen. Dabei stellte sich heraus, dass es zum Risikomanagement einer Bank zwar unzählige wissenschaftliche Literatur zum aufsichtsrechtlich motivierten Risikocontrolling gibt, aber nur wenig Spezifisches zum Entscheidungsprozess, Risiken einzugehen.

Ein Student fragte mich einmal, wie er denn vorgehen solle, wenn er sich für eine Laufbahn im Risikomanagement einer Bank interessiere. Er könne sich darunter noch wenig vorstellen. Sein Arbeitgeber, der Leiter eines mittelgroßen Kreditinstitutes, habe ihm zu dieser Frage lediglich die MaRisk[1] zur Lektüre überreicht. Wie an diesem Beispiel zu erkennen ist, hält sich hartnäckig die Auffassung, die Risikomanagementfunktion habe im Wesentlichen die Aufgabe, die aufsichtsrechtlichen Anforderungen umzusetzen. Mit dieser Einstellung reduziert sich die Risikomanagementfunktion eines Finanzinstituts auf die Rolle eines verlängerten Arms der Regulierungsbehörde. Dieses Lehrbuch stellt demgegenüber die Kernaufgaben eines betriebswirtschaftlich ausgerichteten und entscheidungsorientierten Risikomanagements vor, die die Regulatorik zwar einbezieht, sich aber nicht in ihr erschöpft.

Unter Risikomanagement verstehen unterschiedliche Berufsgruppen sehr verschiedene Tätigkeitsgebiete. Fragt man den Versicherungsfachmann, ist es die Bestimmung des Risikomaßes und die Versicherungstechnik. Fragt man die Bankfachfrau, geht es um die Erstellung eines Bonitätsratings oder das Risikocontrolling. Fragt man die Finanzabteilung, geht es um das interne Kontrollsystem. Für den Wirtschaftsprüfer ist es das Risikomanagementsystem nach den Regeln der Rechnungslegung und dem Aktienrecht. Der Asset Manager versteht darunter die Diversifizierung des Wertpapierportfolios und die Vertreterin eines Industrieunternehmens betrachtet die Regeln zur Arbeitssicherheit und das Business Continuity Management als Teil des Risikomanagements.

Ziel dieses Buches ist es, diese unterschiedlichen Vorstellungen zu kategorisieren, auf ein spezifisches Rollenverständnis zurückzuführen und ein entscheidungsorientiertes Risikomanagement zu fördern, das der Institutsstabilität verpflichtet ist und zugleich die Rentabilität im Blick behält. Praktisches Risikomanagement geht über den rein betriebswirtschaftlichen Optimierungsprozess hinaus: Es dient der Wert-

---

[1] Bundesanstalt für Finanzdienstleistungsaufsicht, Rundschreiben 05/2023 (BA) an alle Kreditinstitute und Finanzdienstleistungsinstitute in der Bundesrepublik Deutschland, Mindestanforderungen an das Risikomanagement – MaRisk – in der Fassung vom 29. Juni 2023.

https://doi.org/10.1515/9783110596571-202

schöpfung. In diesem Prozess spielen die Risikomanagerin und der Risikomanager als Gestalter des Geschehens eine entscheidende Rolle. Bank-Risikomanagerinnen und -Risikomanager sollen in die Lage versetzt werden, eine umfassende Vorstellung von ihrem Aufgabengebiet zu entwickeln, und zugleich eine Einführung in das dazugehörige betriebswirtschaftliche Rüstzeug erhalten.

Der Anstoß, dieses Buch zu schreiben, war der Gedanke, allgemeine Prinzipien des Risikomanagements herauszuarbeiten und ihre Relevanz für die Praxis eines Finanzinstitutes darzulegen. Dabei wird das Allgemeine vor das Besondere gestellt, um auf den allgemeinen Grundlagen des Risikomanagements eine Orientierung bereitzustellen, neu auftretende Risikosituationen bewältigen zu können. Dieses entscheidungsorientierte Risikomanagement ist in der Lage, Gesamtzusammenhänge zu erfassen und auf dieser Basis rationale Entscheidungen im Einzelfall zu treffen. Damit soll idealerweise die Rolle des Risikomanagers vom *Berater* der Entscheidungsinstanzen zum *Gestalter* des Entscheidungsprozesses fortentwickelt werden. War vor der Finanzkrise noch die Vorstellung verbreitet, Risikomanagement sei eine Hilfsfunktion oder ein Subsystem, das der Unternehmensstrategie geradezu bedingungslos untergeordnet sei, hat sich die Praxis unternehmensweiter Risikomanagementsysteme im Allgemeinen und des Bank-Risikomanagements im Besonderen inzwischen zu einer spürbaren Entscheidungsorientierung durchgerungen. Dies gilt es in der Theorie in einer in sich geschlossenen Darstellung unter Hinweis auf die relevante Literatur nachzuziehen. Bei dem Versuch, die Grundlagen des Risikomanagements zu erarbeiten, fiel dann auf, dass über die Aufgabeninhalte des Risikomanagements durchaus sehr unterschiedliche Vorstellungen herrschen. Diese mussten buchstäblich erst auf einen Nenner gebracht werden, um ein zusammenhängendes Rollenbild von diesem Beruf zu entwickeln.

Die Themen Risikomanagement und Regulierung scheinen im Gefolge der Insolvenz des kurzzeitigen DAX-Unternehmens Wirecard AG (z. B. Weiguny/Meck, 2021, Bergermann/ter Haseborg, 2021) im August 2020 wieder eine Sonderkonjunktur zu erleben, ganz wie nach der globalen Finanzkrise von 2008. Viele Fragen ranken sich um diesen phänomenalen Fall von Multiorganversagen, dem im März 2021 nur Monate später die Insolvenz der Bremer Greensill Bank[2] und im März 2023 die Schließung der Silicon Valley Bank folgte.[3] Auch der Aufstieg und Fall der Hypo Alpe-Adria Bank vollzog sich scheinbar unaufhaltsam – trotz internem Risikomanagement, externer Abschlussprüfung und staatlicher Regulierung (s. Graber/Schnauder, 2015). Was nützt all das Hochglanzpapier zur Offenlegung des Risikomanagements in den Geschäftsberichten von Finanzinstituten und Industrieunternehmen, wenn selbst haarsträubender Bilanzbetrug viele Jahre, manchmal sogar über ein Jahrzehnt, unentdeckt – oder

---

2 S. Bundesanstalt für Finanzdienstleistungsaufsicht (BaFin), Pressemitteilung vom 03.03.2021: BaFin ordnet Moratorium über die Greensill Bank AG an.
3 S. Board of Governors of the Federal Reserve System, Review of the Federal Reserve's Supervision and Regulation of Silicon Valley Bank, Bericht vom April 28, 2023.

genauer: un*auf*gedeckt – bleibt, wie auch im Falle der Commerzialbank Mattersburg?[4] Diese Frage richtet sich an das Selbstverständnis des Risikomanagements. Gilt „Wes Brot ich ess, des Lied ich sing?" oder ist von einem Risikomanagement vorurteilslose innere Unabhängigkeit zu fordern – im Extremfall bis zur beruflichen Selbstaufgabe? Gibt es ein *Berufsethos* für das Risikomanagement?

Dazu möge sich die Leserschaft selbst ein Bild machen. Dieses Lehrbuch soll helfen, die Positionierung der im Risikomanagement beschäftigten Personen zu unterstützen. Risikomanagement ist keine Hilfsfunktion im Unternehmen mehr, wie dies in verschiedenen Lehrbüchern zur Unternehmensorganisation noch dargestellt wird. Es auf die Tätigkeiten „zählen, messen, wiegen" zu reduzieren, wird der Aufgabe nicht gerecht, denn es handelt sich um eine elementare Steuerungsfunktion. Risikomanagement muss sich in den Entscheidungsprozess wirksam einbringen, was nicht funktioniert, wenn es auf Risikomessung und Risikocontrolling beschränkt wird. Die vor- und nachgelagerten Entscheidungsprozesse sind einzubeziehen. Das theoretische Rüstzeug dazu liefert die Entscheidungstheorie, die in den praxisorientierten Werken zum Risikomanagement relativ wenig Beachtung findet. Tatsächlich bildet sie aber die Brücke zwischen der Risikomessung und dem Risikoentscheidungsprozess. Die Entscheidungstheorie liefert uns elementare Einsichten in den Entscheidungsprozess über die Risikoakzeptanz und ist damit der zentrale Anknüpfungspunkt für das wertschöpfende Risikomanagement. Die Bankenaufsicht regelt die innere Ordnung des institutionellen Risikomanagements; die Wertschöpfung im Unternehmen entsteht durch die richtige Auswahl und Akzeptanz von Risiken.

---

4 S. Handelsblatt-Artikel, Bilanzfälschung: Skandal um österreichische Commerzialbank erinnert an Wirecard, vom 6. Oktober 2020.

Inhaltsverzeichnis

1 Einleitung

Dieses Lehrbuch beschäftigt sich mit der Funktion des Risikomanagements in Banken und Finanzinstituten.[5] Anders als in den Standardlehrbüchern zum Risikomanagement in Kreditinstituten steht hier nicht die Portfolioauswahltheorie von Markowitz im Zentrum der Ausführungen, sondern der Entscheidungsprozess über die Eingehung von Risiken. Entscheidungsorientiertes Risikomanagement beginnt mit der Auswahl der Risiken, die einen Beitrag zur ökonomischen Wertschöpfung erwarten lassen. In Kreditinstituten geschieht die Risikoauswahl formell durch eine Kreditentscheidung.

Eine Kreditentscheidung wird getroffen, wenn Kreditrisiken eingegangen, beibehalten oder beendet werden. Im Mittelpunkt der Ausführungen zum Risikomanagement steht der Entscheidungsprozess über bedeutende Kreditengagements, deren Eingehung einzeln oder in ihrer Gesamtheit die Risikotragfähigkeit eines Instituts beeinträchtigen könnten. Kreditengagements mit großen Unternehmenskunden, vermögenden Individuen und regressfrei strukturierten Kredittransaktionen müssen umfassend analysiert, bewertet und individuell entschieden werden. Zwar bringen Fehlentscheidungen bei einzelnen Kreditengagements größere Institute nicht sofort in Kapital- und Existenznot. Wenn aber ein erratisches, unangemessenes oder leichtfertiges Entscheidungsverhalten Schule macht, kann dieses Verhaltensmuster schnell auf die gesamte Risikokultur eines Instituts ausstrahlen. In kurzer Zeit kann die Qualität ganzer Portfolien beeinträchtigt werden. Die Risikokultur wird erst verwässert, dann nicht mehr ernst genommen und am Ende ignoriert – allen internen Richtlinien und Prüfprozessen zum Trotz. Daher ist ein rationaler, integrer und unvoreingenommener Entscheidungsprozess gerade bei großen, komplexen und riskanten Kreditentscheidungen für eine gute Risikokultur unabdingbar. Dort werden Maßstäbe gesetzt, die in der Organisation wahrgenommen und weitergetragen werden. Andere zentrale Entscheidungsprozesse im Management von Kreditportfolien sind letztlich nach gleichen Kriterien der Rationalität zu handhaben, so u. a. die laufende Kreditüberwachung, die Kreditsanierung, die Portfoliosteuerung

---

5 In diesem Buch werden die Begriffe Bank, Finanzinstitut und Kreditinstitut häufig synonym verwendet. Jedoch bestehen feine Unterschiede. Der Bankbegriff beinhaltet sowohl das Geschäft der Kreditinstitute (Commercial Banking) als auch das Wertpapierhandels- und Emissionsgeschäft (Investment Banking). Kreditinstitute nehmen Einlagen entgegen und vergeben dagegen Kredite an Staaten, Unternehmen und Privatkund/-innen. Der Begriff Finanzinstitut soll hier vorwiegend das Investment Banking bezeichnen, das neben dem Handels- und Emissionsgeschäft auch die Beratung bei Unternehmensübernahmen und sonstige finanzmarktbezogene Dienstleistungen erfasst. Er wird ähnlich verwendet wie der englische Ausdruck *financial institution*. Das KWG unterscheidet Banken und Kreditinstitute von Finanzdienstleistungsinstituten und Finanzunternehmen. Finanzdienstleistungsinstitute betreiben im Wesentlichen das Investment Banking-Geschäft und die institutionelle Vermögensanlageberatung und -verwaltung. Unter Finanzunternehmen fallen Spezialfinanzierer wie Leasing-, Factoring- und Private-Equity-Gesellschaften und die Finanzmakler/-innen. Diese sollen hier im Begriff des Finanzinstituts *(financial institution)* miterfasst werden.

https://doi.org/10.1515/9783110596571-001

oder die Entscheidung über homogene Kreditprogramme, deren Verlustrisiken mit statistischen Methoden erfasst werden können.

Kreditentscheidungen werden nicht nur im Darlehensgeschäft getroffen, sondern auch bei der Einräumung von Wertpapierhandelslimiten oder beim Abschluss von Derivatekontrakten. Wertpapierhandel und Derivategeschäfte werden üblicherweise mit dem Marktpreisrisiko in Verbindung gebracht, also der Messung von Handelsrisiken mit Hilfe der Optionspreisformel oder des Value at Risk. Tatsächlich gehen der Eingehung von Handelsrisiken zunächst eine Kreditentscheidung über die Emittenten und Gegenparteien voraus. Fällt nämlich der Handel aus oder versiegt die Marktliquidität, dann bleiben die Wertpapiere in den Büchern der Bank liegen und die Wiedereindeckungsrisiken bei Derivaten verwandeln sich in Forderungen an die Gegenparteien. Selbst operative Risiken, also Fehlbearbeitungen, Betrug und Betriebsunterbrechungen durch höhere Gewalt, äußern sich in der teilweisen oder vollständigen Uneinbringlichkeit von Forderungen und damit in Form von Kreditrisiken.

Die Kreditentscheidung erfordert besondere Sorgfalt im Hinblick auf die Art der Transaktion. Sie wird zumeist mit der Perspektive über einen längeren Zeitraum getroffen und erfordert viel Erfahrung im Bankgeschäft. Erfahrungen in diesem Entscheidungsprozess sind eine der grundlegenden Voraussetzungen, um als Geschäftsleitung eines Kreditinstitutes zugelassen zu werden. Es genügt beispielsweise nicht, im Wertpapierhandel oder der Vermögensanlage tätig gewesen zu sein. Quereinsteiger müssen in der Regel einen mindestens zwölfmonatigen Vorlauf im Kreditentscheidungsprozess nachweisen, bevor sie von der Bankenaufsicht für diese Funktion als geeignet angesehen werden.

Wie aber lernt man, eine „richtige" Kreditentscheidung zu treffen? Darüber findet sich in der Literatur wenig Anleitung. Obwohl die Bankenaufsicht dem Votum des Risikomanagements („Zweitvotum") einen hohen Stellenwert einräumt, indem es faktisch nicht überstimmt werden kann, gibt es in der betriebswirtschaftlichen Literatur nur sporadisch Ausführungen über den Entscheidungsprozess der Risikoakzeptanz. Solche Werke beschreiben zwar den Vorgang der „Kreditwürdigkeitsprüfung", nicht aber den Entscheidungsprozess über die *Annahme* des Risikos. Diese Verantwortung wird häufig im allgemeinen Management angesiedelt (s. auch unten Kapitel 2.2.3). Damit ist aber nur gesagt, *„wer"* entscheidet, nicht *„wie"* entschieden werden sollte.

Dieser Band zielt nicht auf neue betriebswirtschaftliche Erkenntnisse ab. Vielmehr wird der Stoff zum Risikomanagement so angeordnet, dass die Rolle des Risikomanagements im betriebswirtschaftlichen Entscheidungsprozess deutlicher hervortritt. Dazu sollen zunächst die vier wesentlichen Erscheinungsformen des Risikomanagements in Unternehmen und die bekannten Rollenbilder vorgestellt werden (Kapitel 2). Im nächsten Schritt wird die Entscheidungstheorie als Grundlage des wertschöpfenden Risikomanagements eingeführt (Kapitel 3). Die normative Entscheidungstheorie beschäftigt sich mit Entscheidungen unter Risiko und bietet hierzu praktische Methoden ihrer Anwendung, z. B. im Investitionsprozess, an. Mit der Entscheidungsverantwortung des Risikomanagements in Kreditinstituten, verkörpert durch die Funktion eines Chief Risk

Officers, ist die Entscheidungstheorie darüber hinaus im institutionellen Risikomanagement in Banken und Finanzinstituten relevant.

Risikomanagement ist keine Besonderheit des Bankgeschäfts. Nach § 91 des Aktiengesetzes ist jede Unternehmensleitung aufgerufen, ein internes Kontroll- und Risikomanagementsystem einzurichten und zu überwachen, um bestandsgefährdende Entwicklungen frühzeitig zu erkennen. Das Risikomanagementsystem und seine Überwachung sind ein verpflichtender Bestandteil der Corporate Governance in kapitalmarktorientierten Unternehmen, d. h. solchen, die Wertpapiere an einer Börse emittiert haben. Träger des Risikomanagements der Corporate Governance sind das Finanzcontrolling und die interne Revision. Darüber hinaus zählen die MaRisk für Kreditinstitute (Kapitel 6.2) zusätzlich das Risikocontrolling und die Compliance-Funktion zu Trägern des Risikomanagements. Das Risikomanagementsystem in Unternehmen ist Gegenstand einer umfangreichen Literatur zum Enterprise Risk Management, dessen Experten die tragende Rolle eines übergreifenden Risikomanagements unter Einbindung aller relevanten Unternehmensfunktionen hervorheben. Diese so unterschiedlichen Perspektiven auf das Thema Risikomanagement versuchen wir zu ordnen und einen roten Faden herauszuarbeiten.

Unterscheidung der Risikobegriffe

Um diese unterschiedlichen Erscheinungsformen des Risikomanagements und das dafür jeweils erforderliche Rollenverständnis besser zu erkennen, ist es notwendig, den Begriff des Risikos in den unterschiedlichen Kontexten zu differenzieren. Risiko bezeichnet nicht nur eine Gefahr, einen Nachteil oder einen Schaden, wie dies im allgemeinen Sprachgebrauch geläufig ist. Risiko kann auch als Risikomaß verstanden werden, etwa als Multiplikation von Eintrittswahrscheinlichkeit und Schadens- oder Verlusthöhe, so u. a. die Verwendung im Versicherungs- und Bankgeschäft. Für die auf der Wahrscheinlichkeitslehre aufbauende Entscheidungstheorie sind Risiko und Eintrittswahrscheinlichkeit Synonyme mit der Konsequenz, dass Risiko in diesem Sinne negative wie positive Ergebnisse gleichermaßen einschließt. Dagegen wird in der strategischen Unternehmensplanung von Risiko gesprochen, wenn noch gar kein Schaden bevorsteht, sondern eine negative Entwicklung nur antizipiert wird.

Von der Zielsetzung her betrachtet, lassen sich also folgende Aspekte des Risikomanagements unterscheiden:
1. Verhütung (Schadensverhütung oder Schadensminimierung),
2. Messung (quantitativer Vergleich unterschiedlicher Risikoarten),
3. Entscheidungsorientierung (als Basis der Wertschöpfung) und
4. Antizipation (planendes Risikomanagement, Risikofrüherkennung).

Die Fachliteratur hebt immer wieder hervor, dass das Risikomanagement zugleich Chancenmanagement sei. Gleichwohl haben die Vertreter dieser Meinung keine wirklich passenden Beispiele für ein vom Risikomanagement isoliertes Chancenmanagement anzubieten. Tatsächlich lässt sich Letzteres schlicht dem planenden (antizipativen) Risikomanagement zuordnen, wie wir in Kapitel 5.4 zeigen. Dagegen gibt es im Rahmen des entscheidungsorientierten Risikomanagements keine Möglichkeit, Chancen und Risiken

voneinander zu isolieren. Um eine Ertragschance zu erhalten, müssen Risiken zwangsläufig eingegangen werden. Risiko und Chance sind in diesem Punkte untrennbar. Jede
Investition beinhaltet ein Risiko des Scheiterns. Die Eingehung des Risikos bedeutet, dies
zu akzeptieren oder alternativ eine Investition nicht vorzunehmen. Die Situation gleicht
einer Lotterie. Entweder man nimmt an einer Lotterie teil und akzeptiert das Risiko,
einen Verlust zu erleiden, nämlich das eingesetzte Geld für das Los zu verlieren, oder
man verzichtet auf die Teilnahme. Risiko und Eintrittswahrscheinlichkeit werden in der
Wahrscheinlichkeitslehre synonym verwendet. Es geht um die Eintrittswahrscheinlichkeit von Ereignissen unabhängig davon, ob sie positiv oder negativ empfunden werden.
Risiko und Chance sind deswegen zwei Seiten derselben Medaille (s. Kapitel 2.1.3
und 2.2.3).

Daraus resultiert eine besondere Perspektive auf das Risikomanagement und die
sich daraus ergebende Rolle der Entscheider/-innen. Deren Aufgabe ist nicht auf die
Limitierung von Risiken beschränkt, sondern konzentriert sich auf ihre Akzeptanz.
Während die Limitierung von Risiken für die Gesamtsteuerung aller Unternehmens-
und Bankrisiken unverzichtbar ist, bedeutet das Treffen einer Kreditentscheidung in
der Regel, das damit verbundene Ausfallrisiko zu akzeptieren. Von „handwerklichen"
Fehlern abgesehen, ist der Ausfall eines Kreditnehmers kein Anzeichen einer fehlerhaften Kreditentscheidung, sondern Teil der messbaren Kosten des operativen Geschäfts (s. Kapitel 5.3.4). Die Ausfallkosten sind die erwarteten Verluste (Expected
Loss) aus dem Kreditverhältnis.

Besteht also die Rolle des entscheidungsorientierten Risikomanagements darin,
Risiken zu akzeptieren, die den Unternehmenswert steigern, rückt die Entscheidung
über neue Risiken in den Vordergrund des Prozesses. Der Schwerpunkt des Bank-
Risikomanagements liegt gerade nicht in der Minimierung bereits eingegangener Risiken und noch weniger in der Risikovermeidung,[6] sondern in der Sicherstellung eines
rationalen und unvoreingenommenen Entscheidungsprozesses über die Akzeptanz
neuer Risiken (vgl. auch Franke/Hax, 2009, S. 630). In diesem Sinne äußert sich auch
Hull: „Risk management is not about minimizing risks. It is about ensuring that the
risks taken are manageable and that the expected returns are commensurate with the
risk being taken" (Hull, 2023, S. 3). Dabei richtet sich die Auswahl der Risiken nach den
Erfolgschancen der vollständigen Rückzahlung von Zins und Tilgung. Zu diesem Zweck
werden nur kapitalwertpositive Transaktionen akzeptiert, denn nur Investitionen mit
einem positiven Kapitalwert führen zu der Steigerung des Marktwertes eines Instituts
und damit zur ökonomischen Wertschöpfung (s. Hartmann-Wendels/Pfingsten/Weber,
2019, S. 275).

Der Schwerpunkt des Risikomanagements wird in der Praxis überwiegend mit
Überwachungsprozessen assoziiert. In Kreditinstituten gehört hierzu das laufende
Monitoring und die regelmäßige Neueinschätzung von bereits eingegangenen Trans-

---

6 Zur älteren Risikovermeidungsthese s. Hartmann-Wendels/Pfingsten/Weber, 2019, S. 274 f.

aktionen. Diese erfordern unter Umständen Nachbesserungen durch Sicherheiten-
verstärkung, Kreditreduzierung oder Nachverhandlungen bei Leistungsstörungen.
Schließlich erfordert das Monitoring möglicherweise Maßnahmen auf Portfolioebene wie Absicherungsgeschäfte oder Kreditverkäufe. Der Neukreditprozess erhält
demgegenüber meist weniger Aufmerksamkeit. Aber gerade dieser begründet neue,
zusätzliche Risiken, die dann nach Abschluss der Geschäfte individuell und im Zusammenhang mit dem Portfolio zu steuern sind. Portfoliosteuerung ist dem verhütenden
und messenden Risikomanagement zuzuordnen. Die Ausführungen in diesem Buch
haben den Entscheidungsprozess über die Eingehung neuer Risiken im Fokus, der aufsichtsrechtlich unter den Begriff des „Zweitvotums" fällt.

Wertsteigerung in Unternehmen geschieht durch die Auswahl wertschöpfender
Investitionen, in Banken und Finanzinstituten durch die Auswahl wertschöpfender
Kreditrisiken. Nur Investitionen mit einem positiven Kapitalwert schaffen einen ökonomischen Mehrwert. Der Kapitalwert einer Investition ergibt sich aus der Abzinsung
der künftigen Rückflüsse mit dem angemessenen Kapitalkostensatz, d. h. dem Diskontsatz, der das Investitionsrisiko adäquat widerspiegeln muss. Um den angemessenen
Diskontsatz zu ermitteln, greift die Investitionstheorie auf die entscheidungstheore-
tisch begründete Lehre vom Erwartungsnutzen zurück (s. Kapitel 3.2.2 und 3.2.3). Die
normative Entscheidungstheorie bildet daher die Grundlage für Entscheidungsprozesse unter Risiko. Sie dient dazu, den an der Risikopräferenz der entscheidenden
Person ausgerichteten Erwartungsnutzen zu optimieren, um damit die Voraussetzung
für eine rationale Investitionsauswahl zu schaffen. Die Risikopräferenz in Kreditinstituten wird nicht durch beliebige Personen vorgegeben, sondern muss sich nach den
Anforderungen des Kapitalmarktes und dem von den Investoren erwarteten Risikoniveau ausrichten. Die rationale Ableitung des angemessenen Risikoniveaus und dessen
Anwendung auf die Einzeltransaktion wird hierdurch zur zentralen Aufgabe des Risikomanagements im Entscheidungsprozess über die Risikoakzeptanz.

Damit wird die Rationalitätssicherung im Kreditentscheidungsprozess zum eigentlichen Schwerpunkt des Risikomanagements. Ein am Kapitalmarkt orientiertes
Nutzendenken ist dabei die Richtschnur. Diese Rationalitätssicherung lässt sich nicht
dadurch bewältigen, dass sich ein Risikomanagement nur als unternehmerische
„Hilfsfunktion" oder als „Beratung" des Managements versteht. Die Entscheidung
über die Risikoakzeptanz beinhaltet einen Führungsanspruch über die Bestimmung
des kapitalmarktgerechten Risikoniveaus, der im Unternehmen durchgesetzt werden
muss. Bei aller unterschiedlicher und subjektiver Perspektive auf die Anforderungen
des Kapitalmarktes hat das Risikomanagement durch Unvoreingenommenheit im Entscheidungsprozess diesem Anspruch Geltung zu verschaffen, um damit über die Ein-
zelfallentscheidung hinaus auch die Risikokultur des Kreditinstituts zu prägen.

Aus diesem Rollenverständnis geht hervor, dass Risikomanagement als Bestandteil
der Wertschöpfung anzusehen ist und nicht als verlängerter Arm der Aufsichtsbehörde,
eine Ansicht, die in der Branche leider immer noch anzutreffen ist. Die Literatur zum
bankgeschäftlichen Risikomanagement beginnt meist mit der Darstellung der aufsichts-

rechtlichen Regeln, noch bevor die wertschöpfenden Funktionen des Risikomanagements erörtert werden (vgl. Hartmann-Wendels/Pfingsten/Weber, 2019, S. 321 ff.; Everling/Leker/Bielmeier, Hrsg., 2015, S. 1 ff., Schulte-Mattler/Becker, Hrsg., 2012, Niehoff/Hirschmann, Hrsg., 2015). Ein Risikomanagement, das sich nur als Vollstrecker bankenaufsichtlicher Vorgaben versteht, verkennt seine wertschöpfende Rolle. Damit läuft ein Institut Gefahr, Risiken ausschließlich zu minimieren oder zu limitieren, anstatt sie zu *skalieren*. Überzogene Risikoscheu würde in Unternehmen, Banken und Finanzinstituten zu Unterinvestitionen führen und damit den Unternehmenswert und die Eigenkapitalbasis langfristig aushöhlen. Kreditinstitute sind von Natur aus keine risikofreudigen Organisationen – das sollen sie im Interesse der Einleger und Sparer auch nicht sein. Wie jedes wirtschaftende Unternehmen sind sie andererseits darauf angewiesen, Risiken einzugehen, um Gewinne zu erwirtschaften. Eine Risikomanagement-Organisation muss hier den schmalen Grat gehen, der dem Risikoniveau angemessen ist und die angemessene Risikobandbreite weder über- noch unterschreitet. Dies funktioniert über eine objektive und interessenfreie Beurteilung von Risiken und die nüchterne Einschätzung von Wahrscheinlichkeiten über den Eintritt des Erfolges von Finanztransaktionen.

Abschließend werfen wir einen Blick auf die Frage, ob es über den Bereich der Kreditinstitute hinaus so etwas wie ein branchenübergreifendes Rollenbild für alle Risikomanagementfunktionen gibt. Es wäre zu früh, hierauf eine endgültige Antwort zu erwarten. Gleichwohl sollte im Auge behalten werden, dass Risikomanagement als Beruf ein Persönlichkeitsprofil voraussetzt, das von Rationalität, Unvoreingenommenheit und Durchsetzungsfähigkeit geleitet sein sollte, um einen wertschöpfenden Beitrag leisten zu können.

Das Buch ist folgendermaßen aufgebaut: Die Einführung in die Risikobegriffe ist Aufgabe von Kapitel 2. In Kapitel 3 wird dann der Wertschöpfungsbeitrag des Risikomanagements in Unternehmen und Kreditinstituten erörtert. Kapitel 4 setzt sich mit dem daraus folgenden Profil der/des Risikomanager/-in auseinander. In Kapitel 5 werden die Techniken des Risikomanagements dem passenden Rollenprofil zugeordnet. In Kapitel 6 folgt eine überblicksartige Einführung in die Fülle der Bankregulierung zum Risikomanagement. Sie gilt es, vom wertschöpfenden Prozess des Risikomanagements zu unterscheiden. Wer im Risikomanagement schon einige Erfahrung gesammelt hat und schnell zu den Kernaussagen und dem eigentlich Neuen dieses Buchs vorstoßen möchte, kann sich ausgehend von dem Schaubild zu den Rollenbildern in Kapitel 5.5 die jeweiligen Zusammenfassungen der Kapitel und das Fazit ansehen.

2 Formen des Risikomanagements

Lernziele

Differenzierung des Risikobegriffs
Ziele des Risikomanagements
Entscheidungsorientiertes Risikomanagement
Risikofrüherkennung und Risikoantizipation
Rollenbilder des Risikomanagements
Bedeutung der Entscheidungstheorie für das praktische Risikomanagement

---

Gegenstand des Risikomanagements ist der Umgang mit risikobehafteten Situationen. Meist geht es darum, Gefahren zu reduzieren oder zu vermeiden. Dies lässt außer Acht, dass Risikosituationen auch gezielt eingegangen und gerade nicht gemieden werden. Das gilt für die Teilnahme am Straßenverkehr ebenso wie am Wirtschaftsleben. Die Entscheidung, diese Risiken einzugehen, ist mitunter die Ursache dafür, dass weitere Risiken entstehen. Risikomanagement beginnt daher mit der Entscheidung, Risiken auf sich zu nehmen. Der damit verbundene Entscheidungsprozess ist ein elementarer Bestandteil der Risikoabwägung und des Risikomanagementprozesses – er ist quasi der Ausgangspunkt des Risikomanagements.

Zur Analyse von Risikosituationen steht der betriebswirtschaftlichen Entscheidungstheorie eine Fülle von Erkenntnissen und Techniken zur Verfügung, die in das praktische Risikomanagement bislang noch wenig Eingang gefunden haben. Vor allem die präskriptive (oder normative) Entscheidungstheorie hat das Ziel, Hilfen für die Entscheidungsprozesse in Risikosituationen bereitzustellen.

2.1 Risikobegriff

Der Risikobegriff tritt in der Betriebswirtschaftslehre in unterschiedlichen Zusammenhängen auf.[7] Die betriebswirtschaftliche Literatur betrachtet Risiko als Unterkategorie der Unsicherheit über künftige Umweltzustände. Daraus ergeben sich vier spezifische – technische – Risikobegriffe, die es zu unterscheiden gilt: die Zufallsgefahr, das Risikomaß, die Eintrittswahrscheinlichkeit und das Downside, d. h. die Anti-

---

[7] Zur Differenzierung des Risikobegriffs und dessen Ursprüngen s. auch Fiege (2006), S. 37 ff. mit weiteren Nachweisen. In dem vorliegenden Lehrbuch wird Risiko nicht allgemein definiert, sondern im Zusammenhang mit den Rollenbildern des praktischen Risikomanagements.

https://doi.org/10.1515/9783110596571-002

zipation von Nachteilen. Jeder dieser vier Begriffe impliziert ein unterschiedliches Verhalten gegenüber dem Risiko.[8]

2.1.1 Zufallsgefahr

Unter Risiko stellt man sich landläufig eine Gefahr vor, die zufällig und ungewollt auftritt. Unter die zufälligen Risiken fallen insbesondere Elementarereignisse wie Feuer-, Wasser- und Sturmschäden. Man denkt dabei unwillkürlich an den sprichwörtlichen Dachziegel, der einem im Vorübergehen zufällig auf den Kopf fällt. Zu den ungewollten Gefahren gehören z. B. Unfälle, Diebstahl, Betrug oder Haftungsrisiken (z. B. Produkthaftpflicht) ebenso wie die operativen Risiken des Bankgeschäfts, wie insbesondere Hacker-Angriffe. Gegen diese ungewollten Risiken werden üblicherweise Sicherungsmaßnahmen ergriffen, um von vornherein zu verhindern, dass sie auftreten.

Der Umgang mit Zufallsgefahren hat eine lange Geschichte. Er bildet den Kern des Versicherungsgeschäfts, aus dem das betriebliche Risikomanagement historisch hervorgegangen ist. Ursprünge und Vorläufer des Versicherungsgeschäfts reichen weit zurück in die Antike. Seine erste kommerzielle Blüte erlebte es in der Neuzeit mit dem Aufstieg der Versicherungsbörse Lloyd's of London im späten 17. Jahrhundert (s. Karten/Nell/Richter/Schiller, 2018, S. 1; Franke/Hax, 2009, S. 295, 632; Braun, 1983, S. 58; Bernstein, 1998, S. 91 ff.). Die versicherungstechnische Risikotheorie ist ein Teilgebiet der Mathematik und beruht auf der Wahrscheinlichkeitslehre (Stochastik). Als Wissenschaftszweig hat sich daraus die Aktuarwissenschaft entwickelt. In der Versicherungslehre bezeichnet der Risikobegriff auch eine Risikoursache, also den Auslöser für ein bestimmtes Risiko. Solche Auslöser können im natürlichen, technischen, wirtschaftlichen, sozialen oder politisch-rechtlichen Umfeld liegen, wie z. B. Klimarisiken, Konjunkturzyklen, Gesetzesänderungen, Insolvenzentwicklung oder technische Systemrisiken. Risikoursachen klassifiziert die Versicherungswirtschaft in verschiedene Risikoarten. Die Rede ist hier vom versicherten Risiko: das Kraftfahrzeug, der Hausrat, die Gesundheit, Unfall, Tod etc. (vgl. Möbius/Pallenberg, 2013, S. 54 ff.). Im Bankgeschäft kennt man das Kredit-, Marktpreis-, Liquiditäts- und Zinsänderungsrisiko, die operativen (betrieblichen) Risiken, das Reputations-, Compliance-, das Geldwäsche- oder das Geschäftsrisiko. Das Management der einzelnen Risikoarten unterscheidet sich in seinem wertschöpfenden Beitrag (s. Kapitel 3) und wird hinsichtlich des Rollenverständnisses in die eingangs genannten vier Risikodimensionen eingeordnet.

---

8 Der Risikobegriff ist wesentlich facettenreicher als die hier vorgestellten vier Dimensionen. Er wird nicht nur in der Stochastik, Versicherungswirtschaft, Wirtschaftswissenschaft und Entscheidungslehre gebraucht, sondern auch in anderen wissenschaftlichen Disziplinen, z. B. der Medizin, der Psychologie, der Anthropologie und der Soziologie. Wer sich über die Vielfalt der Risikoforschung und die unterschiedlichen Begriffsverständnisse von Risiko einen ersten Eindruck verschaffen möchte, der sei an Luhmann (1991, S. 9 ff.) verwiesen.

Zentrales Ziel des Versicherungsgeschäfts ist der Risikoausgleich (Schadensausgleich) im Kollektiv. Aus diesem Motiv heraus sind die Risikoverminderungspflichten (Obliegenheitspflichten) entstanden, die den Versicherungsnehmern umfangreiche Präventionsmaßnahmen abverlangen, um ein Risiko zu vermindern oder zu vermeiden. Diese Maßnahmen äußern sich typischerweise in Kontrollvorgängen unterschiedlicher Art, zugeschnitten auf die jeweilige Gefahrenquelle. Die Risikoverminderung umfasst systematische Maßnahmen zur Verringerung der Eintrittswahrscheinlichkeit von Schäden oder des Schadenausmaßes aus risikobehafteten Aktivitäten oder Zuständen. Die Eintrittswahrscheinlichkeiten können insbesondere durch Präventionsmaßnahmen, wie z. B. Schulungen von Mitarbeitenden oder Aufklärungskampagnen bei den Versicherungsnehmer/-innen, reduziert werden. Beispiele für die Minderung von Schadensausmaßen sind Brandschutztüren (Feuerrisiko) und Vorsorgeuntersuchungen (Krankheitsrisiko) (s. Möbius/Pallenberg, 2013; Wagner 2017, S. 766).

Das Versicherungsvertragsmanagement bildete den Ursprung des institutionalisierten innerbetrieblichen Risikomanagements (vgl. Hopkin/Thompson, 2022, S. 278 ff.). Risikomanagement durch Kontrollprozesse sind aber auch Gegenstand anderer wirtschaftlicher Aufgabengebiete. Wir kennen intensive Kontrollprozesse u. a. aus der Corporate Governance, dem Finanzcontrolling, der internen Revision, der Jahresabschlussprüfung und der Compliance, auf die weiter unten noch eingegangen wird. Es darf dabei nicht übersehen werden, dass es auch im Wirtschaftsleben Zufallsgefahren gibt, die nicht versicherbar sind, wie z. B. der Eintritt eines neuen Wettbewerbers. Wie auf solche Situationen regiert wird, kann man als einen Teil der Unternehmensstrategie ansehen, die z. B. in der Verbesserung eines Produktes oder in der Expansion in den Markt des Wettbewerbers besteht. Faktisch erfordern diese Reaktionen, neue Risiken einzugehen, um dem Wettbewerb standzuhalten. Die neuen Risiken sind dann wieder Gegenstand einer Entscheidung unter Risiko (vgl. Kapitel 5.3 und 5.4).

2.1.2 Risikomaß

Der Begriff des Risikos wird auch im Sinne eines Risikomaßes verwendet (s. Hartmann-Wendels/Pfingsten/Weber, 2019, S. 280 ff.). Das Paradebeispiel ist die Streuung von Zufallsereignissen (Varianz oder Standardabweichung) um einen Mittelwert. In der Finanzwirtschaft hat sich hierfür der Begriff der Volatilität (Wertschwankung) eingebürgert. Daneben gibt es eine Vielzahl anderer Risikomaße, die je nach Anwendungsgebiet herangezogen werden. Risikomaße zielen darauf ab, die Höhe des Risikos messbar zu machen, um Handlungsalternativen hinsichtlich ihres Risikogehalts vergleichen zu können (vgl. Stier, 2017). Eine weite Streuung um einen Mittelwert gilt als hohes Risiko, eine geringe Streuung um einen Mittelwert wird entsprechend als niedriges Risiko angesehen.

Für die Verwendung des Risikobegriffs als Risikomaß steht die Versicherungstechnik Pate. Das Erwartungswert-Varianz-Prinzip (auch My-Sigma-Prinzip oder (μ, σ)-Prinzip) gilt als grundlegende Messtechnik für viele Verteilungszustände, soweit sie der Normalverteilung folgen oder eine Normalverteilung unterstellt werden kann. Im Zentrum steht der Erwartungswert von Zufallswerten (s. Hartmann-Wendels/Pfingsten/Weber, 2019, S. 254, 278 Fn. 8). Zur Vereinfachung wird statt des Erwartungswertes häufig der Mittelwert einer Verteilung herangezogen. Beim Mittelwert handelt es sich um das arithmetische Mittel von Zufallsvariablen.

Das arithmetische Mittel ergibt sich aus der Summe der Zufallsergebnisse dividiert durch die Anzahl der Ergebnisse. Bei einem sechsseitigen (fairen) Würfel wäre das arithmetische Mittel aus der Summe der Zahlen $1 + 2 + 3 + 4 + 5 + 6 = 21$ dividiert durch die Zahl 6 zu ermitteln, also 3,5. Das bedeutet, dass bei genügend häufigem Würfeln sich die Augenzahl immer mehr dem arithmetischen Mittel annähert, weil jede Zahl annähernd gleich häufig vorkommt. Dieses Phänomen wird in der Mathematik als das (starke) Gesetz der großen Zahlen bezeichnet.

Auf diesem Prinzip beruht ein Großteil der Versicherungstechnik. Aus der Bildung von Mittelwerten werden häufig Erwartungswerte abgeleitet, also solche Werte, die bei genügend häufiger Wiederholung mit einer hohen Wahrscheinlichkeit auftreten müssten. Auf diese Weise errechnet die Versicherungswirtschaft das durchschnittliche Schadensaufkommen in einem Kollektiv. Im Bankgeschäft kennt man den Expected Loss (Standard-Risikokosten, s. Kapitel 2.2.2) als Erwartungswert für den Kreditausfall und den Value at Risk als den maximalen Verlusterwartungswert in einer Periode innerhalb eines vorgegebenen Konfidenzniveaus (s. Abb. 1). Die Versicherungstechnik benutzt für den Value at Risk auch den konzeptionell verwandten, aber weniger schmeichelhaften Ausdruck der Ruinwahrscheinlichkeit (vgl. Karten/Nell/Richter/Schiller, 2018, S. 74).

Der Risikobegriff als Risikomaß wird in unterschiedlichen Zusammenhängen der Betriebswirtschaftslehre angewendet. Angefangen von den Schadenshäufigkeiten der Versicherungen wird diese Messtechnik in der Volatilitätsmessung für Kapitalmarktinstrumente, der Wertpapierauswahl-Theorie als auch im Risikocontrolling von Banken und Versicherungen verwendet. Die Banken- und Versicherungsaufsicht legt diese Risikomaße den Vorschriften zur Solvabilität der Versicherungsunternehmen[9] und den Mindesteigenkapitalvorschriften der Banken[10] zugrunde (Zu den Beschränkungen dieser auf Vergangenheitsdaten beruhenden Risikomessung siehe Kapitel 5.2.4).

Der Risikobegriff als messbare Wertschwankung liegt auch dem Hauptwerk von Frank H. Knight zugrunde, dem Gründer der modernen Entscheidungstheorie. In seinem im Jahr 1921 veröffentlichten Werk „Risk, Uncertainty and Profit" unterscheidet er „reine Risiken" von „spekulativen Risiken". Mit den reinen Risiken meint Knight alle auf stochastischen Stichproben und mathematischen Erwartungswerten gegrün-

---

9 Siehe Versicherungsaufsichtsgesetz (§§ 27, 96 ff., 250 ff. VAG) und der Solvabilität II-Richtlinie der EU.
10 Siehe die CRR (Capital Requirements Regulation)/Basel III/Verordnung (EU) Nr. 575/2013 des europäischen Parlaments und des Rates vom 26. Juni 2013, Art 186.

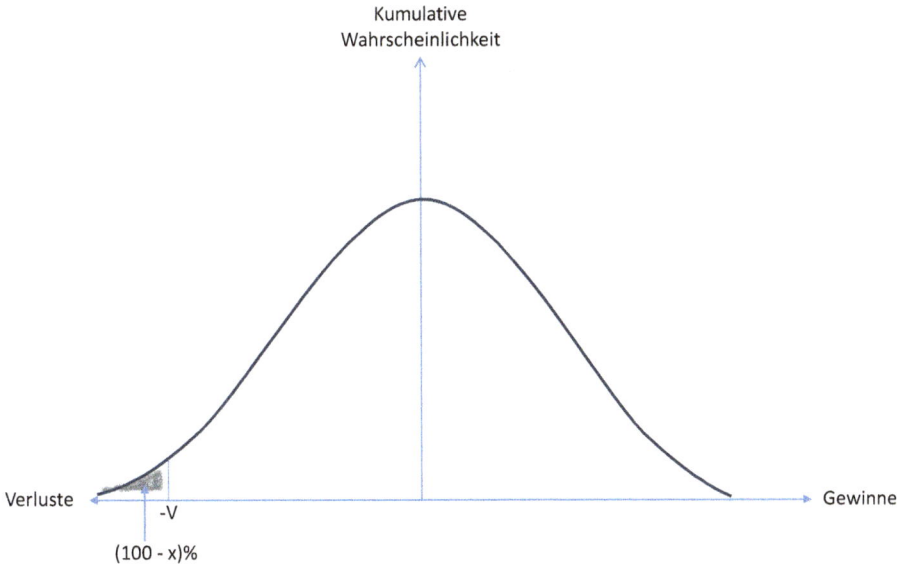

Abb. 1: Value at Risk. Die Wahrscheinlichkeit für Verluste wird mit V bezeichnet. Das Konfidenzniveau wird mit x Prozent angegeben (z. B. 97 Prozent). Die graue Fläche zeigt die Verlusthöhe an.
Quelle: In Anlehnung an Hull, 2023, S. 235, eigene Darstellung.

dete Risiken. Mithin sind dies alle versicherbaren Risiken. Mit spekulativen Risiken sind jene gemeint, die aus dem Phänomen der Unsicherheit über künftige Zustände resultieren. Die Bereitschaft, spekulative Risiken einzugehen, sei die Rechtfertigung für den Unternehmergewinn (s. Knight, 1921, S. 20). Die Unterscheidung zwischen spekulativen und reinen Risiken gilt in der Entscheidungstheorie inzwischen als überholt (s. Kapitel 3.2.1). Sie findet in Abhandlungen des praktischen Risikomanagements nur noch vereinzelt Beachtung.[11]

Für die Risikomessung in Banken und Versicherungsgesellschaften gilt die Wertpapierauswahl-Theorie von Harry Markowitz (1952, 1959) als grundlegend. Die Formeln für Erwartungswert und Standardabweichung findet man am Beginn der Ausführungen über das Risikomanagement in Finanzinstituten (s. z. B. Hull, 2023, S. 3, 5). Risikomanagement besteht demnach in der Bestimmung des Risikoausmaßes anhand einer Messgröße, gegebenenfalls unter Berücksichtigung risikomindernder Diversifikationseffekte, und der Limitierung des Einzelrisikos wie auch der Limitierung der daraus hervorgehenden Risikoaggregate, z. B. des Value at Risk.

---

11 Siehe z. B. Fiege (2006, S. 52): „Dem generellen Risikomanagement liegt folglich zwingend der spekulative Risikobegriff zugrunde" unter Verweis auf Farny (1979), S. 20 f. Ferner Hopkin/Thompson (2022, S. 17, 40).

2.1.3 Eintrittswahrscheinlichkeit

Eine weitere Nuance des Risikobegriffs ergibt sich aus dem Blickwinkel der mathematischen Wahrscheinlichkeitslehre. Dort ist der Begriff Risiko gleichbedeutend mit der Eintrittswahrscheinlichkeit für ein unsicheres Ereignis. Die Begriffe Risiko und Eintrittswahrscheinlichkeit werden synonym gebraucht (s. Stier, 2017, S. 14). Ein Beispiel wäre die Feststellung: „Das Risiko oder die Wahrscheinlichkeit, beim Spiel Kopf oder Zahl zu verlieren, beträgt 50 Prozent". Man könnte auch sagen, „die *Chance*, bei Kopf oder Zahl zu *gewinnen*, beträgt 50 Prozent." Als Eintrittswahrscheinlichkeit eines Ereignisses erscheint der Begriff des Risikos in einem doppelten Sinne, nämlich als Risiko und zugleich als Chance. Beträgt die Eintrittswahrscheinlichkeit eines Ereignisses X Prozent, dann ist sowohl für die Chance als auch für das Risiko die gleiche Ursache verantwortlich, nämlich der Münzwurf. Dieser lässt sich – vor dem Wurf – nicht in Chance und Risiko trennen.

Es führt nicht weiter, von einem Risiko zu sprechen, wenn ein Verlust eingetreten ist, und von einer Chance, wenn ein Gewinn erzielt wird. Das Risiko auf das negative Ereignis zu beschränken wird der Situation nicht gerecht. Denn erst *nach* dem Münzwurf steht fest, ob Kopf oder Zahl geworfen wurde. Ein und derselbe Akt führt sowohl zur Chance als auch zum Risiko, aber erst post factum steht fest, was sich ereignet hat.

Diese Erkenntnis ist insofern relevant, als sich in der Risikomanagementliteratur immer mehr die Vorstellung verbreitet, Risikomanagement sei auch Chancenmanagement (s. Romeike, 2018, Vorwort; Fiege, 2006, S. 2).[12] Vor dem Münzwurf beschreiben Risiko und Chance den gleichen Sachverhalt. Mit anderen Worten: Das Risiko *ist* die Chance.[13] Ein vom Risikomanagement getrenntes Chancenmanagement ist im Kontext der Eintrittswahrscheinlichkeiten sachlogisch nicht vorstellbar.[14] „Risikomanagement" oder „Chancenmanagement" besteht im gegebenen Beispiel in der Entscheidung, am Spiel Kopf oder Zahl teilzunehmen, also in der Entscheidung über die Risikoakzeptanz: Akzeptiert der Spieler oder die Spielerin die mit dem Glücksspiel verbundenen Eintrittswahrscheinlichkeiten für das eine oder andere Ergebnis oder nicht?

---

12 Als Beispiel sei hier auch der programmatische Buchtitel von Hunziker/Meissner, Hrsg. (2018) angeführt: „Ganzheitliches Chancen- und Risikomanagement", der sich überwiegend auf das Enterprise Risk Management bezieht.
13 So auch Busse von Colbe/Witte (2018, S. 203): „Im Risiko, das an der Streuung gemessen wird, ist also auch die ‚Chance' enthalten, größere Werte als den erwarteten Wert zu realisieren." Vgl. auch den Definitionsversuch von Vanini/Rieg (2021, S. 26): „Risiken können durch ihre Eintrittswahrscheinlichkeit und ihr Schadensausmaß beschrieben werden. Wenn im Folgenden von Risiken gesprochen wird, wird stets davon ausgegangen, dass Chancen und Risiken eingeschlossen sind."
14 Vgl. auch Fiege (2006, S. 44 ff.): „[...] Chance [ist] keine wirklich andere als das Risiko geartete Größe, denn Risiko und Chance werden stets gemeinsam betrachtet, als verschiedene Ausprägungen einer Variablen."

Glücksspiele und Lotterien   !

Glücksspiele und Lotterien eignen sich als Untersuchungsgegenstand für Risikosituationen in der Weise, als ihre künftigen Ergebnisse typischerweise voneinander unabhängig sind. In der Sprache der Wahrscheinlichkeitslehre handelt es sich um *diskrete* Ereignisse oder Ergebnisse. Glücksspiele und Lotterien fordern die Teilnehmenden zu impliziten oder expliziten Wahrscheinlichkeitsurteilen heraus, zu einer Abwägung der Gewinnchancen. An einem Glücksspiel mit Geldeinsatz aber ohne Gewinnchance nimmt niemand teil. Glücksspiele sind daher ein vereinfachtes Ereignisfeld, in dem die Erwartungen der Teilnehmenden eine wichtige Rolle spielen und einer systematischen Analyse unterzogen werden können. Von da aus lassen sich Schlüsse auf das Entscheidungsverhalten im praktischen Wirtschaftsleben ziehen, wo der Drang nach Erfolg und Ertrag sich ebenfalls in einem, wenn auch komplexerem, unsicherem Umfeld abspielt, deren Teilnehmer jedoch grundsätzlich Vorstellungen darüber besitzen, in welchem Ausmaß bestimmte künftige Ereignisse vorteilhaft und erstrebenswert sind und welche nicht.

Chancen sind Erfolgsaussichten, keine Erfolgsgarantien. Erfolgsaussichten, subjektiv oder objektiv betrachtet, sind Wahrscheinlichkeitsurteile über die Wertigkeit oder Sinnhaftigkeit, ein Risiko einzugehen. Deswegen muss es schwerfallen, die Chance vom Risiko zu trennen. Risikomanagement besteht in der Wahrnehmung von Chancen und damit der Akzeptanz der damit untrennbar verbundenen Risiken.[15]

Wenn beispielsweise jemand auf „volles Risiko" geht, wird damit der Wert der Chance ausgedrückt. Im Formel-1-Rennsport wird das Sicherheitsrisiko beispielsweise einen anderen Stellenwert besitzen als im Straßenverkehr. Es werden maximal diejenigen Sicherheitsmaßnahmen getroffen, die die Höchstleistung eines Fahrzeuges nicht beeinträchtigen. Dagegen wird das Gefahrenniveau, mit hoher Geschwindigkeit einen schweren Unfall zu riskieren, wie selbstverständlich in Kauf genommen, weil der Anspruch auf den Rennsieg im Wettbewerb um die beste Platzierung diese Gefahr unvermeidlich beinhaltet: Wer am spätesten vor der Kurve bremst, wagt am meisten.

In der Entscheidungstheorie hat sich die Auffassung durchgesetzt, dass es grundsätzlich unerheblich ist, ob positive oder negative Ergebnisse in einer Risikosituation betrachtet werden. Risiko ist nicht an die Vorstellung negativer oder nachteiliger Ergebnisse gebunden, sondern nur an die Eintrittswahrscheinlichkeiten unterschiedlicher Ergebnisse (oder weiter gefasst: Ergebnisvektoren oder Ergebnisverteilungen). Diese Eigenschaft wiederum wirft ein Licht auf den Umgang mit dem Risiko als Eintrittswahrscheinlichkeit: Es geht gerade nicht um Limitierung eines Risikos im Sinne einer maximalen Risikohöhe, sondern darum, die Eintrittswahrscheinlichkeit für bestimmte erwartete Ergebnisse, die mit dem Risiko verbunden sind, (explizit oder implizit) abzuschätzen. Es geht also um die Festlegung der Risikopräferenz und die Einschätzung des Risikonutzens (Bernoulli-Nutzens, Kapitel 3.2.1). Der Risikonutzen befindet sich in einem Kontinuum zwischen zwei Polen, deren Position beliebig festgelegt werden kann (z. B. statt Gewinn und Verlust die beiden Pole kleiner Gewinn

---

15 Vgl. auch die Erkenntnis von Fiege (2006, S. 59): „Der Chancenaspekt gilt jedoch auch bei einer begrifflichen Festlegung auf ‚Risikomanagement' als stets implizit mitberücksichtigt."

vs. großer Gewinn, niedriges Ergebnis vs. hohes Ergebnis oder alternativ kleiner Verlust vs. großer Verlust; vgl. Kapitel 3.2.1).

Die hier dargelegte Auffassung lässt sich mühelos mit dem Begriff des Wagnisses vereinbaren. Ein Wagnis einzugehen, bedeutet das Sich-Einlassen auf das Risiko, um der Chance willen. Das Eingehen eines Wagnisses heißt, das damit verbundene Risiko zu akzeptieren bzw. zu ergreifen. Ausschlaggebend für ein Wagnis ist die bewusste Risikoakzeptanz.[16]

2.1.4 Downside

Der Begriff Risiko ist ein zentraler Begriff der strategischen wie auch der operativen Unternehmensplanung, anhand derer Soll-/Ist-Vergleiche mit der tatsächlichen Entwicklung vorgenommen werden können. Der Ansatz besteht in den Fragen „Was wäre wenn?" Oder „Was könnte schiefgehen?" Damit erhält der Risikobegriff eine weitere wichtige Nuance, nämlich als mögliche Einflussgröße auf eine prognostizierte Erfolgsentwicklung. Es geht um das „Downside-Risiko" einer Planung (vgl. Hunziker/ Meissner, 2017, S. 12).

In diesem Kontext erscheint Risiko nicht als unmittelbare Bedrohung oder als Ereignis mit Schadenspotenzial, sondern als Plangröße, die Steuerungsimpulse für strategische Entscheidungen und eventuell gebotene Anpassungen aussendet. Risiko bedeutet beispielsweise Beeinträchtigung des Geschäftsmodells oder dessen Durchsetzbarkeit im Wettbewerb. Im Rahmen der strategischen Planung ist das Risiko eine Einflussgröße, die sich nachteilig auf die künftige Erfolgsentwicklung auswirkt. Szenarioanalysen und Stresstests fallen unter diese Art antizipativer Risikobetrachtung. Strategische und operative Planungsszenarien antizipieren dagegen unterschiedliche wirtschaftliche Entwicklungspfade eines Unternehmens, die sich nicht auf Schadens- oder Untergangsszenarien beschränken.[17]

---

16 Kein Wagnis liegt vor bei Risikoignoranz. Wer Risiken nicht wahrnimmt, geht kein Wagnis ein. Der Begriff der Risikoakzeptanz wird hier noch häufiger verwendet. In der Literatur zum Bank-Risikomanagement ist er nicht sehr verbreitet, wohl aber in der allgemeinen Risikoforschung (s. z. B. Luhmann, 1991, S. 12, 31, 39 mit weiteren Nachweisen). Bemerkenswert ist ferner, dass Luhmann den Begriff des Risikos für seine soziologischen Betrachtungen auf Situationen beschränkt, die eine Entscheidung voraussetzen oder deren Folgen einer Entscheidung zugerechnet werden können. Alle anderen Sachverhalte, in denen Schäden der Umwelt und dem Zufall zugerechnet werden, bezeichnet er als Gefahr (1991, S. 30 ff.). Dieser Unterscheidung kann hier zwar nicht gefolgt werden, sie ist jedoch insofern relevant, als der Entscheidungsprozess über die Risikoakzeptanz, der hier im Mittelpunkt steht, damit in seiner Bedeutung besonders hervorgehoben wird. Siehe außerdem Kreuzer, 2019, S. 107 f.

17 Vgl. z. B. Committee of Sponsoring Organizations of the Treadway Commission (COSO), Enterprise Risk Management. Integrating with Strategy and Performance. Executive Summary (2017, S. 1): „Even success can bring with it additional downside risk—the risk of not being able to fulfill unexpectedly high demand, or maintain expected business momentum, for example."

Entwürfe und Prognosen künftiger Erfolgsgestaltung legen den Schwerpunkt auf die Antizipation positiver Entwicklungen: der Chancen.[18] Nur in diesem Planungsszenario ist es semantisch sinnvoll, Risiken und Chancen als komplementäre Elemente zu verbinden. Denn hier steht nicht die Risikoakzeptanz im Mittelpunkt, sondern der kreative Umgang mit unterschiedlichen Zukunftsentwürfen. Hier lassen sich Risiken und Chancen getrennt voneinander beurteilen und in einen übergeordneten Plan mit unterschiedlichen Gewichtungen einbringen. Risiko und Chance bedeuten hier nichts weiter als Upside- und Downside-Hypothesen von antizipierten Szenarien. In diesen Szenarien überlagern sich die Phänomene Risiko und ökonomischer Wandel (Committee of Sponsoring Organizations of the Treadway Commission, 2017, S. 2): "It helps organizations identify factors that represent not just risk, but change, and how that change could impact performance and necessitate a shift in strategy. By seeing change more clearly, an organization can fashion its own plan; for example, should it defensively pull back or invest in a new business?"

In diesem Sinne ist der Risikobegriff in dem Prozess der „Risikofrüherkennung" zu verstehen. Sie will Signale zur Risikobehandlung zum frühestmöglichen Zeitpunkt ermitteln, damit Maßnahmen rechtzeitig vor Schadenseintritt ergriffen werden können. Zu diesen Risiken gehören mitunter auch Änderungen des Wettbewerbsumfeldes. Allerdings ist zu beachten, dass der aktienrechtliche Begriff der Risikofrüherkennung die Bestandsgefährdung vor Augen hat („den Fortbestand der Gesellschaft gefährdende Entwicklungen", § 91 Abs. 2 AktG), nicht jegliche Form eines Downside-Risikos. Jedoch lassen sich logisch die bestandsgefährdenden Risiken nur antizipieren und behandeln, wenn sie zunächst als noch „ungefährliche", vielleicht sogar hypothetische Risiken erkannt und in der Planung berücksichtigt werden. Die betriebswirtschaftliche Literatur zum Risikomanagement im Rahmen der Corporate Governance folgt der engen juristischen Festlegung auf die Bestandsgefährdung daher nicht (s. auch Kapitel 5.1.1). Bei der Risikofrüherkennung geht es darum, Risiken zu identifizieren, die potenziell bestandsgefährdend sein können. Es darf also in dieser Hinsicht keine „Lücken" geben, die aus einer willkürlichen Trennung bestandsgefährdender und sonstiger Risiken entstehen.[19]

Diese Nuancierung hilft, den Chancenbegriff präziser anzuwenden. Wollen Risikomanager/-innen auch als Chancenmanager/-innen bezeichnet werden, so nehmen sie diese Rolle vor allem im strategischen Planspiel ein, wo abhängig von den Planabweichungen Entscheidungen zur Investitionsauswahl vorbereitet werden, um negativen Entwicklungen zuvorzukommen und positive Entwicklungen zu realisieren.

---

18 Vgl. z. B. Committee of Sponsoring Organizations of the Treadway Commission (COSO) (2017, S. 4): „[...] risk should not be viewed solely as a potential constraint or challenge to setting and carrying out a strategy. Rather, the change that underlies risk and the organizational responses to risk give rise to strategic opportunities and key differentiating capabilities."
19 Vgl. hierzu auch Committee of Sponsoring Organizations of the Treadway Commission (2017, S. 3): „[The Framework] enables organizations to better anticipate risk so they can get ahead of it, with an understanding that change creates opportunities, not simply the potential for crises."

2.1.5 Zusammenfassung Risikobegriff

Der Risikobegriff tritt in vier Nuancen auf, die jede für sich auf einen anderen Kontext hinweisen. Bei dieser Differenzierung treten die Aspekte der *Wertschöpfung* des Risikomanagements deutlicher in den Vordergrund (siehe Kapitel 3). Außerdem lässt sich das oft zusammenhanglose „Chancenmanagement" leichter zuordnen. Jede Nuance deutet jedoch auf einen jeweils anderen Umgang mit dem Risiko hin: Risiko als Gefahr, Risiko als Messwert, Risiko als Wahrscheinlichkeit und Risiko als Downside.

2.2 Umgang mit dem Risiko

Der Umgang mit dem Risiko hängt vom jeweiligen Kontext ab: 1. Gefahrenvermeidung und Schadensminderung hat verhütenden Charakter, 2. Risikokalkulation und Risikolimitierung in Unternehmen und Finanzinstituten gehören zum messenden Zweig des Risikomanagements, 3. Investitionsauswahlentscheidungen und Festlegung der Risikostrategie spielen sich im prozessualen oder entscheidungsorientierten Risikomanagement ab und 4. antizipatives Risikomanagement ist Bestandteil der strategischen Planung und Früherkennung von Risiken.

2.2.1 Verhütendes Risikomanagement

Zum verhütenden Risikomanagement gehören Aktivitäten zur Gefahrenvermeidung und Schadensminderung in ihren unterschiedlichen Ausprägungen. Aus der Steuerungsperspektive ist an erster Stelle die Corporate Governance zu nennen. Corporate Governance bedeutet gute Unternehmensführung durch Überwachung und Kontrolle der Leitungsorgane und der Unternehmensprozesse, zu welchen die Integrität der Finanzberichterstattung und die Funktionsfähigkeit des unternehmensweiten Risikomanagementsystems zählen. Die Corporate Governance bildet die Klammer über alle Risikomanagementaktivitäten eines Unternehmens mit dem vorrangigen Ziel, eine Gefährdung des Fortbestandes eines Unternehmens zu vermeiden.

Aus betriebswirtschaftlicher Sicht lassen sich die folgenden Bereiche dem verhütenden Risikomanagement zuordnen:
- Corporate Governance, inkl. internes Kontrollsystem (IKS), interne Revision und externe Wirtschaftsprüfung
- Enterprise Risk Management (ERM), Störfallvermeidung, Business Continuity Management
- Einhaltung von Sicherheitsstandards, z. B. Arbeitsschutz, Umweltschutz oder Datenschutz
- Versicherungsvertragsmanagement
- Sicherungsgeschäfte, insb. Hedging von Preisrisiken durch Finanzinstrumente.

Corporate Governance befasst sich außerdem mit der Einführung von Anreizsystemen, die die Leitungsorgane eines Unternehmens einerseits zur Gewinnerzielung motivieren und andererseits zur Vermeidung existenzgefährdender Risiken anhalten sollen. Die Vorgehensweisen dazu werden im Kapitel 5.1 über die Kontrolltechniken näher erörtert.

2.2.2 Messendes Risikomanagement

Die Möglichkeiten, Risiken zu messen, erlauben es, den Preis und das Niveau des Risikos zu bestimmen. In Versicherungsunternehmen wird der Preis des Risikos als Teil der Versicherungsprämie kalkuliert. Sie übernehmen versicherbare, weil kalkulierbare, Risiken. Darüber hinaus ist die mathematische Versicherungstechnik auch in der Lage, Risiken zu aggregieren und ein Gesamtrisiko für alle übernommenen Risiken zu berechnen. Die grundlegende Formel für die Risikohöhe lautet Eintrittswahrscheinlichkeit multipliziert mit der erwarteten Schadenshöhe (s. auch Kapitel 3.2.1).[20] Dafür halten Versicherungen Eigenkapital vor, dessen Höhe sich nach dem stochastisch ermittelten, erwarteten Höchstverlust in einer Periode richtet, der sogenannten Ruinwahrscheinlichkeit oder – in der Bankenbranche – dem Value at Risk. Es handelt sich in beiden Fällen um Erwartungswerte, also Ergebnisse, die sich über Stichproben nachprüfen lassen. In der Wahrscheinlichkeitslehre werden aus Stichproben zufälliger Ergebnisse Erwartungswerte ermittelt, so wie im Kreditgeschäft aus der Ausfallerfahrung einer bestimmten Kategorie von Kreditnehmern auf die Ausfallerwartung der jeweiligen Risikoklasse für die Zukunft geschlossen wird.

Die Fähigkeit, die Höhe eines Risikos berechnen zu können, ist ein bedeutender mathematischer Fortschritt (vgl. Bernstein, 1998). Die Methode der Risikoberechnung hat in die Bankenbranche erst in den 1990er-Jahren Eingang gefunden, wobei die Versicherungstechnik übernommen wurde. Als Vorreiter dafür gilt J. P. Morgan mit der Einführung des Value at Risk als Kennziffer für die Risiken der Handelspositionen (s. Hull, 2023, S. 234). Die Vorbereitung und Umsetzung der Regeln von Basel II (seit 2017 in der Form des dritten Reformpakets Basel III, s. Kapitel 6.1) in den 2000er-Jahren haben die weitere Risikodifferenzierung der Aktivseite von Banken beschleunigt.

Mit Basel II wurde auch die zwingende Klassifizierung der Kreditrisikopositionen in Banken eingeführt (Bonitäts-Ratingprozess). Aus den verifizierbaren Ausfallwahrscheinlichkeiten und den Multiplikatoren Loss Given Default und Exposure at Default (vgl. Kapitel 5.2.2) konnte man nun die Ausfallkosten in Form des Expected Loss über ein Portfolio auf jedes einzelne Kreditexposure herunterbrechen. Im deutschen Bankjargon wurde für den Expected Loss die Bezeichnung Standard-Risikokosten eingeführt (s. Schierenbeck/

---

20 Vgl. z. B. Karten/Nell (2018, S. 25): „Aus der Perspektive des Versicherers bezeichnen wir als Einzelrisiko die Ungewissheit der nach Eintritt und/oder Höhe zufälligen (vertraglichen) Leistungen."

Lister/Kirmße, 2024, S. 286 ff.; s. z. B. auch DZ BANK AG Geschäftsbericht 2022, S. 129). Der Unexpected Loss wird dagegen im Value at Risk und damit mittelbar durch die Höhe des Eigenkapitals (Verlustabsorptionspuffer) abgebildet. Die Kosten (Verzinsung) für das Eigenkapital werden dann als erforderliche Gewinnmarge in den Kreditzins eingepreist, den die Kund/-innen zu entrichten haben. Expected und Unexpected Losses lassen sich umso zuverlässiger rechnen, je größer ein Portfolio ist. Gleichwohl bleiben die Vorbehalte gegen die unvermeidbare Vergangenheitsbezogenheit der Inputdaten (s. unten Kapitel 5.2.4).

Mit der Risikoklassifizierung wurde nicht nur eine formale Bonitätsskala geschaffen. Der mit dem Ratingprozess einhergehende Erkenntnisprozess über die Bewertung eines Risikos hat auch den Entscheidungsprozess beflügelt, indem über die detaillierte Ermittlung eines Kreditratings ein rationaler Dialog über die Kapitaldienstfähigkeit eines Kreditnehmers entstand, anstatt darüber, ob ein Kreditnehmer der Gewährung eines Kredites „würdig" ist. Der Begriff der „Kreditwürdigkeitsprüfung" (vgl. z. B. die Verwendung des Begriffes bei Hartmann-Wendels et al., 2019, S. 448) verstellt bisweilen den Blick auf die ökonomischen Grundlagen der Risikoprüfung.

Ausfallwahrscheinlichkeiten geben in den internen Modellen eine Prognose ab über die Häufigkeit des Ausfalls eines/-er Kreditnehmers/-in innerhalb eines Zwölf-Monats-Zeitraums. Sie werden rückwirkend getestet, ob sie zutreffend waren. Solche Tests können jedoch auch zu Fehleinschätzungen führen, wenn Kreditausfälle z. B. durch staatliche Eingriffe niedrig gehalten werden. So gingen durch die staatliche Unterstützung von Unternehmen, die durch die Covid-Pandemie finanzielle Einbußen erlitten, die Insolvenzzahlen deutlich zurück. Ein Teil der Unternehmen, die diese Hilfen in Anspruch genommen hatten, könnte möglicherweise nicht überlebensfähig sein. Solche Einflüsse sind bei der Beurteilung, ob die Ausfallwahrscheinlichkeit richtig berechnet bzw. eingeschätzt wurde, zu berücksichtigen.

Auch die langanhaltende Nullzinsphase hat möglicherweise zu geringeren Ausfällen geführt, weil Unternehmen sich zu günstigen Konditionen höher verschulden konnten, bei einer Zinswende jedoch schnell in Liquiditätsnot geraten könnten. Dies erfordert gegebenenfalls Nachsteuerung bei der Kalibrierung der Risikomodelle und einen kritischen Blick auf die Unternehmen mit hoher Fremdfinanzierung. Die Schätzung von Ausfallwahrscheinlichkeiten darf daher nicht mechanisch erfolgen. Sie erfordert ein Verständnis der kritischen Modellparameter und ihres Zusammenhangs mit dem tatsächlichen Wirtschaftsgeschehen (s. auch Kapitel 5.2.1 zu möglichen Anpassungen der Modellparameter). Laufen solche Prozesse über mehrere Jahre, können in Kreditzyklen Phasen auftreten, die in dieser Form vorher noch nicht bekannt waren. Dies gilt es, bei der Ausbildung von Bank-Risikomanager/-innen zu berücksichtigen, die noch keinen vollen Kreditzyklus mit Auf- und Abschwung durchlaufen haben.

2.2.3 Prozessuales Risikomanagement

Als prozessuales oder entscheidungsorientiertes Risikomanagement wird hier der Entscheidungsprozess über die Auswahl der Risiken bezeichnet. Der Auswahlprozess in Banken und Finanzinstituten vollzieht sich strukturell in derselben Weise wie Investitionsauswahlentscheidungen in realwirtschaftlichen Unternehmen (s. Kapitel 3.2). Der finanzwirtschaftliche Investitionsprozess geschieht durch die Vergabe von Darlehen, den Ankauf von Wertpapieren oder die Kontrahierung von Finanzinstrumenten. Auf sie entfällt der größte Anteil an den Bilanzaktiva von Banken und Finanzinstituten.

Während das messende und das verhütende Risikomanagement in der Betriebswirtschaftslehre einhellig dem innerbetrieblichen institutionellen Risikomanagement zugeordnet werden, gilt dies bisher nicht für diejenige wissenschaftliche Disziplin, die sich mit Entscheidungen in „Risikosituationen" befasst – die betriebswirtschaftliche Entscheidungstheorie. Sie wird überwiegend unter dem Gesichtspunkt des strategischen Managements betrachtet (s. z. B. Thommen/Achleitner/Gilbert/Hachmeister/Jarchoff/Kaiser, 2023, S. 602 ff.; Hartmann-Wendels/Pfingsten/Weber, 2019, S. 274 ff.). Stulz, Experte für Risikomanagement in Finanzinstituten, vertritt sogar ausdrücklich die Meinung, dass „despite their name, risk managers *do not really manage risk* themselves. They mostly measure and monitor it, and then help those who manage risk." (Stulz, 2015, S. 13, Hervorhebung RJ., s. auch Romeike, 2018, S. 47).

Eine Risikosituation im technischen Sinne der Entscheidungstheorie liegt vor, wenn Unsicherheit über den Ausgang von Wahlhandlungen besteht und Angaben zur Eintrittswahrscheinlichkeit möglicher Konsequenzen gemacht werden können. Sehen Entscheider/-innen keine Möglichkeit, eine Eintrittswahrscheinlichkeit für ein bestimmtes künftiges Ereignis zu schätzen, wird dies als Zustand der Ungewissheit bezeichnet (s. Kapitel 5.2.1).

Entscheidungen über die Risikoakzeptanz sind der Dreh- und Angelpunkt des praktischen Risikomanagementprozesses. Risiken erst zu steuern, wenn sie bereits eingegangen sind, würde bedeuten, das Pferd von hinten aufzuzäumen. Risikomanagement muss sich bereits in den Entscheidungsprozess der Risikoakzeptanz einbringen. Die Auswahl der Risiken ist sein erster Ansatzpunkt. Die Betriebswirtschaftslehre behandelt die Investitionsauswahlentscheidungen, d. h. die Auswahl von optimalen Handlungsalternativen, umfassend im Rahmen der mathematisch begründeten Entscheidungstheorie. Aufgrund dessen gilt sie geradezu als Königsdisziplin der Betriebswirtschaftslehre.[21] Auf der Grundlage der Entscheidungstheorie tritt der Entscheidungsprozess über die Risikoakzeptanz gegenüber den messenden und verhütenden Eigenschaften des Risikomanagements in den Vordergrund. Er ist Teil des übergreifenden Risikomanagements im

---

[21] Siehe Laux/Gillenkirch/Schenk-Mathes (2018, S. 4): „Die Betriebswirtschaftslehre wird daher häufig als spezielle (oder angewandte) Entscheidungstheorie bezeichnet."

Unternehmen und soll hier deswegen in Ergänzung zum verhütenden und messenden Risikomanagement als weitere Kategorie des Risikomanagements eingeführt werden.

Die Entscheidung über die Risikoakzeptanz ist in Versicherungsbetrieben eine Selbstverständlichkeit: Risiken werden eingeschätzt, berechnet und ins Portfolio übernommen (s. Karten/Nell/Richter/Schiller, 2018, S. 27; s. zu den Portfoliorisiken unten Kapitel 5.2.1):

> Letztlich wird jeder Versicherungsvertrag, mit den im Vertrag festgelegten Leistungen des Versicherers, durch eine Zufallsvariable repräsentiert. Das im Vertrag übernommene Einzelrisiko hat demnach zwei Dimensionen – die Leistungsbeträge und ihre Wahrscheinlichkeiten – und wird durch die Wahrscheinlichkeitsverteilung der Versicherungsleistungen gut beschrieben. Diese stellt das entscheidungsrelevante zahlenmäßige Abbild des Einzelrisikos dar.[22]

Nichts anderes geschieht in Banken bei der Kreditvergabe. Der innerbetriebliche Prozess der Verhandlung, Analyse und Gewährung eines Kredites folgt dem Entscheidungsprozess über die Auswahl eines Kreditrisikos. Risikomanagement besteht hier nicht in der Limitierung von Risiken, sondern in deren Identifizierung, Bewertung und Übernahme. Richtungsweisend für diesen Prozess ist die präskriptive Entscheidungstheorie mit ihren Techniken der Risikopräferenzbestimmung. Die Entscheidungstheorie kann als die Grundlage eines modernen entscheidungsorientierten Risikomanagements angesehen werden. Risikomanagement ist keine Hilfsfunktion mehr, sondern ein bestimmender Faktor im Entscheidungsprozess über die Risikoakzeptanz. Ein prozessual verstandenes Risikomanagement muss mit der Entscheidungstheorie zumindest in Ansätzen vertraut sein, um seine Rolle im Kreditentscheidungsprozess verantwortlich ausüben und behaupten zu können.

2.2.4 Antizipatives Risikomanagement

Die strategische Unternehmensplanung antizipiert alternative wirtschaftliche Szenarien und erstellt Prognosen zum erwarteten Unternehmensverlauf. Dies impliziert eine Form des Risikomanagements, die sowohl das Entwicklungspotenzial im Wettbewerb bzw. die Chancen in finanziellen Erfolgsgrößen abbildet als sich auch mit potenziell negativen Einflüssen auseinandersetzt. Zu unterscheiden sind hier die Szenarien, die im Rahmen der strategischen und operativen Planung vorgenommen werden, von den aufsichtsrechtlichen Stressszenarien, die die Belastbarkeit des Eigenkapitalpuffers unter realistisch modellierten adversen Zins- und Kapitalmarktszenarien untersuchen (zu Stresstests s. Kapitel 5.2.4).

Basis der Unternehmensplanung sind die von der Finanz- und Controllingfunktion zur Verfügung gestellten und unternehmensweit abgestimmten Planzahlen. In

---

22 Siehe auch Karten/Nell/Richter/Schiller (2018, S. 29 ff.) zur formalen Struktur der Entscheidung über das Einzelrisiko.

diesem Diskurs nimmt ein institutionalisiertes Risikomanagement eine beratende Funktion wahr, deren Verantwortung darin liegt, über die möglichen Risiken und deren eventuelle Kristallisierung in konkreten Investitionsentscheidungen frühzeitig zu informieren. Gegebenenfalls wird auch hier ein Führungsauftrag erwachsen, insbesondere wenn bestimmte Downside-Potenziale nicht ausreichend gewürdigt werden. Hier ist eine Kommunikation und klare Positionierung erforderlich, falls in den anderen Entscheidungsinstanzen ein unzureichendes Risikobewusstsein herrscht.

Dies gilt insbesondere für den Fall der Risikofrüherkennung, die sowohl in der Corporate Governance als auch der Überwachung von Kreditportfolien eine herausragende Rolle spielt. Risiken im Frühstadium rechtzeitig zu identifizieren und entschlossen anzugehen ist das Ziel. Dort, wo antizipatives Risikomanagement klare Risikosignale ausmacht, ist effektive Kommunikation angebracht und erforderlichenfalls auch ein Führungsanspruch durchzusetzen. Solche Signale können in Intransparenz, Abweichungen von einer etablierten Risikokultur oder auch dem Versuch, die Rationalität von Entscheidungsprozessen zu untergraben, bestehen.

2.2.5 Andere Kategorisierungen des Risikomanagements

Die hier vorgenommene Kategorisierung des Risikomanagements findet sich in abgewandelter Form bei Hopkin und Thompson (2022, S. 17 f.) wieder. Sie unterscheiden Compliance-Risiken, Zufallsrisiken (auch „reine" Risiken), Kontrollrisiken (oder Unsicherheitsrisiken) und Opportunitätsrisiken (oder „spekulative" Risiken). Die Begriffe „reine" Risiken und „spekulative" Risiken gehen zurück auf die in Kapitel 2.1.2 erwähnten Definitionen von Knight. Reine Risiken sind danach stochastisch messbare (d. h. versicherbare) Risiken. Bei spekulativen Risiken handelt es sich um unternehmerische Entscheidungen, die ihrer Natur nach nicht wiederholbar sind. Für die Modelle der Entscheidungstheorie ist diese Unterscheidung nicht mehr erforderlich, weil subjektive Wahrscheinlichkeitsangaben und stochastisch gemessene Wahrscheinlichkeiten gleichbehandelt werden.

Hopkin und Thompsons Kontrollrisiken lassen sich ebenso wie die Compliancerisiken unschwer dem antizipativen Risikomanagement zuordnen. Es geht um die Minimierung von Gefahren. In Bezug auf die Risikoakzeptanzentscheidung weisen Hopkin und Thompson zwar auf die Notwendigkeit hin, Risikomanagementüberlegungen in den strategischen Entscheidungsprozess zu integrieren, (s. Hopkin/Thompson, 2022, S. 4 f., 54 f.). Was jedoch weniger zur Geltung kommt, ist die Rolle des Risikomanagements in der konkreten Investitionsauswahlentscheidung und die Tatsache, dass Entscheidungen über die Risikoakzeptanz zur Entstehung neuer Risiken beitragen, die es dann zu steuern gilt. Sie verstehen unter „Opportunity Management" die Detailanalyse einer Geschäftsmöglichkeit unter Risikogesichtspunkten und diskutieren das „Upside of Risk" (s. Hopkin/Thompson, 2022, S. 155 ff.). Dieses Upside beschränkt sich jedoch im Wesentlichen auf die Verhütung von Gefahren und Schäden („Good Safety

Culture", s. Hopkin/Thompson, 2022, S. 26 f., 395 f.), was sich positiv auf die Betriebskosten auswirke. Das Konzept des Erwartungsnutzens kommt darin nicht vor.

2.2.6 Zusammenfassung zum Umgang mit dem Risiko

Das praktische Risikomanagement lässt sich in die vier Kategorien verhütendes, messendes, prozessuales und antizipatives Risikomanagement aufteilen. Jedem dieser vier Ansätze stehen unterschiedliche Methoden und Werkzeuge zur Verfügung. Im verhütenden Risikomanagement stehen Kontroll- und Überwachungsvorgänge im Vordergrund. Das messende Risikomanagement befasst sich mit dem Preis und der Höhe des Risikos sowie mit der quantitativen Vergleichbarkeit von Risiken. Das prozessuale Risikomanagement ist Teil des Entscheidungsprozesses über die Risikoakzeptanz und bezieht seine Instrumente aus der betriebswirtschaftlichen Entscheidungslehre zur Risikopräferenz. Das antizipative Risikomanagement bringt seine Erfahrung und Expertise in den Planungsprozess ein und achtet auf eine angemessene Risikobereitschaft, die sich an den Erwartungen des Kapitalmarktes ausrichtet. Für die Risikobereitschaft verwendet die Bankenaufsicht auch den Begriff des Risikoappetits (MaRisk AT 4.2 Tz. 2).[23] Antizipatives Risikomanagement dient darüber hinaus dazu, Risiken so früh wie möglich zu erkennen.

Die Literatur zum Risikomanagement beschäftigt sich hauptsächlich mit dem verhütenden und dem messenden Risikomanagement. Darüber hinaus wird antizipatives Risikomanagement ausführlich im betriebswirtschaftlichen Kontext der strategischen und operativen Unternehmens- und Finanzplanung diskutiert und im Rahmen der Corporate Governance als Teil verantwortungsvoller Unternehmensführung angesehen. Dagegen wird der Entscheidungsprozess über den wertschöpfenden Beitrag der Risikoakzeptanz im Bankgeschäft in der Literatur nicht durchweg als Aufgabe des institutionellen Risikomanagements angesehen (s. oben die zitierte Anmerkung von Stulz in Kapitel 2.2.3). Das folgende Kapitel beschäftigt sich daher mit der ökonomischen Wertschöpfung durch Risikomanagement.

ℹ Fragen zu Kapitel 2
1. Unterscheiden Sie die Begriffe Risiko und Gefahr.
2. Sind Risiko und Chance Gegensätze oder nur unterschiedliche Perspektiven auf denselben Vorgang?
3. Welchen Stellenwert hat die Entscheidungsorientierung im Risikomanagement?
4. Worum geht es bei der Festlegung der Risikobereitschaft?

---

23 Der Begriff wurde vom Financial Stability Board (2013), Principles for An Effective Risk Appetite Framework, in den aufsichtsrechtlichen Gebrauch eingeführt.

3 Wertschöpfung durch Risikomanagement

Die unternehmerische Praxis betrachtet Risikomanagement zu einem erheblichen Teil als Kostentreiber. Andererseits wird dem Risikomanagement zugestanden, dass es durch die Verhütung oder Minimierung von Schäden Kosten vermeidet, die ohne Risikomanagement mit einiger Wahrscheinlichkeit eingetreten wären (vgl Hopkin/ Thompson, 2022, S. 246 ff.). Es liegt auf der Hand, hier den Nutzen geringerer Schadensanfälligkeit gegen den Aufwand abzuwägen, einen Risikomanagementprozesses einzurichten, wobei der Aufwand stets zu minimieren ist. Diese Vorstellung ist eng verbunden mit der Idee, es handle sich beim Risikomanagement um eine gesetzlich oder aufsichtsrechtlich verordnete Aufgabe. Dabei wird übersehen, dass Risikomanagement in erster Linie einen ökonomischen Zweck erfüllt: Es stellt einen Teil der unternehmerischen Wertschöpfungskette dar. Daher stellt sich also zunächst die Frage nach dem spezifischen Beitrag des Risikomanagements zur Wertschöpfung.

3.1 Insolvenzvermeidung

Die Frage nach dem Wertschöpfungsbeitrag des Risikomanagements wird in der betriebswirtschaftlichen Literatur grundsätzlich bejaht. Sein Beitrag wird überwiegend in der Insolvenzvermeidung gesehen.

3.1.1 Reduzierung der Insolvenzwahrscheinlichkeit

Nach gängiger Lehre beinhaltet der Marktwert eines Unternehmens die wahrscheinlichen Kosten einer Insolvenz, die durch Risikomanagement minimiert werden. Um den Wertschöpfungsbeitrag des Risikomanagements zu begründen, ist es erforderlich, zunächst die Ausgangslage der Argumentation zu verstehen.

Ausgehend vom Modell des vollkommenen Kapitalmarktes besteht für ein innerbetriebliches Risikomanagement, das die Risiken limitiert oder minimiert, kein Grund – es ist irrelevant (s. Hartmann-Wendels/Pfingsten/Weber, 2019, S. 275 ff., 324 ff., Kürsten,

https://doi.org/10.1515/9783110596571-003

2006, S. 180 ff.). Die Investor/-innen suchen sich ihr Wertpapier nach der Erwartungs-rendite aus. Entlang der Kapitalmarkt- oder Wertpapierlinie gehört zu jeder Erwartungsrendite das entsprechende Risiko (s. Berk/DeMarzo, 2020, S. 423 ff.; Brealey/Myers/Marcus, 2020, S. 373 ff.). Damit treffen sie mit der Wahl einer spezifischen Erwartungsrendite zugleich eine Wahl für das entsprechende Risiko. Das Risiko eines Wertpapiers besteht in seiner Wertschwankung um einen Mittelwert und wird in Form der Standardabweichung (Sigma, σ) gemessen. Dieses „Rendite-Risiko-Verhältnis" lässt sich auf der Kapitalmarktlinie grafisch abbilden (s. Abb. 2).

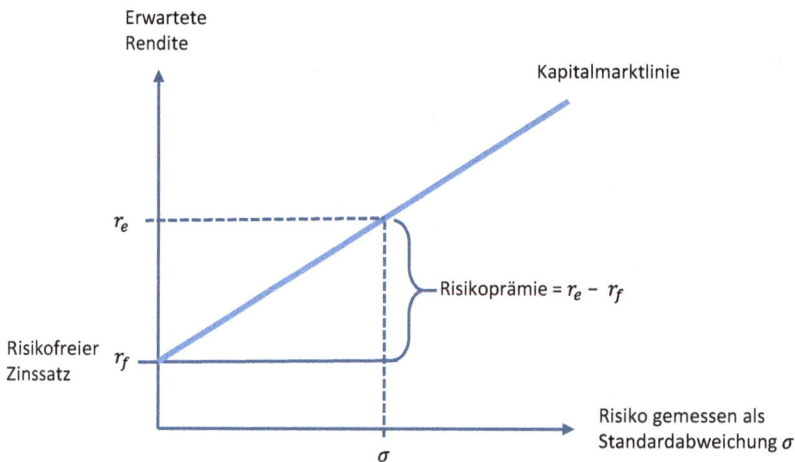

Abb. 2: Für jede zusätzliche Einheit Risiko erwartet der Kapitalmarkt eine entsprechend höhere Risikoprämie. Perridon/Steiner/Rathgeber, 2022, S. 300.

Im Modell des vollkommenen Kapitalmarktes hat der Investor kein Interesse daran, dass das wertpapieremittierende Unternehmen sein Risiko reduziert, weil sich damit die Rendite des Investors in gleichem Ausmaß verringert. Er wählt sein Risikoniveau durch entsprechende Diversifikation seiner Wertpapieranlagen.

Der Kapitalmarkt vergütet eine Risikoprämie nur für das sogenannte systematische Risiko eines Wertpapiers Beta (β), das die Kovarianz der Wertpapierrendite zur Rendite des Kapitalmarkts ausdrückt. Für das Einzelrisiko eines Wertpapiers (unternehmensspezifisches Ausfallrisiko, idiosynkratisches Risiko) zahlt der Kapitalmarkt keine Prämie, weil der Investor dieses idiosynkratische Risiko durch Diversifikation (Risikomischung oder -streuung) selbst auf das Kapitalmarktrisiko reduzieren kann. Da der Markt keine Prämie für das idiosynkratische Risiko vergütet, hat das Insolvenzrisiko im vollkommenen Kapitalmarkt keinen Einfluss auf den Unternehmenswert.

Innerbetriebliches Risikomanagement im Sinne einer gezielten Risikoreduzierung wird nach betriebswirtschaftlichem Verständnis erst relevant, wenn ein Unternehmen Fremdkapital aufnimmt. Bei einem innerbetrieblichen Risikomanagement versucht – anstelle des Investors – das Management des emittierenden Unternehmens auf die

Höhe des unternehmerischen Risikos dergestalt Einfluss zu nehmen, dass bei unveränderter Höhe der erwarteten Rückflüsse (Free Cashflows) die Volatilität (Schwankungsanfälligkeit) dieser Rückflüsse reduziert wird.

Mit der Aufnahme von Fremdkapital erhöht sich das Insolvenzrisiko, weil die Ansprüche des Fremdkapitals auf vollständige und pünktliche Zahlung von Zins und Tilgung auch bei Verlusten des Unternehmens bestehen bleiben. Im Insolvenzfall entstehen Kosten, die vom Unternehmen getragen werden müssen und vor der Verteilung des Überschusses an die Anteilseigner dem Unternehmen zur Last fallen: Gerichts- und Anwaltskosten, Kosten der Insolvenzverwaltung, Opportunitätskosten der Zwangsverwertung (Marktwertverluste durch Notverkäufe) (s. Abb. 3). Die Anteilseigner/-innen müssen die wahrscheinlichen Kosten einer Insolvenz in die Marktwertberechnung einbeziehen. Sinkt die Eintrittswahrscheinlichkeit einer Insolvenz, sinken die wahrscheinlichen Insolvenzkosten und erhöhen dadurch den Marktwert des Eigenkapitals (vgl. Berk/DeMarzio, 2020, S. 589 ff.).[24]

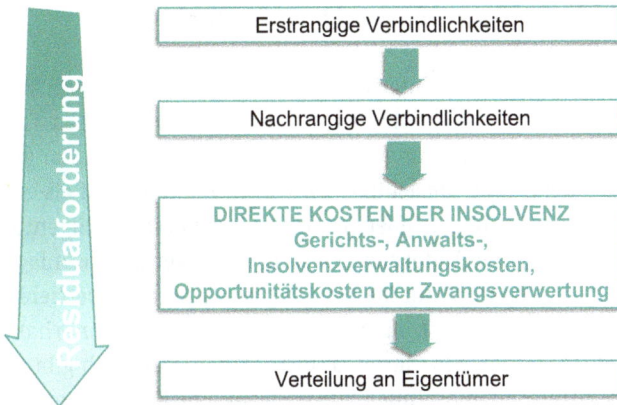

Abb. 3: Insolvenzkosten mindern den Wert des Eigenkapitals. In Anlehnung an Berk/DeMarzio, 2020, eigene Darstellung.

3.1.2 Indirekte Insolvenzkosten durch Financial Distress

Indirekte Kosten der Insolvenz (Financial-Distress-Kosten) entstehen bereits lange vor Einleitung eines gerichtlichen Insolvenzverfahrens: Lieferanten werden das Risiko einpreisen und ihre Produkte verteuern, neue Mitarbeiter können nur zu höheren Löhnen eingestellt werden, Kunden springen ab, weil Gewährleistungen nicht mehr abgesichert sind.

24 Empirische Analysen taxieren den Anteil der Insolvenzkosten im Marktwert eines Unternehmens zwischen 3 und 12 Prozent. Vgl. Berk/DeMarzio (2020, S. 594).

Mit der Erhöhung der Ausfallwahrscheinlichkeit erhöhen sich zusätzlich die Finanzierungskosten eines Unternehmens und schränken so die Möglichkeiten ein, einen Kredit aufzunehmen. Bei eingeschränkter Kreditaufnahme muss u. U. auf Investitionen mit positivem Kapitalwert verzichtet werden. Umgekehrt führt die Verringerung der Ausfallwahrscheinlichkeit zu günstigeren Finanzierungskonditionen und erhöht die Kreditaufnahmekapazität eines Unternehmens. Mit erhöhter Fremdkapitalaufnahme ergibt sich zugleich ein Steuervorteil, da Kreditzinsen als Betriebsausgaben angerechnet werden. Sie verringern den zu versteuernden Gewinn mit der Folge einer geringeren Steuerlast. Mit erhöhter Fremdfinanzierung ergibt sich aus dem Leverage-Effekt außerdem eine höhere Eigenkapitalrendite (vorausgesetzt der Fremdkapitalzins ist kleiner als die Gesamtkapitalrendite) und durch den Steuer-Effekt ein höherer Free Cashflow. Beide Effekte schlagen sich im Rahmen der Discounted-Cashflow-Methode in einem höheren Marktwert des Eigenkapitals nieder (vgl. Berk/DeMarzio, 2020).

3.1.3 Risikomanagement durch die Unternehmenseigner/-innen

Risikomanagement ist auch für Eigentümer-Unternehmer/-innen von elementarer Bedeutung, jedoch in einem speziellen Sinne. Sie haben in der Regel einen großen Teil des erworbenen oder erarbeiteten Vermögens in einem einzigen Unternehmen gebunden.[25] Deshalb werden sie wesentlich umsichtiger mit der Firma umgehen als ein von einer gewinnabhängigen Vergütung getriebener angestellter Vorstand. Eigentümer-Unternehmer/-innen können ihre im Unternehmen gebundene Vermögensanlage nicht diversifizieren, sodass sie mit Bedacht auf die Diversifikation der innerbetrieblichen Investitionen achten. Finanzinstitute streuen ihre Risiken ebenfalls innerhalb des Unternehmens durch die Diversifizierung ihrer Kreditvergaben. Natürlich gibt es auch risikobereite Eigentümer-Unternehmer/-innen, die alles auf eine Karte setzen. Es ist jedoch ihr Privileg als Eigentümer/-innen, das Risiko des Totalverlustes auf sich zu nehmen. Rational wäre ein solches Verhalten nicht, wenn man der Hypothese einer grundsätzlichen „Risikoscheu", also auf Kapitalerhalt ausgerichteten Präferenz von Wirtschaftssubjekten, folgt und das Ziel der Unternehmenswertsteigerung (Marktwert des Eigenkapitals) als Grundlage des Wirtschaftens akzeptiert.

3.2 Investitionsauswahl

Wertschöpfung im Unternehmen entsteht durch die treffsichere Auswahl von Investitionsprojekten mit positivem Kapitalwert (Net Present Value). Entscheidungen der Investi-

---

[25] Vgl. Hartmann-Wendels/Pfingsten/Weber (2019, S. 274 ff.); Fiege (2006, S. 70) unter Hinweis auf Pollanz (1999, S. 1278).

tionsauswahl werden traditionell in der Finanzierungslehre behandelt, sind aber auch Grundlage des prozessualen Risikomanagements. Bemerkenswert ist die ausdrückliche Feststellung in einem Teil der betriebswirtschaftlichen Literatur, dass die Auswahl von Investitionsprojekten als Instrument des Risikomanagements angesehen werden kann (s. Franke/Hax, 2009, S. 295, 634). Die Beurteilung von Investitionen anhand subjektiver Risikopräferenzen ist ein Standard der Betriebswirtschaftslehre (s. Franke/Hax, 2009, S. 314 ff.). Insofern ist es nur konsequent, diese Entscheidungen auch als Aufgabe des praktischen Risikomanagements zu betrachten. Ähnlich äußert sich Hull: „The risk management function's primary responsibility is to understand the portfolio of risks that the company is currently taking *and the risks it plans to take in the future* (Hull, 2023, S. 1; Hervorhebung RJ.).

Banken und Finanzinstitute investieren in Darlehen und die Übernahme von Kreditrisiken. Risikomanagement wird von Seiten der Bankenaufsicht (MaRisk, s. Kapitel 6.2) in die Entscheidung über die Investitionsauswahl (die Risikoakzeptanz) über das sogenannte Zweitvotum eingebunden. Damit ist noch nichts über dessen inhaltliche Gestaltung gesagt. Die ökonomische Rolle des Zweitvotums besteht darin, den positiven Kapitalwert einer Einzeltransaktion unter Einhaltung des institutsspezifischen Risikoniveaus zu verifizieren, das sich in der Regel aus den internen schriftlichen Vorgaben ergibt, jedoch grundsätzlich an dem vom Kapitalmarkt erwarteten Risikoniveau gemessen werden muss (vgl. auch Franke/Hax, 2009, S. 630).

Investitionsauswahlentscheidungen sind stets Entscheidungen unter Unsicherheit über den Erfolg einer Investition. Die Entscheidungstheorie bezeichnet diese Konstellation daher als Risikosituation (siehe Kapitel 5.3.1). Dabei geht es nicht um die Frage, wie Gefahren vermieden werden können, sondern um die Unterscheidung von gewollten und ungewollten Risiken (s. Kapitel 5.1.5.3), also Projekte mit positivem Kapitalwert auszuwählen und auf solche mit negativem Kapitalwert zu verzichten. Der Weg von der Entscheidungstheorie zur Kapitalwertrechnung führt über das Prinzip des Erwartungsnutzens, alsdann über das Erwartungswert-Varianz-Prinzip zum finanzwirtschaftlichen Diskontfaktor, d. h. dem Kapitalkostensatz (s. hierzu ausführlich Hartmann-Wendels/Pfingsten/Weber, 2019, S. 275 ff.; Perridon/Steiner/Rathgeber, 2022, S. 122). Im Folgenden wird das Erwartungsnutzenprinzip sowie das Erwartungswert-Varianz-Prinzip (s. Kapitel 3.2.2) erläutert.

3.2.1 Erwartungsnutzenprinzip

Das Erwartungsnutzenprinzip bildet die Grundlage des entscheidungsorientierten Risikomanagements.[26] Es erweitert das Erwartungswert-Varianz-Prinzip um den Aspekt des Risikonutzens, der sich aus der Risikopräferenz der Entscheider/-innen ableitet.

---

26 Vgl. Hartmann-Wendels/Pfingsten/Weber (2019, S. 276): „Wenn Individuen Entscheidungen unter Unsicherheit zu treffen haben und auf unvollkommenen Kapitalmärkten keine eindeutigen Marktpreise

3.2.1.1 Subjektive Eintrittswahrscheinlichkeiten

Das Prinzip des Erwartungsnutzens (expected utility) ist das zentrale Entscheidungsprinzip der präskriptiven (normativen) Entscheidungstheorie. Diese befasst sich mit der Erstellung von Entscheidungsmodellen und Entscheidungsregeln, die die formalen Prinzipien von Rationalität erfüllen. Die präskriptive Entscheidungstheorie erhebt den Anspruch, Techniken bereitzustellen, die es erlauben, mit mathematischer Folgerichtigkeit eine optimale Handlungsalternative zu ermitteln (vgl. Krapp, 2019, S. 3, 32 ff., Laux/Gillenkirch/Schenk-Mathes, 2018, S. 4, 145 ff.; Vanini/Rieg, 2021, S. 48 ff).

Eine Besonderheit des Erwartungsnutzenprinzips liegt in der Art der Unsicherheit, der sich Entscheider/-innen in einer Risikosituation gegenübersehen. Diese Unsicherheit kann man in vier Stufen einteilen, von denen nur die Stufe 3 eine Risikosituation im Sinne der Entscheidungstheorie repräsentiert, weil in diesem Fall subjektive Risikopräferenzen und individuelle Nutzenfunktionen das Entscheidungskalkül mitbestimmen:

1. Im Fall des verhütenden Risikomanagements geht es darum, Gefahren, Nachteile oder die Schäden aus unerwünschten Ereignissen zu vermeiden, die mit *relativ hoher* Eintrittswahrscheinlichkeit oder geringer Eintrittswahrscheinlichkeit, aber mit *relativ hohen* Auswirkungen auftreten würden, wenn sie nicht durch Verhütungsmaßnahmen eingedämmt würden. Risiko in diesem Sinne ist der Zufall.

2. Das messende Risikomanagement dreht sich darum, Eintrittswahrscheinlichkeiten zu ermitteln, auf der Basis von Stichproben, also auf stochastisch messbaren Ereignissen oder Ereigniskollektiven, mit relativ geringen Eintrittswahrscheinlichkeiten, die jedoch einzeln oder in der Aggregation zu einer *unerwünschten Höhe* von Nachteilen und Schäden führen. Risiko ist gleichbedeutend mit dem *Erwartungswert* einer Zufallsverteilung.

3. Beim prozessualen Risikomanagement geht es um Ereignisse, für die keine sinnvolle Stichprobe erhoben werden kann, weil sie individuelle Risikosituationen betreffen. In der Entscheidungstheorie herrscht im Wesentlichen Konsens darüber, dass nicht nur aus Stichproben erhobene „objektive" Erwartungswerte in ein Entscheidungsmodell einfließen können, sondern darüber hinaus auch *subjektive* Angaben der Entscheider/-innen zu den Eintrittswahrscheinlichkeiten bestimmter Konsequenzen von Wahlentscheidungen. Die ursprüngliche Knight'sche Unterscheidung zwischen „reinen" und „spekulativen" Risiken (s. Kapitel 2.1.2) ist in der aktuellen Entscheidungstheorie weitgehend obsolet.[27] Der Unsicherheitsgrad solcher subjektiven Angaben von Eintrittswahrscheinlichkeiten ist naturgemäß höher als bei der Heranziehung von stochastischen Stichproben. Dennoch hat sich die Entscheidungstheorie dazu durchgerungen, subjektive Angaben dieser Art in den

---

für das Risiko existieren, dann müssen sie andere Bewertungsansätze wählen. In der präskriptiven Entscheidungstheorie ist die Erwartungsnutzentheorie als ‚bestes' Verfahren abgeleitet worden, da allein sie einige eingängige Rationalitätspostulate erfüllt" unter Hinweis auf Eisenführ/Weber/Langer (2010).

27 S. Fiege (2006, S. 40) mit weiteren Nachweisen. Erwähnt wird der „spekulative" Risikobegriff u. a. bei Hopkin/Thompson (2022, S. 17 f.), jedoch ohne tiefere Begründung (s. Kapitel 2.2.5).

formalen Entscheidungsmodellen zu verwenden.[28] Die Natur unternehmerischer Entscheidungen, zumal strategischer Entscheidungen, erlaubt keinen Rückgriff auf eine Stichprobenmenge, weil vergleichbare Entscheidungssituationen selten auftreten oder sogar einmaligen Charakter haben. Nichtsdestotrotz werden Unternehmer in diesen Situationen den Konsequenzen der Handlungsalternativen intuitiv Erfolgswahrscheinlichkeiten zuordnen, entweder ausdrücklich in Zahlen, z. B. 90 Prozent, oder als verbaler Ausdruck der Zuversicht, etwa derart: „Ich bin mir da ziemlich sicher".[29]

4. Auch im antizipativen Risikomanagement werden ausdrücklich oder implizit Wahrscheinlichkeitsaussagen getroffen. Denn je höher die Eintrittswahrscheinlichkeit bestimmter negativer Einflüsse auf eine Planungsgröße geschätzt wird, desto dringlicher sind Anpassungen oder Vorsorgemaßnahmen. Die hier getroffenen Wahrscheinlichkeitsaussagen dienen jedoch nicht der optimalen Investitionsauswahl; vielmehr sollen bei erwarteten Planabweichungen frühzeitig Impulse für Gegensteuerungsmaßnahmen gegeben werden. Geht es um die Unsicherheiten bei der Erfüllung von Finanzplänen hilft sich die Praxis auch mit „Risikoabschlägen", d. h. in den Plangrößen werden Puffer vorgesehen, um negative Einflüsse abzufedern. Alternativ kann auch entsprechend höheres Eigenkapital vorgehalten werden. Bei der Betrachtung antizipierter Risiken stehen nicht ausschließlich potenzielle Schadens- oder Störfälle im Vordergrund; Gegenstand der Betrachtung sind vornehmlich unterschiedliche Szenarien im Wettbewerb und strategische Steuerungsmaßnahmen. Risiko gilt als negative Abweichung vom Erwartungs- oder Planwert (s. Kapitel 4.2.1).

Mit dieser Einteilung ist keine strenge Kategorisierung beabsichtigt. Im Vordergrund steht hier das Rollenbild der entscheidenden Person. Ausreichende Schadensverhütung im Unternehmen ist eine Pflicht. Risikomessung ist eine Notwendigkeit. Risikoantizipation lässt Spielraum für Gegensteuerungsmaßnahmen. Das entscheidungsorientierte Risikomanagement verlangt demgegenüber zwingend eine Wahlhandlung unter Risiko bei klar zu bestimmender Risikopräferenz. Die folgenden Ausführungen gehen auf die Bedeutung der Risikopräferenz näher ein.

---

28 Vgl. Laux/Gillenkirch/Schenk-Mathes (2018, S. 92 ff.); Bamberg/Coenenberg/Krapp (2019, S. 19 ff., 67 ff.); Eisenführ/Weber/Langer (2010, S. 175 ff. 180 ff).
29 Letztlich bedient sich auch die Versicherungslehre subjektiver Wahrscheinlichkeiten bei ihrer Zuordnung zu bestimmten Ereignissen: „Da Informationen über Einzelrisiken stets unvollständig sind, ist [...] die Zuordnung von Wahrscheinlichkeiten zu Ereignissen letztlich immer subjektiv und beruht auf individuellen Einschätzungen. Diese Einschätzungen hängen natürlich vom Wissensstand und der Informationsverarbeitung der beteiligten Personen ab. Somit können unterschiedliche Personen demselben Ereignis auch unterschiedliche subjektive Wahrscheinlichkeiten zuordnen. Für Versicherungsunternehmen bedeutet dies, dass nicht zwingend umfassende Schadenstatistiken vorliegen müssen, um Wahrscheinlichkeiten von Schadenereignissen zu quantifizieren." (Karten/Nell/Richter/Schiller, 2018, S. 28).

3.2.1.2 Risikopräferenzen

Die Orientierung an einem Erwartungswert bedeutet, dass Entscheider/-innen im Sinne der Entscheidungstheorie „risikoneutral" handeln. Risikoneutralität bedeutet nichts weiter, als dass Entscheider/-innen sich bei der Wahl zwischen zwei Lotterien nach deren Erwartungswert richten: Bei der Wahl zwischen zwei Gewinnalternativen ziehen sie die mit dem höheren Gewinnerwartungswert vor, bei der Wahl zwischen zwei Verlustmöglichkeiten entscheiden sie sich für den niedrigeren Verlusterwartungswert.

Die Entscheidungstheorie unterscheidet Risikoneutralität von Risikoscheu und Risikofreude. In der Realität ist zu beobachten, dass der Erwartungswert nicht die alleinige Richtschnur für eine Entscheidung unter Risiko ist. Wäre dem so, würden Menschen keine Versicherungen abschließen, weil deren Prämien typischerweise höher als die Schadenswahrscheinlichkeit ausfallen, oder sie würden nicht am staatlichen Zahlenlotto teilnehmen, weil der Gewinnerwartungswert nur in etwa der Hälfte des Preises für den Lottoschein entspricht. Es müssen also noch andere Beweggründe existieren, um diese Abweichungen vom Erwartungswertprinzip zu erklären. Auch im Bankgeschäft ist der Erwartungswert kein alleiniges Entscheidungsprinzip für die Risikoakzeptanz, sonst würden Banken bei der Auswahl der Kreditnehmer/-innen ausschließlich in die niedrigsten Ausfallwahrscheinlichkeiten investieren, was weder ertragsseitig von Vorteil wäre, noch dem Prinzip der Risikostreuung entsprechen würde.

Die Entscheidungstheorie stützt sich daher auf das Prinzip des Erwartungs*nutzens*, der die Risikopräferenz der entscheidenden Person zum Ausdruck bringt. Ihre Risikopräferenz lässt sich aus ihrer „Indifferenzwahrscheinlichkeit" (s. auch Anhang 8.1) ableiten. Dazu genügt ein vergleichsweise einfaches Gedankenexperiment. Die entscheidende Person steht vor der Wahl, entweder eine sichere Zahlung von 50 Euro zu akzeptieren oder an einer Lotterie teilzunehmen, bei der sie statt der sicheren Zahlung von 50 Euro entweder mit einer Wahrscheinlichkeit von 50 Prozent 100 Euro gewinnen kann oder leer ausgeht. Ist die befragte Person zwischen den sicheren 50 Euro und der Teilnahme an der Lotterie indifferent, gilt sie als risikoneutral, weil die sichere Zahlung exakt dem stochastischen Erwartungswert entspricht.

Zieht sie die sicheren 50 Euro der Lotterie mit der 50 Prozent Gewinnchance vor, geht die Suche weiter mit der Frage, ob sie bei einer Gewinnwahrscheinlichkeit von 75 Prozent lieber an der Lotterie teilnehmen würde, anstatt die sicheren 50 Euro zu erhalten. Diese Fragemethode wird so lange fortgesetzt, bis die Indifferenzwahrscheinlichkeit gefunden wird, bei der der/die Entscheider/-in zwischen der sicheren Zahlung und der Lotterie indifferent ist. Liegt diese fest, kann man daran die Risikopräferenz der betreffenden Person ablesen. Sie wird ausgedrückt in der Höhe der Wahrscheinlichkeit, die ihr gerade ausreicht, um zwischen sicherer Zahlung und Lotterie gleichgültig zu sein. Die sichere Auszahlung von 50 Euro wird in der Risikolehre auch als Sicherheitsäquivalent bezeichnet (s. Kapitel 5.3.2.3 und Anhang 8.1 sowie Hartmann-Wendels/Pfingsten/Weber, 2019, S. 277 ff.; Krapp, 2019, S. 77 ff.; Laux/Gillenkirch/Schenk-Mathes, 2018, S. 243 f.; Eisenführ/Weber/Langer, 2010, S. 261 f., Karten/Nell/Richter/Schiller, 2018, S. 43 ff., Schneeweiß, 1967, S. 42 ff.).

In der Nomenklatur der Entscheidungstheorie wird ein/-e „risikoscheue/-r" Entscheider/-in grundsätzlich eine Indifferenzwahrscheinlichkeit angeben, deren Sicherheitsäquivalent über dem stochastischen Erwartungswert liegt. Er oder sie verlangt eine hohe Wahrscheinlichkeit auf den Gewinn, um an der Lotterie teilzunehmen. Einer „risikofreudigen" Person wird dagegen eine Gewinnwahrscheinlichkeit genügen, deren Sicherheitsäquivalent unter dem Erwartungswert liegt. Das heißt, ihr genügt eine geringe Eintrittswahrscheinlichkeit für den Gewinn auf 100 Euro, um an der Lotterie teilzunehmen. Über Risikoscheu und Risikofreude entscheidet die Lage des Erwartungswertes relativ zum Sicherheitsäquivalent. In der Realität besteht ein Kontinuum zwischen hoher und niedriger Wahrscheinlichkeit, also von Null bis Eins (bzw. 0 bis 100 Prozent), sodass die Lage des Erwartungswertes (positiv oder negativ) zunächst unerheblich ist. Es wäre passender, von hoher oder geringer Risikopräferenz statt von Risikofreude und Risikoscheu zu sprechen; damit wäre der Sachverhalt besser getroffen (s. Anhang 8.1).

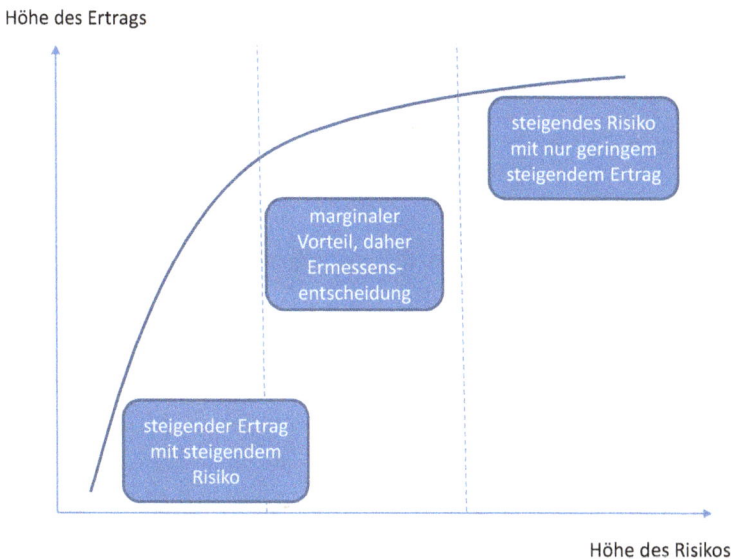

Abb. 4: Risiko-Ertrags-Verhältnis und Risikoakzeptanzentscheidung. Eigene Darstellung in Anlehnung an eine frühere Ausgabe von Hopkin, 2017, S. 274. Sie zeigt das Verhältnis von Risikoakzeptanz und dem abnehmenden Ertragszuwachs bei zunehmendem Risiko.

In der Indifferenzwahrscheinlichkeit spiegelt sich der entscheidungstheoretische *Nutzen* des Risikos. Wir verwenden hier den Begriff des Risikonutzens anstelle der Bezeichnungen Erwartungsnutzen oder Bernoulli-Nutzen, die in der Entscheidungslehre synonym verwendet werden. Bernoulli beobachtete, dass Menschen nur begrenzt bereit sind, an einem Glücksspiel teilzunehmen. Der Erwartungswert kann dieses Verhalten für sich genommen nicht erklären.[30] Bernoulli nahm daher an, dass Menschen einem geldwerten Gewinn (oder jedem beliebigen anderen Ziel) zusätzlich einen Nutzenwert zuschreiben. Ihm zufolge messen Menschen mit steigendem Vermögen jedem Vermögenszuwachs einen geringeren Nutzenwert und umgekehrt jedem fallenden Vermögen einen noch höheren negativen Nutzen zu. In mathematischer Form lässt sich dies durch eine steigende, aber stetig flacher werdende Nutzenkurve ausdrücken (s. Abb. 4 und 5).

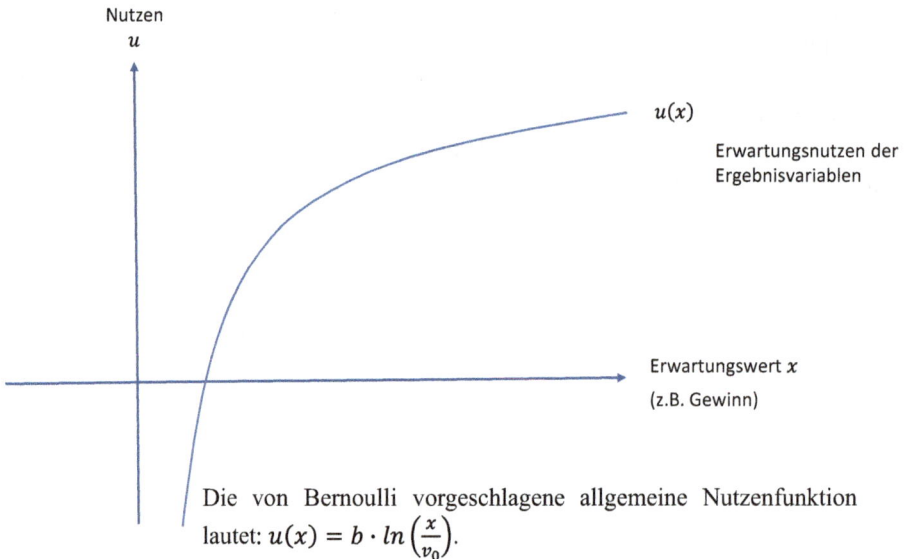

Nutzen
u

$u(x)$

Erwartungsnutzen der Ergebnisvariablen

Erwartungswert x

(z.B. Gewinn)

Die von Bernoulli vorgeschlagene allgemeine Nutzenfunktion lautet: $u(x) = b \cdot ln\left(\frac{x}{v_0}\right)$.

Abb. 5: Erwartungsnutzen (Risikonutzen) in der Risikoakzeptanzentscheidung. Große Verluste werden überproportional, große Gewinne dagegen unterproportional hoch bewertet. In Anlehnung an Bamberg/Coenenberg/Krapp, 2019, S. 83, 99 ff., Laux/Gillenkirch/Schenk-Mathes, 2018, S. 132 ff., eigene Darstellung.

---

30 Wäre der Erwartungswert alleine das Entscheidungskriterium unter Risiko, ließen sich Fälle konstruieren, die die Grenzen dieses Vorgehens aufzeigen. Dazu gehört insbesondere das sogenannte St.-Petersburger-Spiel oder -Paradoxon, das von Bernoulli als Beispiel angeführt wurde, s. Eisenführ/Weber/Langer (2010, S. 247 f.).

Bernoulli verwendete nur Vermögenspositionen x als Argument und hielt im Wesentlichen nur eine Funktion u(x) für legitim, nämlich

$$u(x) = b \cdot \ln\left(\frac{x}{v_0}\right)$$

wobei b eine beliebige positive Konstante darstellt und v_0 das (vor der fraglichen Entscheidung vorhandene) Anfangsvermögen bedeutet. Die Normierung $u(v_0) = 0$ ist dabei nicht essenziell, jedoch muss v_0 stets positiv sein, was laut Bernoulli nach geeigneter Berücksichtigung des Humankapitals auch für verschuldete Personen gegeben ist.

Anders als im allgemeinen Sprachgebrauch ist unter dem entscheidungstheoretischen Begriff des Nutzens kein Gebrauchswert eines realen Objekts zu verstehen (vgl. Weinmann, 2018, S. 7). Hinter dem Begriff steht die Vorstellung von einer Wahl zwischen zwei Lotterien.[31] In die Entscheidungspraxis übertragen heißt dies, dass unterschiedliche Präferenzen hinsichtlich der Eintrittswahrscheinlichkeit für einen erstrebten Erfolg bestehen. Einem/-er Entscheider/-in genügt schon eine geringe Wahrscheinlichkeit für den Eintritt eines erwarteten Erfolges aus einer Handlungsalternative; ein/-e andere/-r verlangt für dieselbe Handlungsalternative eine hohe Wahrscheinlichkeit für den Eintritt eines Erfolges.

Die Risikobereitschaft der entscheidenden Person kann nach der von Bernoulli vorgeschlagenen Nutzenfunktion von ihrem vorhandenen Ausgangsvermögen abhängig sein. Im vorherigen Beispiel der Lotterie möge man sich die Situation vorstellen, der/die Entscheider/-in habe zunächst 80 Euro verloren, was er/sie ungern öffentlich machen möchte. Stünde die betreffende Person in dieser Situation noch einmal vor der Wahl, entweder 50 Euro sicher zu erhalten oder an einer Lotterie teilzunehmen, bei der 100 Euro zu gewinnen sind: Würde sie immer noch auf einer Eintrittswahrscheinlichkeit von 75 Prozent bestehen, oder würden dann 50 Prozent oder vielleicht sogar schon 25 Prozent Gewinnwahrscheinlichkeit genügen, um am Spiel teilzunehmen? Unter veränderten Prämissen können sich Risikopräferenzen also ändern und eine höhere Risikobereitschaft nahelegen.

In der hier vorgestellten Form des Erwartungsnutzenprinzips sind viele Elemente nicht enthalten, die für eine messbare Nutzenfunktion eines vollständigen mathematischen Entscheidungsmodells nötig sind. Auf sie geht die umfangreiche einschlägige Literatur zur Entscheidungstheorie ein (s. u. a. Bamberg/Coenenberg/Krapp, 2019, mit umfangreichen Nachweisen, ferner Eisenführ/Weber/Langer, 2010; Laux/Gillenkirch/Schenk-Mathes, 2018). Für das praktische Risikomanagement genügt die Erkenntnis, dass Erwartungswerte, für sich genommen, nicht allein ausschlaggebend sind, um eine risikobezogene Entscheidung zu treffen. Entscheidungssituationen unter Risiko

---

31 Siehe Eisenführ/Weber/Langer (2010, S. 250): „Die Nutzenfunktion ist ausschließlich eine Funktion, die dazu dient, Lotterien zu ordnen – nicht mehr, aber auch nicht weniger." Von Neumann und Morgenstern sprechen hier von der „specific utility of gambling", s. von Neumann/Morgenstern (1944/2004, S. 28).

erfordern stets eine Einstellung zum Risiko, die sich als Risikonutzen bestimmen lässt. Risikoneutralität ist in diesen Situationen eher die Ausnahme als die Regel.

Die Analogien zum Glücksspiel beim Risikonutzen passen auf den ersten Blick nicht zu einem als konservativ geltenden Risikomanagementprozess. Es geht jedoch nicht um Glück im Sinne eines unerwarteten Vorteils, sondern um den Unsicherheitscharakter der künftigen Ergebnisse von Entscheidungen, der dort in Reinform vorzufinden ist. In diesem Sinne ist das Glücksspiel mit den alltäglichen Risikosituationen vergleichbar, in denen es darum geht, Handlungsalternativen auszuwählen, deren Ausgang oder Ergebnis im Entscheidungszeitpunkt nicht feststehen, sondern nur mit einer mehr oder weniger hohen Wahrscheinlichkeit eintreten. Nicht anders verhält es sich mit Finanzplänen von Unternehmen, deren Erfüllung bei ihrer Aufstellung von Unsicherheit geprägt ist, oder der Gewährung von Krediten, deren vollständige Rückzahlung über die Laufzeit im Zeitpunkt der Gewährung unsicher ist.

Der Risikonutzen bezieht sich darauf, welche Präferenz man der Eintrittswahrscheinlichkeit eines Erfolges zubilligt. Der Risikonutzen wird aus den Präferenzen des einzelnen Individuums abgeleitet. Es ist nicht möglich, Nutzenwerte von Person zu Person zu vergleichen, genauso wenig wie man subjektive Eintrittswahrscheinlichkeiten intersubjektiv überprüfen kann. Behauptet jemand, der Zug wird sich mit 90-prozentiger Wahrscheinlichkeit verspäten und ein anderer behauptet, der Zug würde sich mit 50-prozentiger Wahrscheinlichkeit verspäten, sind diese Einschätzungen objektiv letztlich nicht vergleichbar. Dies sollte gleichwohl keinen rationalen Entscheider/-in davon abhalten, seine/ihre aus der Erfahrung gewonnenen subjektiven Wahrscheinlichkeitseinschätzungen im Entscheidungsprozess einzubringen.

Die Vorgehensweise dabei zeichnet sich dadurch aus, dass sie rationales Entscheiden bei Risiko auch ohne eine inhaltliche Definition des Nutzenbegriffs ermöglicht (vgl. Eisenführ/Weber/Langer, 2010. S. 250). Es genügt, die Präferenzen eines Entscheiders zu beobachten. Die Entscheidungstheorie hat hierfür die Technik des Paarvergleichs entwickelt (siehe unten die Ausführungen zu den Präferenzrelationen, Kapitel 3.2.2.5, und dem Transitivitätsaxiom, Kapitel 3.2.2.6), die es erlaubt, subjektive Präferenzen methodisch in eine strenge Reihenfolge zu bringen. Im realen Entscheidungsprozess wird es höchst selten gelingen, mit der formalen Strenge der Paarvergleiche vorzugehen. Die Risikopräferenz wird man deshalb an dem beobachtbaren Verhalten ablesen müssen, die jemand im Entscheidungsprozess an den Tag legt.

In realen Entscheidungssituationen ist weder ausreichend Zeit für die Bestimmung einer messbaren individuellen Nutzenfunktion noch für die Erstellung eines schlüssigen und widerspruchsfreien Entscheidungsmodells.[32] In der Tat stellt die Ermittlung einer Nutzenfunktion neben der Bildung eines Wahrscheinlichkeitsurteils über die Zu-

---

[32] Vgl. Braun (1983, S. 57): „Der Alternativenwahl durch Anwendung eines formalisierten Entscheidungsverfahrens (z. B. Entscheidungsregeln, Bernoulli- oder Nutzenfunktionen) kommt so gut wie gar keine Bedeutung zu."

stände das Kernproblem der Entscheidung nach dem Bernoulli-Prinzip dar (s. Bamberg/Coenenberg/Krapp, 2019, S. 28). Auch wenn die Erstellung einer mathematischen Nutzenfunktion in der Praxis wohl kaum zur Debatte steht, ist das Wissen um die Möglichkeit, eine solche Funktion theoretisch erstellen zu können, von erheblichem Wert. Das Denken in der Form des Risikonutzens muss auch in einer subjektiven und zugegeben kruden Form bei der Diskussion über die Risikobeurteilung berücksichtigt werden. Der Risikonutzen ist das unsichtbare Zünglein an der Waage in der Risikoanalyse. Es ist Aufgabe des Risikomanagements darauf hinzuweisen, dass die Risikoanalyse nicht mit der Bestimmung von Erwartungswerten endet, sondern dort erst beginnt. Der Risikonutzen ist entscheidend für den Kapitalwert einer Transaktion, nicht nur der Erwartungswert. Dieser Nutzen leitet sich aus der kapitalmarktgerechten Risikoneigung eines Unternehmens ab. Nur ein der Risikobereitschaft entsprechender Risikonutzen führt zu einer Wertschöpfung im Investitionsentscheidungsprozess.

Es gibt gewichtige Stimmen, die in der Beurteilung von Risiken eine intuitive Komponente akzeptieren (vgl. z. B. Gigerenzer, 2014; Kahnemann, 2012). Im Risikomanagement erfahrene Personen würden zustimmen, dass dem informierten „Bauchgefühl" erfahrener Praktiker/-innen einiges abzugewinnen ist. Faktoren wie eine antizyklische Kreditpolitik (Zurückhaltung in Boomphasen) oder die Beurteilung des Managements eines Kreditnehmers sind Ermessensfragen, deren Wert in der Praxis nicht unterschätzt werden darf. In der Heranziehung subjektiver Eintrittswahrscheinlichkeiten im Rahmen der Entscheidungstheorie wird dem Bauchgefühl quasi eine Tür geöffnet, um die Risikoerfahrung in den formalen Entscheidungsprozess einzubringen. Insofern macht sich die Entscheidungstheorie eben diese Intuition in der Beurteilung von Risikosituationen zunutze.

In diesem Sinne werden in der Entscheidungspraxis häufig alle entscheidungsrelevanten Kriterien in eine pauschalierte Einschätzung der „Erfolgswahrscheinlichkeit" einer Investition oder Transaktion zusammengefasst (vgl. Laux/Gillenkirch/Schenk-Mathes, 2018, S. 103 ff.). Handelt es sich bei dieser Investition um ein Darlehen, werden dabei u. a. folgende Faktoren berücksichtigt:
- Ausfallwahrscheinlichkeit
- gesamte Kreditstruktur
  - Sicherheiten
  - rechtliche Vereinbarungen
  - Marktwertveränderungen im Zeitablauf (Derivate)
  - Prognosen über die konjunkturelle Entwicklung
- Szenarien über denkbare nachteilige Ereignisse.

Sie können sich unterschiedlich auf den Erfolg der vollständigen Rückzahlung auswirken. Ähnlich äußern sich Hartmann-Wendels/Pfingsten/Weber (2019, S. 274): „In der Realität führen Banken deshalb tatsächlich i. d. R. keine Geschäfte durch, bei denen nach Vorliegen der Ergebnisse einer Kreditwürdigkeitsprüfung Ausfälle als sehr wahrscheinlich (was immer das genau heißen mag) angesehen werden." Prozessuales Risikomanagement erfordert daher stets einen umfassenden Überblick über die Entscheidungssituation, um deren „Erwartungsnutzen" vollständig erfassen und abschätzen zu können. In einer Kreditentscheidung wird nicht willkürlich auf einen Erfolg „gewettet", vielmehr werden zahlreiche Kriterien erwogen, die die Sicherheit der künftigen Rückflüsse beeinträchtigen könnten. Am Ende wird eine Restunsicherheit verbleiben, die sich als Risikonutzen niederschlägt, gewissermaßen als Nutzenwert der Ausfallwahrscheinlichkeit einer Kredittransaktion. Eine Funktion im Risikomanagement kann daher nicht darauf reduziert werden, nur die Ausfallwahrscheinlichkeit und die Einhaltung formaler Kreditvergabekriterien im Sinne einer Qualitäts- oder Bearbeitungskontrolle zu berücksichtigen, um eine rationale Entscheidung unter Risiko treffen zu können. Die Risikoakzeptanzentscheidung muss sich am Erwartungsnutzen bzw. Risikonutzen orientieren. In Anhang 1 finden Sie ein vereinfachtes Beispiel für die Vorgehensweise bei der empirischen Ermittlung des Risikonutzens (s. auch das Fallbeispiel in Kapitel 5.2.3).

3.2.2 Relevanz der Entscheidungstheorie im Risikomanagement

Die Literatur zur Entscheidungstheorie ist umfangreich. In diesem Kurzlehrbuch können nur einige wenige Aspekte dargelegt werden. Forschungsgegenstand der Entscheidungstheorie ist das Entscheidungsverhalten in Risikosituationen. Darin liegt zugleich ihre Relevanz für das praktische Risikomanagement. Die Entscheidungstheorie soll hier stärker ins Blickfeld gerückt werden, da mit Hilfe ihrer Techniken und Erkenntnisse Anhaltspunkte für den Umgang mit Entscheidungsprozessen der Risikoakzeptanz gewonnen werden können.

3.2.2.1 Theorie der rationalen Entscheidung

Die Entscheidungstheorie ist die Lehre vom rationalen Entscheiden.[33] Dabei geht es nicht um psychologisch-philosophische Erörterungen, die Lehre bietet vielmehr Instrumente an, komplexe wirtschaftliche, gesellschaftliche oder gar politische Entscheidungsprobleme zielorientiert inhaltlich zu strukturieren und durch Optimierungskalküle einen rechenbaren Lösungsprozess zu ermöglichen. Je komplexer das Problem, desto mehr lohnt sich der Aufwand, ein formales Entscheidungsmodell zu erstellen, das der Ermittlung einer optimalen Lösung zugrunde liegt. Viele weniger komplexe Entscheidungen werden in der Praxis intuitiv, auf Erfahrung beruhend, getroffen, ohne deren theoretischen und formalen Grundlagen zu reflektieren. Bei langfristig bindenden, irreversiblen Entscheidungen ist es hilfreich, sich der formalen Grundlagen rationalen Entscheidens auch in vordergründig einfachen Fällen bewusst zu werden.

---

[33] Für einen ganzheitlichen Überblick über die allgemeine Entscheidungstheorie im Sinne der Decision-Analysis Eisenführ/Weber/Langer (2010) mit vielen anschaulichen Beispielen.

Die normativ-präskriptive Entscheidungstheorie basiert im Wesentlichen auf den Prinzipien von Prozessrationalität und Widerspruchsfreiheit (Grundsatz der Konsistenz). In diesem Sinne baut sie auf Regeln der Logik auf und wendet sie auf hypothetische oder reale Entscheidungssituationen an. Ihre spezifischen logischen Prinzipien helfen bei der Entscheidungsfindung, Probleme zu strukturieren und komplexe Zusammenhänge in fassbare Teilkomponenten zu zerlegen (Dekomposition). Ihr Ziel ist es, mathematische Entscheidungsmodelle zu erstellen, um komplexe Zusammenhänge durchrechnen zu können.

3.2.2.2 Entscheidungsmodell

Entscheidungsmodelle sind bewusst vereinfachende, zweckorientierte Abbildungen realer Tatbestände (vgl. Bamberg/Coenenberg/Krapp, 2019, S. 3 f., 13 ff., Laux/Gillenkirch/Schenk-Mathes, 2018, S. 31 ff.), um aus Prämissen Entscheidungen formallogisch ableiten zu können. Ihre Bedeutung für das Risikomanagement liegt nicht so sehr in der Durchrechnung komplexer Zusammenhänge, sondern in der Strukturierung von Entscheidungsprozessen. Dafür ist es nicht erforderlich, für jede Situation ein eigenes Modell zu erstellen. Die Erkenntnisse der Entscheidungslehre bieten Unterstützung dabei, das Ziel- oder Referenzsystem[34] eines/-r Entscheider/-in oder eines Entscheidungsgremiums zu analysieren.

Die Entscheidungstheorie teilt sich in einen deskriptiven und einen normativen (bzw. präskriptiven) Zweig. Die normative Entscheidungstheorie trägt dazu bei, für Entscheidungssituationen unter Risiko konkrete Entscheidungsvorschläge zu erarbeiten, während die deskriptive Entscheidungstheorie das zu beobachtende, der ökonomischen Rationalität zuwiderlaufende Verhalten von Menschen in realen Entscheidungssituationen besser verständlich macht.

Die normative oder präskriptive Entscheidungstheorie hat das Ziel herauszuarbeiten, *wie* in einer Risikosituation zu entscheiden ist. Dazu erstellt sie ein individuelles Entscheidungsmodell, das sich an den Zielen der Entscheider/-innen, den zur Verfügung stehenden Handlungsalternativen und den daraus erwarteten Handlungsfolgen orientiert. Komplexe Entscheidungssituationen werden so weit möglich in überschaubare Elemente zerlegt, um sie überblickbar oder angesichts reduzierter Datenmengen „rechenbar" zu machen. Anhand einer passenden mathematischen Entscheidungsregel kann dann die optimale Entscheidung erarbeitet und zur Diskussion gestellt werden.

---

34 Vgl. Bamberg/Coenenberg/Krapp, (2019, S. 27): „Die Herstellung einer Rangordnung unter den verfügbaren Aktionen stellt bestimmte Anforderungen an den Inhalt des Zielsystems. Der Entscheidungsträger muss einerseits eine präzise Vorstellung darüber besitzen, welche Handlungskonsequenzen für ihn überhaupt von Bedeutung sind; andererseits muss er Präferenzrelationen bezüglich unterschiedlicher Ergebnismerkmale haben. Ergebnisdefinitionen (Zielgrößen) und Präferenzrelationen sind notwendige Bestandteile jedes operablen Zielsystems." Eine Präferenzrelation bringt die Intensität des Strebens nach den mit der Ergebnisdefinition festgelegten Zielgrößen zum Ausdruck.

Der Anspruch ist, dass das errechnete Ergebnis zugleich auch diejenige Vorgehensweise repräsentiert, die verbindlich, also normativ vorgegeben sein sollte.

Die deskriptive Entscheidungstheorie liefert zahlreiche experimentelle Beispiele für Verstöße gegen das Prinzip des Erwartungsnutzens nach Bernoulli. Das sollte nicht überraschen, sind doch Entscheider nicht selten auch intuitiv unterwegs und nicht nur streng rational in ihrem Wahlverhalten. Somit liefert die deskriptive Entscheidungstheorie interessante zusätzliche Einblicke in reale Entscheidungsprozesse. Die Kenntnis einiger Ergebnisse der deskriptiven Entscheidungstheorie ist hilfreich für ein ganzheitliches Risikomanagement.

Die deskriptive Entscheidungstheorie hat in empirisch getesteten Wahlsituation nachweisen können, dass Probanden in Laborexperimenten keineswegs zwingend im Sinne der Erwartungsnutzentheorie entscheiden. Es wurden Einflüsse gefunden, die bestimmte hypothetische Wahlentscheidungen als Verstöße gegen das Axiomensystem erscheinen lassen. Handeln, welches gegen das Axiomensystem verstößt, das also nicht im Einklang mit dem ökonomischen Rationalitätsprinzip steht, wird als „un-rational" bezeichnet. Un-rationales Verhalten im ökonomischen Sinne ist nicht gleichbedeutend mit „irrational" im psychologischen Sinne.[35] Die Erfahrung zeigt, dass Entscheider/-innen rational entscheiden wollen und bei Hinweis auf eine „un-rationale" Präferenzfolge im Allgemeinen geneigt sind, ihre Einstellung zu revidieren (vgl. Laux/Gillenkirch/Schenk-Mathes, 2018, S. 230).

Sowohl die deskriptive als auch die normative Entscheidungstheorie sind für das Risikomanagement relevant. Die Modelle der deskriptiven Entscheidungstheorie helfen uns zu verstehen, wie Entscheidungen in der realen Welt getroffen werden. Sie machen auf die begrenzte Rationalität aufmerksam, die es gilt, im realen Entscheidungsprozess gegebenenfalls aufzudecken und zu korrigieren. Ein leicht zu beobachtender Verstoß gegen das Bernoulli'sche Rationalitätsprinzip wird durch den Spiegeleffekt beschrieben. Im Folgenden wird er statt vieler anderer Experimente der Behavioral Finance (s. z. B. Daxhammer/Fascar, 2018, S. 169 ff.) beispielhaft angeführt.

---

35 Un-rationales Verhalten steht lediglich im Gegensatz zum widerspruchsfreien wirtschaftlichen Nutzendenken und muss deswegen nicht irrational sein, sondern wird von Motiven bestimmt, die dem ökonomischen Nutzen (Stichwort *Homo oeconomicus*) nicht oder nicht vollständig in Einklang stehen. Laux und Kollegen bemerken dazu: „Es kann nicht bewiesen werden, dass Menschen, die einzelne Axiome ablehnen und entsprechende Entscheidungen treffen, ‚unvernünftig' handeln, denn es existieren keine (logisch zwingende) übergeordnete Axiome, auf deren Grundlage die Axiome des Bernoulli-Prinzips als Bedingungen rationaler Entscheidungen bewiesen werden können." (Laux/Gillenkirch/Schenk-Mathes, 2018, S. 230). Interessant auch die Klärung bei Schneeweiß: „Ein Abweichen von der Bernoulli-Norm ist entsprechend als unrational zu bezeichnen. Unrationalität in dem hier gebrauchten Sinne sollte nicht mit dem psychologischen und hier irrelevanten Begriff der Irrationalität verwechselt werden. Irrationales, das heißt rational nicht Erfaßbares (bzw. nicht Begründbares), liegt nämlich auch dem rationalen Verhalten zugrunde. Denn erstens ist der Wunsch nach Rationalität irrational, und zweitens stammen die in die Nutzenfunktion einfließenden Wertvorstellungen aus dem Emotionalen, also irrationalen Bereich." (1967, S. 78, Fn. 3).

Exkurs Spiegeleffekt

Der Spiegeleffekt stellt einen Verstoß gegen das Invarianzaxiom dar, das besagt, dass unterschiedliche Darstellungsformen einer Entscheidungssituation keinen Einfluss auf die Alternativenwahl haben dürfen. Vor die Wahl gestellt, entweder einen sicheren Gewinn von 3.000 Euro zu erhalten oder an einer Lotterie teilzunehmen, bei der mit einer 80-prozentigen Wahrscheinlichkeit 4.000 Euro gewonnen oder null ausgezahlt wird, ziehen die meisten Proband/-innen die sicheren 3.000 Euro vor, obwohl der Erwartungswert der Lotterie 3.200 Euro beträgt. Sie verhalten sich risikoavers.

Im „spiegelverkehrten" Fall, in dem die Wahl zwischen einem sicheren Verlust von 3.000 Euro oder die Teilnahme an einer Lotterie angeboten wird, bei der man mit 20-prozentiger Wahrscheinlichkeit 4.000 Euro verlieren und mit 80-prozentiger Wahrscheinlichkeit null erhalten wird, tendiert die Mehrheit der Entscheider/-innen zur Teilnahme an der Lotterie, obwohl der Erwartungswert der Teilnahme an der Lotterie −3.200 Euro beträgt, also höher ist als der sichere Verlust (s. Abb. 6). Dieses Verhalten ist risikofreudig und steht damit vor dem Hintergrund der Erwartungsnutzentheorie im Widerspruch zum Wahlverhalten bei der ersten Lotterie.

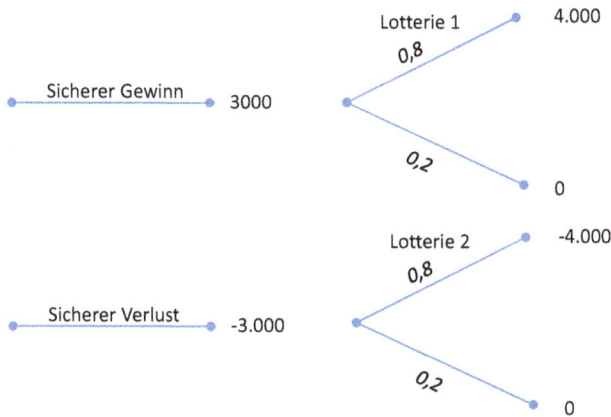

Abb. 6: Spiegeleffekt. In Anlehnung an Laux/Gillenkirch/Schenk-Matthes, 2018, S. 193, eigene Darstellung.

Die Teilnehmenden scheinen sich bei Gewinnen eher risikoavers, bei Verlusten dagegen risikofreudig zu verhalten. Das Wahlverhalten könnte also davon abhängen, ob die Ergebnisse der Lotterie als Gewinne oder Verluste empfunden werden. Auch in der Praxis lässt sich bei spekulativ orientierten Investor/-innen oder Teilnehmenden bei einem Glücksspiel die Tendenz beobachten, dass bei einem einmal erlittenen Verlust die Risikofreude steigt, um den Verlust wieder wettzumachen.

Ein/-e Risikomanager/-in sollte sich diese Beobachtungen zunutze machen, um rationales von (Bernoulli-)irrationalem Verhalten zu unterscheiden. Zwar ist die Risikoaversion ein Phänomen, das grundsätzlich nicht im Widerspruch zur Bernoulli-Nutzenfunktion steht. Die hier angesprochene Verlustaversion folgt jedoch nicht dem steilen negativen Verlauf der Bernoulli-Nutzenfunktion (s. Abb. 5), sondern verläuft flacher (s. Laux/Gillenkirch/Schenk-Mathes, 2018, S. 204, zum Verlauf der Wertfunktion bei abnehmender Verlustaversion).

Die präskriptive Entscheidungstheorie unterstützt dabei, Entscheidungen auf „rationalem" Wege zu treffen. Letzteres bedeutet nicht, dass jede rationale Entscheidung auch „richtig" ist. Rationale Entscheidungen müssen nicht zugleich „vernünftig" oder gar „ethisch" sein. Gemeint ist hier eine Art „formale" Rationalität im Sinne von Folgerichtigkeit.[36] Handlungsalternativen sollen der Sache nach „logisch" aufgereiht werden. Bei jeder Entscheidung ist es wichtig zu erkennen, was logisch begründbar oder ableitbar ist. Die in eine Nutzenfunktion einfließenden Wertvorstellungen können auch emotional – oder intuitiv – motiviert sein. Um die Objektivität von Entscheidungsprozessen oder wenigstens das Streben der Beteiligten nach Objektivität sicherzustellen, sind daher diese möglicherweise unbewussten, unerkannten oder verdeckten subjektiven Elemente transparent zu machen und mit der wirtschaftlichen Rationalität in Einklang zu bringen (vgl. Franke/Hax, 2009, S. 313). Im nächsten Schritt kann man dann entscheiden, ob eine Handlungsalternative auch vernünftig oder ethisch vertretbar ist.

3.2.2.3 Zielsystem

In der Entscheidungstheorie kommt es darauf an, ein Zielsystem oder eine Zielhierarchie aufzustellen, anhand derer Entscheidungen nach Prioritäten ausgerichtet werden. Zielvorstellungen stehen also am Anfang des Entscheidungsprozesses.[37] Das Ziel (oder Motiv) ist die treibende Kraft hinter allen Entscheidungen. Die Entscheidungstheorie achtet auf strenge Folgerichtigkeit in der Ableitung von Ergebnissen aus vorgegebenen Zielsystemen. Bei richtiger Anwendung kann auch umgekehrt von bestimmten (z. B. unplausiblen) Ergebnissen auf ein inkonsistentes oder unangemessenes subjektives Zielsystem geschlossen werden. Der Beitrag der Entscheidungstheorie besteht darin, einen Argumentationsrahmen zur Verfügung zu stellen, um strukturiert an die Entscheidungsgrundlagen und den Referenzrahmen heranzugehen.

Die Entscheidungstheorie lässt jedes Zielsystem eines/-r Entscheider/-in gelten, solange es in sich widerspruchsfrei ist. In der betriebswirtschaftlichen Entscheidungstheorie können keine beliebigen Präferenzstrukturen akzeptiert werden, sondern die

---

36 „Im allgemeinsten Sinne setzt das Rationalitätspostulat lediglich voraus, dass der Entscheidungsträger über ein in sich widerspruchsfreies Zielsystem verfügt und sich seinem Zielsystem entsprechend verhält. Da diese Interpretation des Rationalitätsbegriffes keine Anforderungen an den substanziellen Inhalt der Ziele stellt, sondern nur die Form des Zielsystems betrifft, wird von **formaler** Rationalität gesprochen. Inwieweit bei Vorliegen formaler Rationalität zugleich Rationalität in einem **substanziellen** Sinne gegeben ist, lässt sich nur durch Bewertung der Entscheidungsergebnisse im Lichte eines als Standard akzeptierten Zielsystems beurteilen. Die Entscheidungstheorie geht nur von der Voraussetzung formaler Rationalität, nicht von der Voraussetzung substanzieller Rationalität aus, da dies ihren Anwendungsbereich auf jeweils bestimmte Gesellschaftssysteme, Organisationstypen usw. einengen würde." (Bamberg/Coenenberg/Krapp, 2019, S. 3 f.; Hervorhebungen im Original).
37 „Die Diskussion über Probleme des unternehmerischen Zielsystems nimmt in der entscheidungsorientierten Betriebswirtschaftslehre großen Raum ein." (Bamberg/Coenenberg/Krapp, 2019, S. 26).

Präferenzen müssen sich an den Anforderungen des Kapitalmarktes, insbesondere dem Ziel der Unternehmenswertmaximierung, ausrichten.

Die Erkenntnisse der präskriptiven Entscheidungstheorie sind für die Beurteilung der Entscheidungsprozesse im Risikomanagement von besonderer Relevanz, weil sie die Notwendigkeit von ausdrücklichen oder impliziten Erwartungen, Zielen und Präferenzen in einem Entscheidungsvorgang verdeutlichen. Risikomanagement in großen Organisationen ist ein Kommunikationsprozess. Er stellt sicher, dass Entscheidungen rational, konsistent und widerspruchsfrei getroffen werden. Dies klingt auf den ersten Blick offenkundig, wer aber Entscheidungsprozesse in großen Organisationen erlebt hat, wird feststellen, dass die Rationalität häufiger zugunsten subjektiver Ziele auf der Strecke bleibt (Prinzipal-Agenten-Problem, vgl. Hartmann-Wendels/Pfingsten/Weber, 2019, S. 98 f.; Heldt-Sorgenfrei, 2015, S. 7 f.; siehe auch Kapitel 3.2.2.7). Hier hilft die präskriptive Entscheidungstheorie mit einem prozesslogischen Instrumentarium, um Zielkonflikte zu identifizieren, versteckte Motive offenzulegen und auf vollständige Transparenz hinzuwirken. Mit Hilfe der Prinzipien der Entscheidungstheorie lassen sich auch Unentschlossenheit, unangemessenes Dominanzverhalten und verantwortungsloses Verhalten verlässlicher erkennen (s. auch Kap 5.3.2). Wird solches Verhalten evident, rechtfertigt dies eine Intervention der für das Risikomanagement Verantwortlichen, um die Prozessrationalität wiederherzustellen.

Ein wesentliches Ziel der (präskriptiven) Entscheidungstheorie ist, Entscheidungsgrundlagen so transparent wie möglich zu machen (Eisenführ/Weber/Langer, 2010, S. 4). Sie gibt wichtige Anstöße zur rationalen Strukturierung von Entscheidungsproblemen. Ihre Bedeutung für das Risikomanagement liegt in ihrem Potenzial, die Präferenzstrukturen der beteiligten Personen, insbesondere deren Risikopräferenzen, offenzulegen. Die Rationalität einer Entscheidung kann man nicht an ihrem Erfolg messen. Nimmt eine ausgewählte Handlungsalternative im Rückblick einen ungünstigen Ausgang, lässt das nicht auf ein fehlerbehaftetes Entscheiden schließen (s. auch Kapitel 5.3.5). Entscheidungen in Risikosituationen basieren auf Wahrscheinlichkeitsaussagen. Wird der Eintritt eines günstigen Ergebnisses mit einer Wahrscheinlichkeit von 90 Prozent eingeschätzt, ist die Entscheidung *ex post* nicht als falsch einzustufen, wenn das mit 10 Prozent gewichtete ungünstige Ergebnis eintritt.

3.2.2.4 Präferenzordnung

Das Zielsystem der Entscheidenden wird in der Entscheidungstheorie zunächst in eine Präferenzordnung und unter weiteren Bedingungen in eine rechenbare Präferenzfunktion übergeleitet (vgl. Laux/Gillenkirch/Schenk-Mathes, 2018, S. 36, 106 ff., 217 ff.). Eine Präferenzordnung kann durchaus rein subjektive, persönliche Vorlieben widerspiegeln. In wirtschaftlichen Organisationen werden dagegen vor allem Kenngrößen wie Umsatz, Kosten, Gewinn, Rendite etc. eine Rolle bei der Optimierung spielen, sodass dann nur noch über die Ausprägung dieser Werte Einigkeit erzielt werden muss bzw. sollte (vgl. Laux/Gillenkirch/Schenk-Mathes, 2018, S. 33 f., 54).

Wird die jeweilige Risikopräferenz offengelegt oder tritt sie aus dem Entscheidungsverhalten offen zutage, wird unter den Entscheider/-innen über die Angemessenheit der Präferenzordnung ein offener Diskurs ermöglicht. Wird die Risikopräferenz von den Betroffenen nicht hinreichend eindeutig offengelegt, hilft die Entscheidungslehre mit der Strukturierung der Entscheidungsprämissen. In einer intransparenten Präferenzordnung muss bereits bei der Formulierung und Anordnung der Ziele angesetzt werden. Es genügt nicht, ein Entscheidungsergebnis abzuwarten, um dann eine Risikoentscheidung danebenzustellen. Das Treffen einer „Geschäftsentscheidung" und das Eingehen eines Risikos sind ein und derselbe Vorgang (s. Kapitel 2.2.3). Es wäre fern ökonomischer Rationalität zu behaupten, eine Geschäftsentscheidung sei nur „aus Risikosicht" nicht vertretbar. Die Trennung von Geschäfts- und Risikoentscheidung ist im Stadium der Eingehung des Risikos sachlogisch nicht möglich. Durch die „Nachordnung" einer Risikoentscheidung innerhalb einer unklaren Präferenzordnung werden u. U. Tatsachen geschaffen, die möglicherweise nicht im Einklang mit den Rationalitätspostulaten stehen. Nur eine entsprechende Zielhierarchie bietet die Gewähr dafür, dass eine dem Risiko angemessene gesamthafte Entscheidung getroffen wird. Wird in einem Entscheidungsprozess dem Dialog über die Risikoneigung oder Risikopräferenz ausgewichen, so kann dies als ein Signal für eine vom Rationalitätsprinzip abweichende Zielsetzung gewertet werden.

Die Entscheidungstheorie hat Hilfsmittel entwickelt, um Entscheider/-innen bei der Aufstellung einer widerspruchsfreien Präferenzordnung zu unterstützen. Nur eine widerspruchsfreie Zielfunktion mit widerspruchsfrei angeordneten Zielen kann zu rationalen, d. h. rechenbaren, Ergebnissen führen. Ist der/die Entscheider/-in eine Einzelperson, lassen sich die Präferenzen entweder abfragen oder durch Analogien ermitteln. Schwierig wird dabei insbesondere die Ermittlung sogenannter subjektiver Wahrscheinlichkeiten. Die Entscheidungstheorie stellt analytische Instrumente zur Verfügung, die eine näherungsweise Ermittlung individueller Präferenzen erlauben, indem sie dem/der Entscheider/-in hypothetische Wahlalternativen vorlegt (Paarvergleichstechnik, s. unten Kapitel 3.2.2.7). Sie können dabei helfen, die zur Verfügung stehenden Handlungsalternativen mit den daraus entstehenden Konsequenzen der Entscheidung zu ordnen.

Die Klärung der Präferenzordnung ist der erste unverzichtbare Schritt, um eine Entscheidungsregel zu entwickeln. Es muss feststehen, nach welchen Kriterien ein optimales Ergebnis gesucht werden soll. Die Entscheidungstheorie hat hier formale Voraussetzungen, sog. Axiome, aufgestellt. Über dieses Axiomengefüge wird sichergestellt, dass die Priorisierung bestimmter Ziele widerspruchsfrei bleibt. Nach diesem Muster kann man dann herausfinden, ob ein Zielsystem tatsächlich widerspruchsfrei ist. Zu den wichtigsten Axiomen der Entscheidungstheorie zählen das *Ordnungsaxiom* und das *Transitivitätsaxiom*, wobei Letzteres als Teil des Ordnungsaxioms verstanden werden kann. Beide werden im Folgenden kurz vorgestellt.

3.2.2.5 Ordnungsaxiom

Man sollte meinen, dass jeder Mensch in der Lage sein müsste, seine Vorlieben in eine klare Ordnung oder Reihenfolge zu bringen. Doch dies ist weder im privaten noch im beruflichen Umfeld notwendig der Fall.[38] Im Gegenteil konkurrieren häufig unterschiedliche Zielsetzungen; auch können sie sich je nach Situation im Zeitablauf ändern. Eine besondere Schwierigkeit besteht darin, in Gruppenprozessen zu einer einheitlichen Präferenzordnung zu gelangen (s. Kapitel 5.3.2). Unabhängig davon sollte es allen Entscheider/-innen ein Anliegen sein, in der Präferenzordnung keine Widersprüche zu dulden. Dazu hilft das Ordnungsaxiom und das ihm eng verwandte Transitivitätsaxiom.

Axiome stellen Annahmen oder Grundanforderungen dar, die erfüllt sein müssen, um eine Entscheidung als rational anzusehen. Sie sind Annahmen, die unmittelbar logisch einsehbar sind, ohne dass sie weiter hergeleitet werden müssten. Einige dieser Axiome, die für sich betrachtet selbstverständlich sein sollten, werden hier vorgestellt. Es zeigt sich, dass diese an sich selbstverständlichen Annahmen in der Praxis mitunter unbeachtet bleiben oder ignoriert werden. Ein Risikomanagement, das sich als ein wesentlicher Bestandteil eines Entscheidungsprozesses versteht, sollte sich daher mit diesen Axiomen der Entscheidungstheorie vertraut machen, um die Rationalität von Präferenzkonstellationen beurteilen zu können. Die Befassung mit den Axiomen ist nichts weiter als ein kurzer Exkurs in die Logik.

Das Ordnungsaxiom besagt, dass ein/e Entscheider/-in stets in der Lage sein muss anzugeben, ob sie oder er ein Ergebnis einem anderen vorzieht, ob er oder sie es einem anderen Ergebnis als gleichwertig erachtet oder ob er bzw. sie – umgekehrt – das andere Ergebnis dem einen vorzieht. Es muss also stets eine strikte Reihenfolge der Ergebnisse existieren oder Einigkeit über die Gleichwertigkeit zweier Ergebnisse bestehen.

Präferenzrelationen

In der Entscheidungstheorie wird die Vorzugswürdigkeit oder Gleichwertigkeit zweier Ergebnisse üblicherweise als mathematische Relation ausgedrückt.[39] Die dafür verwendeten Symbole sind die Relationszeichen, d. h. wird bevorzugt oder wird nicht bevorzugt bzw. das Größer oder Kleiner-Zeichen, wenn es um Zahlenwerte (wie z. B. Gewinne) geht. Bei Indifferenz wird eine Tilde verwendet. Ein beliebiges (zufälliges) Ergebnis (oder Wert) wird mit x bezeichnet. Ein konkretes Ergebnis erhält einen Index, hier als i und j angegeben, so dass hier zwei Ergebnisse betrachtet werden, nämlich das Ergebnis x_i und das Ergebnis x_j. Zieht die entscheidende Person das Ergebnis x_i dem Ergebnis x_j vor, wird dies als mathematische Relation folgendermaßen ausgedrückt:

$$x_i \succ x_j$$

Erachtet sie beide Ergebnisse als gleichwertig, so gilt:

---

38 Vgl. Eisenführ/Weber/Langer (2010, S. 11 f.).
39 Die Darstellung folgt Laux/Gillenkirch/Schenk-Mathes (2018, S. 43 ff.).

$$x_i \sim x_j$$

Wird x_j dagegen dem Ergebnis x_i vorgezogen, dann gilt:

$$x_i \prec x_j$$

Der relationale Ausdruck ist hier nur zur Verdeutlichung vorgestellt. Ein rationaler Entscheidungsprozess setzt voraus, dass die entscheidende Person prinzipiell in der Lage sein muss, Ergebnisse zu vergleichen. Dazu muss sie deren Unterschiede erkennen bzw. wahrnehmen können. Ist das nicht der Fall, kann man auch mit gröberen Präferenzangaben arbeiten und die nicht wahrnehmbaren Zwischenstufen rechnerisch ergänzen. Erkennt der oder die Betreffende die Unterschiede, dann muss sie darüber hinaus die Reihenfolge festlegen (können), welche der beiden Ergebnisse sie bevorzugt oder ob diese Ergebnisse für sie gleichwertig sind (vgl. Laux/Gillenkirch/Schenk-Mathes, 2018, S. 67 f.).

In einer Entscheidungssituation treten Präferenzstrukturen nicht notwendigerweise offen zutage. Daher kommt es auf eine unmissverständliche Festlegung an. Präferenzfolgen können oft sehr schwierig zu bestimmen sein ("Pizza oder Pasta?"). Als Beispiel aus dem Bankgeschäft seien hier die oft sehr geringen Unterschiede in den Ausfallwahrscheinlichkeiten von Kreditnehmer/-innen angeführt, die vielleicht rechnerisch genau ("hinterm Komma") ermittelt werden, deren Inputfaktoren jedoch so vielfältig und differenziert sind, dass Unterschiede in der Bonität von Kund/-innen tatsächlich nicht äußerlich wahrgenommen werden können.

3.2.2.6 Transitivitätsaxiom

Die Bedeutung des Ordnungsaxioms wird klarer, wenn man es um das Transitivitätsaxiom erweitert (vgl. Laux/Gillenkirch/Schenk-Mathes, 2018, S. 43 ff.). Dieses Axiom verlangt, dass die Präferenzordnungen widerspruchsfrei (in diesem Sinne „konsistent") angeordnet sein müssen, wenn weitere Ergebnisalternativen auftreten. Wenn Ergebnis A dem Ergebnis B vorgezogen wird und B dem Ergebnis C, dann sollte auch A gegenüber C vorgezogen werden.

❗ Relationale Darstellung der Transitivität

Hier wird zusätzlich das Ergebnis x_k eingeführt. Reiht man alle drei Ergebnisse hintereinander in der Präferenzfolge x_i wird x_j vorgezogen und x_j wird x_k vorgezogen, dann sollte zwangsläufig auch x_i auch dem Ergebnis x_k vorgezogen werden. Symbolisch lässt sich diese Präferenzfolge in der folgenden Relation darstellen:

Wenn $x_i \succ x_j$ und $x_j \succ x_k$ dann gilt auch $x_i \succ x_k$

Analog zum Ordnungsaxiom lassen sich auch die weiteren Präferenzfolgen zwischen den Ergebnissen symbolisch ausdrücken. Sind die Ergebnisse x_i und x_j gleichwertig und x_j und x_k, dann gilt auch, dass x_i und x_k gleichwertig sind, oder symbolisch ausgedrückt:

Wenn $x_i \sim x_j$ und $x_j \sim x_k$ dann gilt auch $x_i \sim x_k$

Gleichermaßen gilt für die Umkehrung der Präferenzfolge von oben: Wenn x_j dem Ergebnis x_i vorgezogen wird und x_k dem Ergebnis x_j, dann gilt auch, dass x_k dem Ergebnis x_i vorgezogen wird, wie die folgende Relation symbolisch zum Ausdruck bringt:

Wenn $x_i \prec x_j$ und $x_j \prec x_k$ dann gilt auch $x_i \prec x_k$

Die Entscheidungslehre kennt weitere Axiome, die zur Erstellung rationaler Entscheidungsmodelle erfüllt sein müssen wie das Substitutionsaxiom, das Reduktionsaxiom und das Stetigkeitsaxiom. Diese werden in Anhang 8.2 dargestellt. Sie beziehen sich im Wesentlichen auf den richtigen Umgang mit der Kombination von (bedingten) Wahrscheinlichkeiten und der Voraussetzung stufenloser (monotoner) Präferenzfunktionen (vgl. Laux/Gillenkirch/Schenk-Mathes, 2018, S. 143 f.).

Auch beim Transitivitätsaxiom handelt es sich um eine streng logische Abfolge der Vorzugswürdigkeit von Ergebnissen. Sie muss jedoch vor jeglicher weiterer Stufe eines Entscheidungsprozesses festgelegt werden. Gelingt es nicht, eine Präferenzfolge in dieser strengen Form festzulegen, kann auch kein Entscheidungsmodell entstehen, das mathematisch durchgerechnet werden kann. Ist es nicht möglich, Unterschiede zwischen zwei Ergebnissen zu erkennen oder ist die Präferenzfolge der Intuition überlassen, wird es schwerfallen, eine „rationale" Entscheidung im Wege eines Entscheidungsmodells zu erarbeiten.

3.2.2.7 Entscheidungstheorie und Entscheidungspraxis

Was sich hier auf den ersten Blick liest wie ein Ausflug in scheinbar einfache Logik, ist tatsächlich eine der schwierigeren Aufgaben des Risikomanagements, nämlich unbewusste oder verdeckte Präferenzen und Ziele der an einer Entscheidung Beteiligten herauszufinden. Sie führen im Entscheidungsprozess zu Unstimmigkeiten, Widersprüchen und Wahrnehmungsverzerrungen. Diese Tendenzen der Beteiligten sind in realen Situationen alles andere als evident. Die strenge Anwendung logischer Prinzipien kann dazu beitragen, diese Tendenzen aufzudecken.

Die Prinzipal-Agenten-Theorie kennt ausreichend Beispiele und Analysen für das Auseinanderfallen von Eigentümerinteressen und denen des Managements in kapitalmarktorientierten Unternehmen (vgl. Hartmann-Wendels/Pfingsten/Weber, 2019, S. 98 f.; Heldt-Sorgenfrei, 2015, S. 7 f.). Triebfedern des Managements sind nicht nur der Shareholder Value, an dem seine Leistung typischerweise gemessen wird, sondern auch Eigennutz in Form von Status und Prestige. Sobald im Entscheidungsprozess Anzeichen der Abweichung vom Shareholder-Value-Ansatz erkennbar werden, sollte ein Risikomanagement diese Tendenz mit oder gegen den Willen des Betroffenen offenlegen, um einen rationalen Entscheidungsprozess zu gewährleisten. In Entscheidungsprozessen von Personengruppen sind daher in der Regel Klärungen der Präferenzstrukturen jeder Entscheidung voranzustellen. Sind die Ziele in einem Entscheidungsprozess in diesem Sinne schlüssig festgelegt, dann lässt sich eine gültige Entscheidungsregel aufstellen.

Ethische Wertvorstellungen einzubringen ist nicht Aufgabe der Entscheidungstheorie. Diese lassen sich zwar innerhalb der Präferenzstruktur eines Entscheidungsmodells unterbringen, sind aber keine Voraussetzung für die Erstellung eines Entscheidungsmodells.[40] Da aber andererseits kein Entscheidungsprozess ohne in sich schlüssige Zielsetzung rational ablaufen kann, ist die Frage nach dem angewendeten Zielsystem, d. h. den wertenden Entscheidungsprämissen, immer berechtigt und unter Umständen eine vordringliche Aufgabe bei der Analyse von schwer durchschaubaren Entscheidungsstrukturen.

Zusammenfassend lässt sich feststellen, dass Entscheidungen unter Risiko auf der Basis der Erwartungsnutzenlehre zu beurteilen sind. Sie geht von der Möglichkeit aus, dass Entscheider/-innen für die erwarteten künftigen Ereignisse (z. B. Gewinnhöhe, Kostenentwicklung, Transaktionserfolg) Eintrittswahrscheinlichkeiten schätzen oder im Wege einer Befragung (mit der Technik der hier dargestellten Paarvergleiche oder Relationen, vgl. Laux/Gillenkirch/Schenk-Mathes, 2018, S. 67 f.) angeben können. Die Erwartungsnutzenlehre beinhaltet die Instrumente, um Wahrscheinlichkeitspräferenzen und Wahrscheinlichkeitsschätzungen auf Rationalität, Objektivität und Konsistenz hin zu prüfen. Die Rolle des Risikomanagements besteht in diesem Zusammenhang darin, einen der Unternehmenswertsteigerung verpflichteten Entscheidungsprozess sicherzustellen, in dem Ziele und Präferenzen an der Wertschöpfung ausgerichtet sind.

In der Bankpraxis wird man Überlegungen zum Erwartungsnutzen nicht unter dieser Bezeichnung vorfinden. Zu seiner Umsetzung werden üblicherweise Kreditvergaberichtlinien genutzt. Die Richtlinien legen die Parameter fest, die für eine Standardtransaktion gelten sollen, wie z. B. Mindestrating, Besicherungserfordernisse, Qualität des Sicherungsguts, Tilgungsverlauf oder gesellschaftsrechtliche Organisationsstruktur des Kreditnehmers. Letztlich dienen diese Kriterien dazu, die Rückzahlung sicherzustellen, genauer erhöhen sie die Wahrscheinlichkeit der vollständigen Rückzahlung. Insofern ist der Erwartungsnutzengedanke implizit in solchen Richtlinien enthalten, auch wenn dies nicht ausdrücklich erwähnt wird. Das bedeutet, dass der Nutzen aus einem Kreditgeschäft umso höher eingeschätzt wird, je besser die Kreditvergabekriterien erfüllt sind.

Sind sie erfüllt, kann man in der Regel davon ausgehen, dass sowohl der erwartete Ertrag als auch der Kapitalwert einer Transaktion positiv sind. Anders verhält es sich mit Kreditgeschäften, die nicht dem Standard entsprechen. Hier kann sich das Risikomanagement nicht allein auf bereits niedergelegte oder standardisierte Kriterien stützen, sondern man wird den Erwartungsnutzen aus der Gesamtschau einer Transaktion individuell ermitteln müssen. Ein Risikomanagement darf sich daher nicht auf die Prüfung (in Richtlinien) festgelegter Kriterien beschränken, sondern muss sämtliche relevanten Kriterien in seine Überlegungen einbeziehen. Die Vorstel-

---

40 Bamberg/Coenenberg/Krapp (2019, S. 2): „Zu beachten ist, dass es – anders als beispielsweise in der Ethik – nicht Aufgabe der Entscheidungstheorie ist, dieses Zielsystem moralisch zu beurteilen. Vielmehr ist lediglich von Bedeutung, wie die Vorstellungen des Entscheidungsträgers widerspruchsfrei in das Zielsystem übertragen werden können und wie der Entscheidungsträger im Einklang mit dem gewählten Zielsystem entscheiden könnte bzw. sollte. Durch das Informationssystem wird der Entscheidung ein subjektives Situationsbild zu Grunde gelegt.“

lung des ökonomischen Erwartungsnutzens bietet die Grundlage für eine umfassende und unbeschränkte Heranziehung sämtlicher potenzieller Konsequenzen einer Kreditentscheidung im Hinblick auf die Vereinbarkeit mit den objektiven und kapitalmarktadäquaten Risikopräferenzen eines Instituts.

Mit Hilfe der Erwartungsnutzentheorie lassen sich individuelle Risikopräferenzen ermitteln, die dann in einem Modell zu einer Entscheidungsregel verdichtet werden können. Werden die Risikopräferenzen losgelöst von individuellen Präferenzstrukturen einzelner Entscheider/-innen und unterstellt, alle Personen einer bestimmten Gruppe besitzen dieselbe Präferenzstruktur, lassen sich Prinzipien mit weit weniger Aufwand aufstellen. Ein solches vereinfachtes Modell stellt das Erwartungswert-Varianz-Prinzip dar. Es unterstellt für Investor/-innen am Kapitalmarkt einheitliche Präferenzstrukturen, wonach sie ihre Wertpapiere allein anhand der beiden Kriterien (Momente) Erwartungswert (Erwartungsrendite) und Varianz (Streuung der Renditen) auswählen. Das Erwartungswert-Varianz-Prinzip wird häufig als Ausgangspunkt des praktischen Risikomanagements angesehen und wird deswegen im Folgenden dargestellt.

3.2.3 Erwartungswert-Varianz-Prinzip

In der Praxis hat sich das Erwartungswert-Varianz-Prinzip in vielen Bereichen als Risikomaß durchgesetzt (siehe Kapitel 2.1.2), so u. a. in der Wertpapier- und der Investitionstheorie. Es beansprucht auch einen festen Platz in der ökonomischen Theorie des Risikomanagements (vgl. z. B. Stier, 2017, S. 16 ff).

Obwohl das Erwartungsnutzenprinzip lange vor dem Erwartungswert-Varianz-Prinzip bekannt war, wurden die beiden Prinzipien erst durch die moderne Entscheidungstheorie auf eine einheitliche Basis (Axiome) gestellt (s. u. a. Eisenführ/Weber/Langer, 2010, S. 245 ff., 290 ff.). Darstellungen des messenden Risikomanagements beginnen häufig mit der Erläuterung des Erwartungswert-Varianz-Prinzips, auf welchem die Wertpapierauswahl-Theorie von Markowitz aufbaut. Die beiden Prinzipien stellen keinen Widerspruch zueinander dar, sondern ergänzen sich. Als übergeordnetes Prinzip gilt die Erwartungsnutzenlehre (vgl. Laux/Gillenkirch/Schenk-Mathes, 2018, S. 230).

Das Erwartungswert-Varianz-Prinzip ist ein in der Risikotheorie fest verankertes praktisches Verfahren, um ein Risikoprofil zu bestimmen. Die Wertpapierauswahl-Theorie legt dieses Verfahren dem Investorenverhalten zugrunde (vgl. Hartmann-Wendels/Pfingsten/Weber, 2019, S. 278). Ein/-e Investor/-in sucht sich die Wertpapiere nach der Erwartungsrendite und der damit verbundenen Varianz oder Volatilität aus. Markowitz' bahnbrechender Beitrag zur Portfoliotheorie hat zu der Erkenntnis geführt, dass die Wertpapierrenditen eines Portfolios gering oder negativ korreliert sein müssen, um einen nennenswerten Diversifikationseffekt zu erzielen. Nur wenn das der Fall ist, kann durch die Veränderung der Mengenverhältnisse der Wertpapiere die Volatilität des gesamten Portfolios vermindert werden.

! **Markowitz' Portfoliotheorie (1952, 1959)**

Markowitz' Aufsatz zur effizienten Wertpapierauswahl beruht auf der Annahme, dass Investor/-innen Wertpapiere nach der Erwartungsrendite auswählen und gleichzeitig in möglichst viele investieren, um eine Diversifikation (Risikomischung) und damit eine Verringerung des Risikos zu erreichen. Diese Diversifikation durch eine Vielzahl unterschiedlicher Wertpapiere lässt die Portfoliorendite nach dem Gesetz der großen Zahlen einem Mittelwert aller vorhandenen Wertpapierrenditen annähern.

Markowitz ging es darum, die Diversifikation von Wertpapierportfolien institutioneller Investoren genauer zu untersuchen. Weder die Auswahl der Wertpapiere nach ihren Erwartungsrenditen noch die Mischung der Wertpapiere als solche erklären dieses Verhalten. Für die Auswahl eines effizienten Portfolios ist ausschlaggebend, dass die Wertpapierrenditen nur gering korreliert sind. Dazu verwendete Markowitz die Kovarianzen bzw. Korrelationen von Wertpapierrenditen oder Assetklassen, um ein effizientes Portfolio zu definieren. Je geringer die Korrelation der Erwartungsrenditen der Wertpapiere, desto geringer die Varianz des Portfolios. Daraus ergibt sich die bekannte Formel der Varianz (σ^2) eines Portfolios mit zwei Wertpapieren (vgl. z. B. Hull, 2023, S. 5; Perridon, 2022, S. 290; Hartmann-Wendels/Pfingsten/Weber, 2019, S. 281, 303):

$$\sigma_P{}^2 = x_1^2 \cdot \sigma_1^2 + x_2^2 \cdot \sigma_2^2 + 2 \cdot x_1 \cdot x_2 \cdot \sigma_1 \cdot \sigma_2 \cdot \rho_{1,2}$$

oder als Standardabweichung ($\sigma_p = \sqrt[2]{\sigma_P{}^2}$) formuliert:

$$\sigma_P = \sqrt[2]{x_1^2 \cdot \sigma_1^2 + x_2^2 \cdot \sigma_2^2 + 2 \cdot x_1 \cdot x_2 \cdot \sigma_1 \cdot \sigma_2 \cdot \rho_{1,2}}$$

$x_1 = $ *Portfolioanteil des Wertpapiers 1*; $x_2 = $ *Portfolioanteil des Wertpapiers 2*;
$\sigma_1^2 = $ *Varianz des Wertpapiers 1*; $\sigma_2^2 = $ *Varianz des Wertpapiers 2*;
$\rho_{1,2} = $ *Korrelationskoeffizient der Varianzen der Wertpapiere 1 und 2*

Ein effizientes Portfolio wird durch diejenige Mischung von Wertpapieren erreicht, die bei vorgegebener Renditeerwartung die geringste Varianz hervorbringt oder bei vorgegebener Minimalvarianz die höchste Erwartungsrendite erzielt. Die Optimierung der Mischung entsteht unter Beachtung aller Kovarianzen der Wertpapierrenditen. Das Erwartungswert-Varianz-Prinzip als stochastisches Streuungsmaß bzw. Risikomaß hat Markowitz vorgefunden, ebenso wie die Kovarianz und den Korrelationskoeffizienten. Lediglich die Mengenverhältnisse der Wertpapiere standen bei ihm im Fokus. Diese sind so zu bestimmen, dass unter Berücksichtigung der Korrelationen und Volatilitäten ihrer Renditen die optimale Portfoliorendite (μ_P) bei geringstmöglichem Portfoliorisiko (σ_P) entsteht.

Werden seine Erkenntnisse als Grundlage des betriebswirtschaftlich begründeten Risikomanagements herangezogen, so gilt dies im Hinblick auf deren Weiterentwicklung im Capital-Asset-Pricing-Modell (CAPM). Im CAPM wird zwischen dem systematischen und dem unsystematischen (idiosynkratischen) Risiko unterschieden. Das systematische Risiko repräsentiert das Risiko des Kapitalmarktportfolios. Das unsystematische Risiko wiederum repräsentiert den Wertverfall eines einzelnen Wertpapiers (z. B. Insolvenzrisiko). Während die Investor/-innen nach dem CAPM bereit sind, eine Prämie für das systematische Risiko eines Wertpapiers zu entrichten, zahlt der Kapitalmarkt keine Prämie für das unsystematische (idiosynkratische) Risiko eines einzelnen Wertpapiers, weil dieses jederzeit durch die Risikomischung marginalisiert werden kann.

An dieser Stelle ist es wichtig zu verstehen, was Markowitz' Portfolioauswahltheorie aussagen will und was nicht. Markowitz weist in seinem Aufsatz darauf hin, dass er nicht untersucht, *wie* Investor/-innen die Erwartungsrendite eines Wertpapiers bestimmen, d. h. welche Annahmen sie im Hinblick auf die künftigen Ertragsströme treffen und welchen Diskontfaktor sie für deren Abzinsung ansetzen. Für die Untersuchung seiner Portfoliotheorie unterstellt er eine Zufallsverteilung der Renditen und kann deswegen von deren individueller Ermittlung absehen (Markowitz, 1952, S. 77 f.).

Er nimmt das Prinzip des Erwartungsnutzens als Wahrscheinlichkeitspräferenzsystem für die Wertpapierauswahl von seiner Untersuchung ausdrücklich aus:

> We assume that the investor does (and should) act as if he had probability beliefs concerning these variables [d. h. der Erwartungsrenditen, *Anm. d. Verf.*]. In general we would expect that the investor could tell us, for any two events (A and B), whether he personally considered A more likely than B, B more likely than A, or both equally likely. If the investor were consistent in his opinions on such matters, he would possess a system of probability beliefs. We cannot expect the investor to be consistent in every detail. We can, however, expect his probability beliefs to be roughly consistent on important matters that have been carefully considered. We should also expect that he will base his actions upon these probability beliefs – even though they be in part subjective. This paper does not consider the difficult question of how investors do (or should) form their probability beliefs (Markowitz, 1952, S. 81, Fn. 7).

Zusammengefasst konzentriert sich Markowitz' Untersuchung auf die Frage, wie ein Wertpapierportfolio bezogen auf die Mengenverhältnisse der Wertpapiere zusammengesetzt ist. Wie Investor/-innen die Erwartungsrendite eines Wertpapieres für sich ermitteln, ist für Markowitz nebensächlich, weil er für seine Untersuchung eine Zufallsverteilung der Renditen unterstellt. Hinsichtlich der Methode, um die Erwartungsrendite eines Wertpapiers zu ermitteln, verweist Markowitz implizit auf die Erwartungsnutzenlehre („probability beliefs"). In der Literatur zum praktischen Bank-Risikomanagement wird sie jedoch kaum beachtet.

Die Anwendung eines risikoadäquaten Diskontsatzes zur Abzinsung der erwarteten Rückflüsse berücksichtigt Markowitz ebenfalls: "The foregoing rule [to maximise discounted return, *Anm. d. Verf.*] fails to imply diversification no matter how the anticipated returns are formed; whether the same or different discount rates are used for different securities; no matter how these discount rates are decided upon or how they vary over time." (1959, S. 78)

Der Prozess der Kreditentscheidung (vergleichbar mit der Investition in eine nicht handelbare Anleihe) verläuft analog der Ermittlung der Erwartungsrendite unter Berücksichtigung der Varianz und des Erwartungsnutzens. Markowitz' Anmerkungen zum Erwartungsnutzenprinzip blieben in der Literatur zum Risikomanagement weithin unbeachtet, während seine Aussagen zur Wirkungsweise der Diversifikation große Verbreitung finden. Die Portfolioauswahltheorie ist damit eine wesentliche Grundlage des Asset Managements und des Risikocontrollings, nicht aber für Entscheidung über die Akzeptanz von Einzelrisiken.

Die Portfoliotheorie von Markowitz ist grundlegend, um Diversifikation als Instrument des ökonomischen Risikomanagements zu verstehen. Auf ihrer Basis wurde das Capital-Asset-Pricing-Modell entwickelt, das einen festen Bestandteil der Methoden zur Unternehmensbewertung bildet (vgl. Laux/Gillenkirch/Schenk-Mathes, 2018, S. 459). Schließlich ist die Portfoliotheorie auch Ausgangspunkt der Berechnung des Value at Risk für die Aggregation von Risiken. Sie ist die Grundlage des messenden Risikomanagements, der Risikomodelle sowie des Risikocontrollings. Auch die versicherungs- und bankenaufsichtsrechtlichen Regeln nehmen Bezug auf die Portfoliotheorie und sehen die Notwendigkeit der Diversifikation, um ein Portfoliorisiko zu mindern. Ihr Beitrag zur Risikoakzeptanzentscheidung liegt in der Beurteilung, welchen Einfluss ein neu einzugehendes Risiko auf ein vorhandenes Risikoportfolio besitzt, also ob es das Gesamtrisiko erhöht oder im Wege des Risikoausgleichs (bzw. der Diversifikation) reduziert.

Was die Portfoliotheorie nicht leisten kann, ist, den Risikonutzen individueller Transaktionen zu bestimmen. Die Ermittlung von Risikopräferenzen, die Festlegung des Risikonutzens und ihre Anwendung auf individuelle Transaktionen – kurz die Risikoakzeptanz – überlässt sie dem Urteil der Entscheider/-innen. Das Erwartungswert-Varianz-Prinzip ist infolgedessen keine Alternative zum Erwartungsnutzenprinzip, sondern nur eine spezielle Ausprägung davon (vgl. Laux/Gillenkirch/Schenk-Mathes, 2018, S. 230). Auch Markowitz selbst legte Wert darauf, seine Portfoliotheorie mit der Erwartungsnutzenlehre zu harmonisieren (1959, S. 240 ff., zitiert nach der deutschen Ausgabe 2008). Im Ergebnis kann das Erwartungswert-Varianz-Prinzip nur unter speziellen Bedingungen der Nutzenfunktion Gültigkeit beanspruchen. Eine auf dem Erwartungswert-Varianz-Prinzip aufbauende Nutzenfunktion muss bestimmte formale Kriterien erfüllen. Zum einen ist es erforderlich, dass der Hypothese gefolgt werden kann, Investor/-innen wählten Wertpapiere nur anhand der beiden Kriterien Erwartungswert und Standardabweichung aus. Zum anderen können nur bestimmte Segmente der daraus folgenden quadratischen Nutzenfunktion verwendet werden (aufsteigender Ast, s. Laux/Gillenkirch/Schenk-Mathes, 2018, S. 161; vgl. Hartmann-Wendels/Pfingsten/Weber, 2019, S. 278 Fn. 8).

Markowitz trifft ausdrücklich keine Aussage darüber, nach welchen Kriterien Investor/-innen die Erwartungsrendite bzw. das Risiko eines Investments bestimmen. Erwartungswerte werden in großen Portfolien häufig vereinfacht aus Renditen vergangener Jahre ermittelt. Markowitz stellt selbst fest, dass die Ableitung der Erwartungsrenditen aus den durchschnittlichen Vergangenheitsdaten nur eine nützliche Vereinfachung nach dem Discounted-Cash-Flow-Modell darstellt, wobei in jedem Einzelfall die Erwartungsrendite ermittelt werden muss (s. Zitate oben).

Orientieren sich Investor/-innen allein am Erwartungswert, sind sie „risikoneutral" im Sinne der Entscheidungstheorie, weil der Erwartungswert dem Erwartungsnutzen entspricht. Sind die Investor/-innen nicht risikoneutral, müssen sie ihre Risikoneigung festlegen, bevor sie Investitionen auswählen. Dieser Teil des Entscheidungsprozesses, d. h. die Festlegung des gewünschten Risikoniveaus, ist nicht Teil der Portfolioauswahltheorie, sondern wird von ihr vorausgesetzt. Daher kann die Theorie dem Risikomanagement erst in zweiter Stufe behilflich sein. In der ersten Stufe müssen Investor/-innen nach dem Prinzip des Erwartungsnutzens ein angemessenes Risikoniveau für die Wahl ihres Wertpapiers bestimmen. Diese Entscheidung hängt direkt von der Wahl der Erwartungsrendite ab. Jede Erwartungsrendite impliziert nach der Kapitalmarktlinie das dazugehörige Risikoniveau im Sinne der Standardabweichung. Die Frage, wie der/die Entscheider/-in dieses Risikoniveau festlegt, bleibt der individuellen Präferenz überlassen, die das Modell nicht weiter hinterfragen muss.

Die Wertschöpfung im Risikomanagement liegt demgegenüber in der Auswahl „guter" Risiken für das Portfolio, also solchen mit positivem Kapitalwert, nicht in der Mischung beliebiger Risiken. Das Risiko einer Einzelinvestition lässt sich nicht aus der Portfoliotheorie ableiten, aber der vom Markt geforderte Kapitalkostensatz. Die Summe aus Marktrisikoprämie und dem risikolosen Zinssatz ergibt den Kapitalkostensatz, den ein Unternehmen mindestens erzielen muss, um die Renditeerwartungen des Kapitalmarktes zu erfüllen. Dieser Kapitalkostensatz wird in der Finanzierungstheorie auch allgemein als „Diskontsatz" bezeichnet. Ein hoher Diskontsatz repräsentiert ein hohes spezifisches Investitionsrisiko, ein niedriger verkörpert ein geringeres Risiko. Dieser Wert ist der zentrale Ansatzpunkt für die Investitions- und Kapitalwertrechnung (vgl. Vanini/Rieg, 2021, S. 87 ff.; Fiege, 2006, S. 71). Im Folgenden verwenden wir den Begriff Diskontsatz im Zusammenhang mit der Investitionstheorie und den Begriff Kapitalkostensatz im Kontext der Unternehmensbewertung. Sie unterscheiden sich darin, dass der Kapitalkostensatz der Präferenz der Investor/-innen entspricht, wohingegen der Diskontsatz das spezifische Risiko einer Investition widerspiegeln sollte.

3.2.4 Risk Adjusted Return on Capital (RAROC)

Im Bankensektor wird der finanzwirtschaftliche Kapitalkostensatz in Form des Risk Adjusted Return on Capital (RAROC) näherungsweise herangezogen. Er dient, wie die Internal Rate of Return (interner Zinsfuß), als Mindestrendite für die Investition in ein Finanzinstrument, die zu einem positiven Kapitalwert eines Darlehens (oder einer Kredittransaktion) und damit zu einer Wertschöpfung in der Investitionsauswahl führt.

Die Formel für den RAROC lautet (s. Hull, 2023, S. 612; Hartmann-Wendels/Pfingsten/Weber, 2019, S. 297):

$$RAROC = \frac{Revenues - Costs - Expected\ losses}{Economic\ capital}$$

Er setzt sich zusammen aus den Zins- und Provisionseinnahmen (Revenues) einer Transaktion abzüglich der anteiligen Verwaltungskosten (Costs) eines Instituts sowie der Standard-Risikokosten (Expected Loss) dividiert durch das anteilige ökonomische Kapital. Die Besonderheit des RAROC besteht in der Einbeziehung des Expected Loss als Kostenelement, der das „Standard-Risiko", d. h. die durchschnittlichen Risikokosten eines Kreditgeschäfts, berücksichtigt. Mit dem RAROC werden die erwarteten Risikokosten auf der Ebene der Einzelinvestition in die (Vor-)Kalkulation aufgenommen. Als Vorkalkulationstool unterliegt er der Verifizierung durch eine Nachkalkulation auf Einzeltransaktions- und Portfolioebene durch das Risikocontrolling.

Zu beachten ist, dass auch im RAROC wiederum nur ein Erwartungswert, nicht aber der Erwartungsnutzen in die Berechnung der Rentabilität einer Transaktion einfließt. Der Erwartungsnutzen kann je nach dem spezifischen Risikoprofil einer Transaktion anders ausfallen als der Erwartungswert in Form des Expected Loss. Liegt bei einer Transaktion ein ungewöhnliches Risikoprofil vor, das nicht durch den standardisierten Expected Loss abgebildet wird, muss dieses (höhere) Risikoprofil im Rahmen der Erwartungsnutzenüberlegungen in das Kapitalwertkalkül einfließen. Ein über dem Durchschnitt liegendes Risikoprofil kann zum Beispiel im strukturellen Nachrang, in einer hohen Fremdfinanzierung (Leverage), als mangelnde Vertrauenswürdigkeit eines Unternehmensorgans oder als juristisch angreifbare Rechtskonstruktion auftreten. Elemente eines erhöhten Risikoprofils müssen dann in einen höheren Diskontsatz einfließen. Dabei lässt es sich nicht vermeiden, dass hier subjektive und qualitative Kriterien zur Erfolgswahrscheinlichkeit einer vollständigen Rückführung einer Finanzierung angewendet werden. Bei genügend Erfahrung im Kreditgeschäft wird man bei der Beurteilung solcher außergewöhnlichen Situationen einen gewissen Grad der Treffsicherheit im Hinblick auf den Risikogehalt erreichen.

Im Rahmen des Risikomanagements müssen beim Abweichen vom durchschnittlichen Risikoprofil die Risikopräferenzen des Instituts berücksichtigt werden. Stellt sich in der Analyse einer Transaktion heraus, dass die Standard-Risikokosten kein adäquates Kriterium für den tatsächlichen Risikogehalt in diesem Fall darstellen, wäre anstelle des Expected Loss die Expected Utility (der Verlust-Erwartungsnutzen)[41] heranzuziehen. Würde man die Expected Utility in die Formel einsetzen wollen, würde sie folgendermaßen aussehen; das höhere Risiko würde in einem Erwartungsnutzen resultieren, der den Wert des Expected Loss übersteigt:

$$RAROC_{utility\ based} = \frac{Revenues - Costs - Expected\ utility}{Economic\ capital}$$

Diese Adjustierung wird im Allgemeinen rechnerisch nicht vorgenommen, weil das Ausfallrisiko der Mehrzahl der Transaktionen im Durchschnitt mit dem Expected Loss ausreichend repräsentiert wird. Die angepasste Formel bringt modellhaft zum Ausdruck, wie sich ein Bernoulli-Nutzenwert in der Rechnung auswirken würde. Für das Risikomanagement muss klar sein, dass der Expected Loss – und damit auch der RAROC – einen Erwartungswert repräsentiert und nur bei „Risikoneutralität" der Entscheider/-innen als Kriterium herangezogen werden kann. Dagegen muss in komplexen Transaktionen, deren Elemente individuell strukturiert wurden, darauf geachtet werden, ob das Ausfallrisiko einer Transaktion als „überdurchschnittlich" angesehen werden muss und daher das Erwartungsnutzenprinzip herangezogen wird, um den Kapitalwert beurteilen zu können. Die Wertschöpfung des Risikomanagements besteht dann in der Identifizierung des spezifischen Risikonutzens einer als außergewöhnlich riskant zu bewertenden Transaktion.

Die hier dargestellte Version des RAROC dient nur der Anschauung. In der Praxis setzt man anstelle eines theoretischen Erwartungsnutzens den risikoadäquaten Kapitalkostensatz an, d. h. die erwarteten Cashflows aus einer riskanten Transaktion sind mit einem höheren als dem durchschnittlichen Diskontsatz abzuzinsen. Auf diesem Weg lässt sich das Erwartungsnutzenprinzip im Investitionsprozess operationalisieren.

---

41 Vgl. Busse von Colbe/Witte (2018, S. 210): „Gewählt wird die Investition, die den höchsten Nutzenerwartungswert aufweist."

3.2.5 Risikoauswahl

In der Praxis wird die subtile Unterscheidung zwischen Erwartungswert und -nutzen kaum anzutreffen sein. Ein entscheidungsorientiertes Risikomanagement muss jedoch berücksichtigen, dass der RAROC keinen unumstößlichen Maßstab für die Profitabilität einer Finanztransaktion darstellt. Erst unter Einbeziehung des Erwartungsnutzenprinzips und unter Berücksichtigung des angemessenen Risikoniveaus des Instituts kann die Kapitalwertermittlung vollständig beurteilt werden.

In kritischen Entscheidungssituationen mit sehr unterschiedlichen Einschätzungen der Beteiligten über die intrinsischen Risiken verzichtet man in der Regel darauf, den Kapitalkostensatz anzupassen. Dann muss man direkt auf das – vage – Kriterium der Erfolgswahrscheinlichkeit ausweichen. „Gute Risiken" sind solche mit einem positiven Kapitalwert, „schlechte Risiken" sind solche mit einem negativen Kapitalwert. Gute Risiken haben eine hohe Erfolgswahrscheinlichkeit. Schlechten Risiken wird man eine geringe Eintrittswahrscheinlichkeit der künftigen Rückflüsse attestieren.

Bedenkt man, dass die größten Investitionsentscheidungen von Banken und Finanzinstituten die Darlehens- und Kreditvergabe betreffen, kann man die Bedeutung des Erwartungsnutzenprinzips nicht hoch genug einschätzen. Das gilt auch dann, wenn kein formales Entscheidungsmodell herangezogen wird und die Einschätzungen zur Erfolgswahrscheinlichkeit auf subjektiven und qualitativen Kriterien beruhen. Es besteht jederzeit die Möglichkeit, mit genügendem Zeitpuffer und ausreichend Geduld zur Ausarbeitung der vollständigen Entscheidungskriterien ein stringentes Entscheidungsmodell mit passender Entscheidungsregel für den Einzelfall zu entwickeln.

3.3 Zusammenfassung Wertschöpfung durch Risikomanagement

Der Wertschöpfungsbeitrag des Risikomanagements besteht nicht allein darin, durch Risikolimitierung eine Unternehmensinsolvenz zu vermeiden. Der vorgelagerte Risikoakzeptanzprozess ist die relevante Stufe, an der ein entscheidungsorientiertes Risikomanagement ansetzen muss. Im Rahmen der Risikoakzeptanz werden „gute" von „schlechten" Risiken unterschieden und nur solche mit einem positiven Kapitalwert als „gute" Risken akzeptiert.

Der Kapitalwert einer komplexen Finanztransaktion wird nur unvollständig durch den RAROC repräsentiert. Beim RAROC, wie auch beim Value at Risk, handelt es sich um stochastische Erwartungswerte, die nur bei repräsentativen Risiken einen hinreichenden Näherungswert für den Erwartungsverlust bieten. In besonders kritischen Transaktionen muss der Erwartungsnutzen als Entscheidungskriterium einfließen. In diesem Prozess steht nicht die quantitative Risikolimitierung im Vordergrund, sondern die Entscheidung über die Risikoqualität und deren Akzeptanz.

Stulz (2015, S. 5) hebt die Bedeutung der Risikoakzeptanzentscheidung deutlich hervor: „If many people in an organization are focused on making sure that the institution takes risks that increase firm value, risk management becomes a resource in making this possible." Recht verstandenes Risikomanagement ist eine Quelle der Wertschöpfung.

---

i **Fragen und Aufgaben zu Kapitel 3**

1. Erläutern Sie den traditionellen Ansatz zur Wertschöpfung im Risikomanagement.
2. Wie lautet die Kritik an diesem Ansatz?
3. Welche Bedeutung hat das unternehmensinterne Risikomanagement im Modell des vollkommenen Kapitalmarktes?
4. Wie unterscheiden sich Erwartungswert und Erwartungsnutzen?
5. Wie findet des Erwartungsnutzenprinzip Eingang in den von der allgemeinen Investitionstheorie angewendeten Kapitalkostensatz, um ein Investitionsrisiko abzubilden?
6. Was ist eine Risikosituation in der Entscheidungstheorie?
7. Welcher Zusammenhang besteht nach der Investitions- und Finanzierungstheorie zwischen der Kreditvergabe eines Finanzinstituts und dem Investitionsauswahlprozess?
8. Worin besteht die Wertschöpfung im Entscheidungsprozess über Risiken?

---

4 Aufgabengebiete des Risikomanagements

Lernziele   ❗

Risikomanagement als Managementfunktion
Funktion und Institution des Risikomanagements
Prinzip der Funktionstrennung
Abgrenzung des Risikomanagements von anderen Managementfunktionen
Schnittmengen mit anderen Managementfunktionen
Rolle des Chief Risk Officers

In der betriebswirtschaftlichen Organisationslehre werden zwei Ebenen des Managements unterschieden: Management als Funktion und Management als Institution. Management als Funktion betrifft die Prozesse und Aufgaben, die zur Planung, Organisation, Kontrolle, Mitarbeitendenführung und Koordination innerhalb des Unternehmens notwendig sind (s. Schreyögg/Koch, 2020, S. 4 ff.). Management als Institution befasst sich mit denjenigen Personengruppen und Instanzen, die Leitungsaufgaben wahrnehmen (s. Töpfer, 2007, S. 124; Stier, 2017, S. 25). Bezogen auf das Risikomanagement lassen sich demnach Risikomanagement als Funktion, d. h. in Prozesse und Aufgaben zur Bewältigung risikobezogener Aufgaben einerseits, und als Institution, d. h. die Aufgabenträger/-innen auf der Leitungsebene sowie deren Organisationseinheit andererseits, unterscheiden. Als Funktion durchzieht das Risikomanagement die gesamte Organisation, als Institution verfügt es über eine eigene Organisationseinheit, von der aus die Prozesse in eigener Verantwortung geleitet werden.

Im Prozess des Risikomanagements geht es um die Frage, *wie* wird's gemacht, d. h. wie greifen die Abläufe des Risikomanagements unternehmensweit ineinander. Als Institution geht es um die Frage, *wer* macht was, d. h. gibt es eine/-n speziellen „Aufgabenträger/-in" und wenn ja, welche Aufgaben sind einer Organisationseinheit zugewiesen. Die Organisationsform hat eine erhebliche Bedeutung für die Möglichkeit der Einflussnahme und der Durchsetzungsfähigkeit eines Unternehmensbereichs in Bezug auf seine Aufgabenstellung. Nicht zuletzt deswegen legt die Bankenaufsicht Wert auf die Funktionstrennung zwischen Risikomanagement und Geschäftsabteilungen in Kreditinstituten (s. Kapitel 6.2.2). Dadurch wird das Risikomanagement institutionell gefestigt und gestärkt. Deren Aufgabenträger müssen diese Rolle auch umfassend wahrnehmen.

Die funktionelle Komponente des Risikomanagements steht im Mittelpunkt der Corporate Governance. Die institutionelle Komponente des Risikomanagements ist dagegen in Banken und Finanzinstituten im Hinblick auf die speziellen Risiken besonders stark ausgeprägt und überlagert sich mit der Corporate Governance (s. auch Kapitel 5.1.1).

https://doi.org/10.1515/9783110596571-004

4.1 Risikomanagement als Funktion und Institution

Jedes kapitalmarktorientierte Unternehmen ist nach § 91 AktG verpflichtet, ein Risikomanagementsystem einzurichten und zu überwachen. Aktienrechtlich sind Träger des Risikomanagements das Finanzcontrolling, die interne Revision und der externe Wirtschaftsprüfer im Rahmen der Jahresabschlussprüfung. Nach dem Aktienrecht ergibt sich keine Verpflichtung, eine spezifische Organisationseinheit für das Risikomanagement zu errichten, solange ein Risikomanagement-*System* als Funktion nachweislich vorhanden ist.

4.1.1 Risikomanagement als Funktion

Die Standardliteratur der Betriebswirtschaftslehre siedelt die Funktion des Risikomanagements im strategischen Management an. Die Definition von Risikomanagement als Prozess schließt nahezu die gesamte Unternehmenspolitik ein (s. Franke/Hax, 2009, S. 629 ff.). Risikomanagement gehört zu den strategischen Leitungsaufgaben des Top Managements und ist Teil der Corporate Governance. Strategisches Management besteht in der Suche nach nachhaltigen Ertragspotenzialen, um langfristig den Unternehmenswert zu steigern. Bewertungsgrundlage seines wertschöpfenden Beitrags ist der Marktwert der Strategien, in die die Risikomanagement-Maßnahmen eingebettet sind (s. Stier, 2017, S. 79). Risikomanagement auf der strategischen Ebene wird im Kontext der mittel- und langfristigen Unternehmensplanung sowie Hedging-Maßnahmen zur Reduzierung der Volatilität künftiger Cashflows diskutiert (s. Kapitel 5.4.4). Deren Effizienz- und Monopoleffekte können zur Steigerung des Unternehmenswertes beitragen.[42]

Die Praxis der Corporate Governance konzentriert sich auf die Ausgestaltung des Risikomanagementsystems im aktienrechtlichen Sinne und legt den Schwerpunkt auf die Kontroll- und Überwachungsaufgaben, die dazu dienen, bestandsgefährdende Entwicklungen im Unternehmen zu verhindern. Sie kann sich dabei auf die umfangreiche Literatur zum Enterprise Risk Management (s. Kapitel 5.1.5 f.) stützen, die die Funktion des Risikomanagements auf unterschiedlichen Unternehmensebenen ansiedelt und als eine Schnittstellenfunktion zwischen dem strategischen Management und dem operativen Risikomanagement ansieht (s. Vanini/Rieg, 2021, S. 161 ff.). Zum strategischen Risikomanagement-Rahmen zählen Vanini und Rieg insbesondere die verschiedenen Elemente des Risikos: die entsprechende Kultur, die Strategie und Ziele, das Tragfähigkeitskonzept, den Aufbau einer Management-Organisation sowie die risikoadäquate Gestaltung der Anreiz- und Vergütungssysteme (s. Kapitel 5.1; Vanini/Rieg, 2021, S. 163 ff.).

---

42 Siehe dazu ausführlich Stier (2017) mit einer Übersicht über die bisherigen betriebswirtschaftlichen Risikomanagementansätze.

Das Gesetz zur Kontrolle und Transparenz im Unternehmensbereich (KonTraG, s. Kapitel 5.1.1) fordert kein institutionalisiertes Risikomanagement, sondern identifiziert als Träger des Risikomanagements die Leitungsorgane (Vorstand und Aufsichtsrat), das Controlling, die interne Revision sowie die Abschlussprüfer/-innen im Sinne eines „Drei-Linien-Modells" (s. Kapitel 5.1.2). Dem Finanzcontrolling fällt in diesem Zusammenhang eine Koordinationsfunktion zu (s. Kapitel 2.2.4). Im Rahmen seiner Planungsaufgaben bezieht es sowohl wirtschaftliche als auch operative Risiken in den Planungsprozess ein. Als Informationsquellen für die operativen Risiken kommen zunächst die teils schon kraft Gesetzes geforderten Expertenfunktionen infrage, wie z. B. die Beauftragten für Arbeits-, Umwelt- oder Datenschutz. So sind für die Unfall- und Gesundheitsgefahren der in einem Unternehmen Beschäftigten u. a. Sicherheitsbeauftragte gemäß dem Sozialgesetzbuch VII (§ 22 Abs 1 SGB VII) zu bestellen. Auf dieser Basis werden die operativen Risiken vor Ort eingeschätzt und in den Planungsprozess integriert. Die Frage, ob Risikomanagement als zentrale Organisationseinheit oder als Teilaufgabe operationaler Einheiten wahrgenommen wird, wird in der Unternehmenspraxis unterschiedlich beantwortet. Denkbare Varianten für die Positionierung der Risikomanager/-innen in Unternehmen wären demnach folgendermaßen darstellbar (s. Abb. 7 und 8):

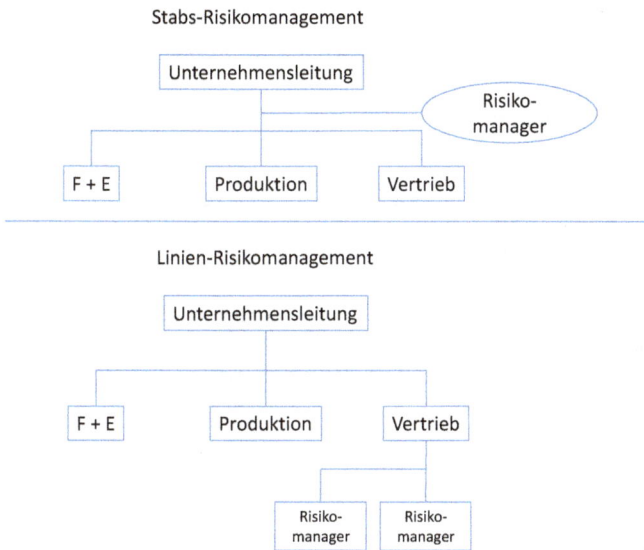

Abb. 7: Stabs- und Linien-Risikomanagement. In Anlehnung an Vanini/Rieg, 2021, S. 362, eigene Darstellung.

Weiterhin stellt sich die Frage, ob Risikomanagement als zentrale Einheit in Stabsform oder dezentral in den Geschäftsbereichen aufgestellt wird. In Bezug auf das Enterprise Risk Management finden sich in der Praxis unterschiedliche Organisationsformen, ohne dass sich hierzu ein verbindliches Soll-Konzept im Sinne eines zertifizierbaren Industrie-

Matrix-Risikomanagement

Risikomanagement-Ausschuss

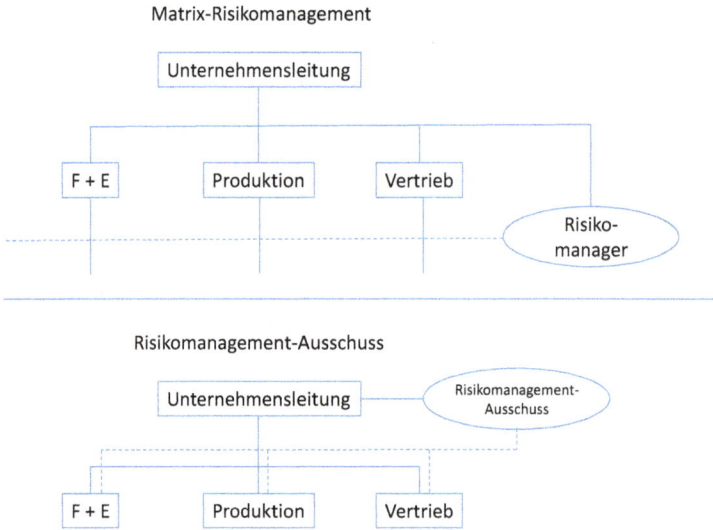

Abb. 8: Matrix- und gremiengesteuertes Risikomanagement. In Anlehnung an Vanini/Rieg, 2021, S. 362, eigene Darstellung.

Standards nach dem Muster des ISO 31000 durchgesetzt hat (s. Kapitel 5.1.5; Fiege, 2006, S. 48). Tabelle 1 zeigt die Vor- und Nachteile der wichtigsten Organisationsformen:

Tab. 1: Vor- und Nachteile verschiedener Platzierungen des Risikomanagements im Unternehmen.

	Zentralisierung	Dezentralisierung
Vorteile	– Vermeidung von Doppelarbeiten – Übernahme der Koordinationsfunktion – Aufbau von Spezialwissen möglich – ganzheitliche, unternehmensübergreifende Risikosteuerung unter Nutzung von Synergieeffekten	– höhere Sachkompetenz für die Risikoidentifikation und -steuerung – höhere Motivation der Mitarbeitenden – Förderung der Risikokultur – schnellere und flexiblere Reaktion möglich
Nachteile	– Verlängerung der Informations-, Kommunikations- und Entscheidungswege – Gefahr, dass das Wissen der dezentralen Einheiten nicht genutzt wird	– Gefahr von Doppelarbeiten – keine Identifikation von prozess- oder bereichsübergreifenden Risiken – Vernachlässigung der Koordination des Risikomanagements

Quelle: In Anlehnung an Vanini/Rieg, 2021, S. 361; eigene Darstellung.

Es lässt sich festhalten, dass in realwirtschaftlichen Unternehmen noch weitgehend Gestaltungsfreiheit bei der Aufstellung einer Risikomanagementfunktion besteht. Gleichwohl gibt es eine Tendenz zur Institutionalisierung und Zentralisierung von spezialisierten Risikomanagementeinheiten, um die operativen Einheiten auf diesem Gebiet besser koordinieren zu können (vgl. Hopkin/Thompson, 2022, S. 278 ff.). Die Ernennung eines Chief Risk Officers gilt als Erfolgsfaktor für die Implementierung einer hochwertigen Risikomanagement-Strategie und eines adäquaten Risikomanagementsystems (s. Fiege, 2006, S. 370). In realwirtschaftlichen Unternehmen sind diese Funktionen hierarchisch jedoch meist unterhalb der Leitungsebene aufgehängt.

4.1.2 Risikomanagement als Institution in Finanzinstituten

Als Organisationseinheit ist das Risikomanagement heute vor allem in Banken und Versicherungen vorhanden. Deren Einrichtung ist im Wesentlichen regulatorisch getrieben. Zwar haben Banken seit jeher das Vier- oder auch Mehr-Augen-Prinzip auf vielen Ebenen eingeführt. Dieses hat sich im Kreditentscheidungsprozess im „Zweitvotum" kristallisiert. Mit der strikten Funktionstrennung des Risikomanagements von der Vertriebsverantwortung bis auf die Ebene der Geschäftsleitung ist in den letzten Jahrzehnten zusätzlich die Notwendigkeit entstanden, der Organisation des Risikomanagements eine größere Eigenständigkeit einzuräumen. Mit dieser größeren Selbständigkeit im Entscheidungsprozess hat sich ein neues Rollenbild der Risikomanager/-innen entwickelt, die nicht mehr nur beratend, sondern eigenverantwortlich entscheidend im Bankmanagement mitwirken.

4.1.3 Risikomanagement-Organisationen im Vergleich

Die Organisation des Risikomanagements in Finanzinstituten unterscheidet sich merklich von der in realwirtschaftlichen Unternehmen. Dies wird beispielhaft anhand der Organigramme der Risikoorganisation der Deutschen Bank einerseits und der BASF andererseits veranschaulicht (vgl. Abb. 9 und 10). Die beiden Übersichten sind den jeweiligen Geschäftsberichten für das Jahr 2022 entnommen.

Beim Vergleich der beiden Organigramme werden die unterschiedlichen Schwerpunkte des Risikomanagements in Unternehmen und Finanzinstituten deutlich. Das Chemieunternehmen legt den Fokus des Risikomanagements auf Sicherheitsmanagement, strategische Planung und Nachhaltigkeit. Risikomanagement ist keine Organisationseinheit per se, sondern wird in Form eines Risk Committees zusammengeführt. Risikomanager/-innen mit entsprechenden Aufgaben sind Teil der dezentralen Organisation.

Das Finanzinstitut hat dagegen die unterschiedlichen Sparten des Risikomanagements in einer umfassenden Risiko-Governance aufgestellt. Erkennbar wird eine gewisse Konvergenz zwischen Management der banktypischen Risiken und dem Enterprise Risk Management in der Komiteestruktur. Außerdem ist zu berücksichtigen, dass das Finanzinstitut einen Risikovorstand eingesetzt hat, während eine vergleichbare Vorstandszuständigkeit für das Enterprise Risk Management in dem Chemieunternehmen nicht

Abb. 9: Governance-Struktur des Risikomanagements des Deutsche-Bank-Konzerns. Quelle: Deutsche Bank AG, Geschäftsbericht, 2022, S. 72 f.

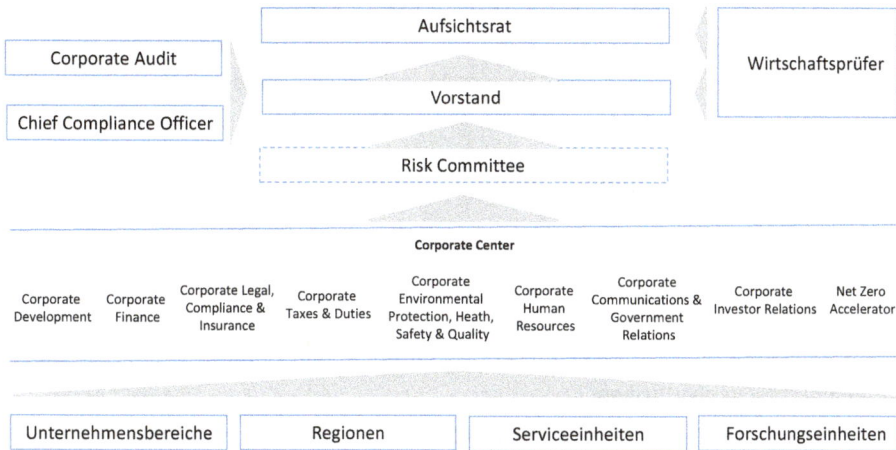

Abb. 10: Organisation Risikomanagement der BASF-Gruppe. Quelle: BASF SE, BASF-Bericht 2022. Integrierter Unternehmensbericht zur ökonomischen, ökologischen und gesellschaftlichen Leistung, 2022, S. 159).

vorhanden ist. Aus dessen Geschäftsverteilung ist zu entnehmen, dass die meisten Risikothemen in der Vorstandszuständigkeit für Corporate Environmental Protection, Health, Safety & Quality abgebildet werden (s. BASF-Bericht 2022, S. 182), woraus wieder der Schwerpunkt des verhütenden Risikomanagements hervorgeht.

Der Risikovorstand der Deutschen Bank hat den Vorsitz im Group Risk Committee (s. Geschäftsbericht Deutsche Bank AG 2022, S. 143), dem vier Unterkomitees angeschlossen sind. Spartenübergreifend arbeitet dagegen das Group Asset & Liability Committee unter Mitwirkung des Group Treasury (s. Geschäftsbericht Deutsche Bank AG 2022, S. 125) und das Financial Resource Management Council unter Mitwirkung von Finance. Das Financial Resource Management Council ist ein ad-hoc Steuerungsgremium unter dem gemeinsamen Vorsitz des Chief Financial Officers und des Chief Risk Officers zur Unterstützung bei sich potenziell anbahnender Kapital- oder Liquiditätsknappheit (s. Geschäftsbericht Deutsche Bank AG 2022, S. 73).

Auch die Sitzungsfrequenz der Risikokomitees sagt etwas über deren Bedeutung aus. Während das Risk Committee der BASF in der Regel zweimal jährlich zusammentrifft (s. BASF-Bericht 2022, S. 158), finden die Sitzungen des Group Risk Committee der Deutschen Bank einmal pro Woche statt (s. Geschäftsbericht Deutsche Bank AG 2022, S. 66). Die Sitzungsintensität unterstreicht die hohe Dynamik des Risikomanagements in Finanzinstituten.

Was beim Vergleich der beiden Organisationsformen auffällt, ist die Tiefe der Risikoorganisation eines Finanzinstituts. Die unterschiedlichen Komitees zeigen eine Tendenz zu einem spartenübergreifenden Risikomanagement. Die Einzelkreditentscheidung wird dagegen in delegierter Kompetenz einzeln oder gemeinsam von qualifizierten und autorisierten Personen ausgeübt (Geschäftsbericht Deutsche Bank AG,

2022, S. 114), während in realwirtschaftlichen Unternehmen die Entscheidungskompetenz über die Risikoakzeptanz im Allgemeinen als Geschäftsentscheidung gilt, wobei Risikomanager/-innen in der Regel beratend hinzugezogen werden.

4.1.4 Modernes Aufgabenverständnis des institutionellen Risikomanagements

Die Rolle des Risikomanagements in Banken und Finanzinstituten erschöpft sich nicht in Kontrollen und stochastischen Risikomessungen. Es ist denkbar, dass sich solche Prozesse im Laufe der Zeit weiter automatisieren lassen. Sein zentraler Zweck besteht in der ökonomisch rationalen Risikoauswahl, d. h. der Unterscheidung zwischen guten und schlechten Risiken.

Während die Entscheidung traditionell als Geschäftsentscheidung angesehen wurde (s. Stulz, 2015, S. 13 sowie Kapitel 2.2.3), ist die Risikoauswahl in Banken und Finanzinstituten zu einer Hauptaufgabe des Risikomanagements avanciert. Dies wird in der Rolle der Chief Risk Officers als gleichberechtigte/-r Mitentscheider/-in evident. Dagegen bringt die aufsichtsrechtliche Verankerung dieses Wertschöpfungsbeitrags in dem Begriff „Zweitvotum" oder „Marktfolgevotum" diese Rolle nur unzureichend zum Ausdruck. Im Gegenteil, mit dieser Begriffswahl wird die wertschöpfende Rolle des Risikomanagements semantisch in einen scheinbar nachrangigen Prozessschritt eingeordnet.

Zum Aufgabenverständnis des Risikomanagements gehört die Tatsache, dass jede Entscheidung in einer Risikosituation immer eine Entscheidung über Eintrittswahrscheinlichkeiten repräsentiert. Unter Risiko gibt es keine Sicherheit, bestenfalls gibt es ein hohes Konfidenzniveau bezüglich der Konsequenzen von Handlungsalternativen. Die Beantwortung der Frage nach der Erfolgsaussicht unsicherer Finanztransaktionen ist in einer zur größtmöglichen Objektivität verpflichteten Risikomanagement-Organisation besser angesiedelt. Sowohl positive als auch negative Folgen sagen *per se* nichts über die Qualität eines Wahrscheinlichkeitsurteils aus.[43] Es kommt allein auf das rationale Zustandekommen der Entscheidung *ex ante* unter Abwägung aller relevanten Aspekte an.

Aus der unabhängigen Entscheidungsfunktion des Chief Risk Officers leitet sich auch die an die Mitarbeiter/-innen dieses Bereichs delegierte Verantwortung ab. Auch deren Selbstverständnis muss es sein, ihre institutionelle Eigenverantwortung im Entscheidungsprozess über die Risikoakzeptanz in vollem Umfange wahrzunehmen und mit Überzeugungskraft nachdrücklich durchzusetzen. Die ökonomische Fundierung dieser der Rationalität verpflichteten Rolle findet in der Entscheidungstheorie im Konzept vom Risikonutzen ihre betriebswirtschaftliche Grundlage (vgl. Kapitel 3.2.1).

---

43 S. auch Eisenführ/Weber/Langer (2010, S. 4): „Der spätere Erfolg oder Mißerfolg ist kein zuverlässiger Maßstab für eine rationale Entscheidung."

4.2 Verhältnis des Risikomanagements zu anderen Managementfunktionen

Besteht Risikomanagement als Institution, muss eine klare Abgrenzung zu anderen Managementfunktionen vorgenommen werden. Überschneidungen gibt es insbesondere zur Finanzfunktion (vgl. z. B. Braun, 1983), zum Asset Liability Management und zur Funktion des Chief Executive Officers.

4.2.1 Verhältnis zur Finanzfunktion

Soweit die betriebswirtschaftliche Literatur die Aufgabe eines Risikomanagements im Finanzcontrolling ansiedelt, handelt es sich umdrei konkrete Ausprägungen:
– um die Frage der Unternehmensplanung und entsprechender Plankontrolle; Controlling vollzieht sich formal durch Planungs- und Kontrollzyklen und systematisches Informationsmanagement[44]
– um die Investitionsauswahlentscheidung anhand des Kapitalwerts eines Projektes, der neben den erwarteten Rückflüssen entscheidend von der zutreffenden Einschätzung des investitionsspezifischen Risikos abhängt
– um das Hedging von Faktorpreisschwankungen (Rohstoffe, Währungen, Zinsen) an den Terminmärkten.

4.2.1.1 Finanzplanung

Braun (1983, S. 23) beschreibt Risiko ganz allgemein als Möglichkeit, ein Ziel zu verfehlen oder von einem Plan abzuweichen (vgl. auch Nguyen/Romeike, 2013, S. 436 ff.; Fiege, 2006, S. 43 f.). Im Fall der Plankontrolle geht es darum, Abweichungen vom Plan zu verhüten. Nicht nur negative Abweichungen können bei Änderung von Umweltzuständen ungewollt sein, auch positive, wie beispielsweise eine höhere als geplante Produktion, können sich bei verändertem Umfeld (z. B. Konjunkturabschwung) als nachteilig herausstellen (z. B. Überproduktion, die keinen Absatz findet).[45] Eine „positive Planverfehlung" deswegen als Chance anzusehen scheint daher auf den ersten Blick nicht durchweg sachgerecht (so aber wohl Fiege, 2006, S. 44).

  Braun beschreibt einen Konflikt zwischen den Zielen „Gewinnerzielung durch Ausnutzen der Chancen" und „[betriebliche Existenz-]Sicherung durch Verringerung der Risiken", zu dessen Lösung sich nur der Zielkompromiss anbiete, wobei eine „Überlegenheit der treibenden Kräfte über die bremsenden oder auch umgekehrt zu

---

44 Vgl. Schierenbeck (2014, S. 3, 18).
45 Vgl. Committee of Sponsoring Organizations of the Treadway Commission (2017, S. 4): „Performing ahead of schedule or beyond expectations may cause as much concern as performing short of scheduling and expectations."

einer Zieldominanz führen kann" (1983, S. 44 f.). Dieser These wird hier nicht gefolgt. Sein Zielkonflikt ist mehr semantischer als realer Natur. Anders als bei der Investitionsauswahl ist eine getrennte Bewertung von Risiken[46] und Chancen in der Unternehmensplanung grundsätzlich möglich (s. Kapitel 5.4).

Braun sieht das Ziel des Risikomanagements in der Existenzsicherung des Unternehmens.[47] Aufgabe des Risikomanagements oder des Controllings bestehe darin, die Leitungsorgane durch Anregung und Informationen zu unterstützen (s. Braun, 1983, S. 45). Die systembildende Koordination des Risikomanagements beinhalte die Gestaltungsaufgabe eines auf die Bewältigung der betrieblichen Risiken ausgerichteten „Planungssystems" (s. Braun, 1983, S. 61). Diese Vorstellung, dass das Finanzcontrolling als Träger des unternehmerischen Risikomanagements anzusehen ist, wurde durch das KonTraG in das Aktienrecht und die Corporate Governance übernommen (s. ausführlich z. B. Fiege, 2006, S. 74 ff. sowie Kapitel 5.1.2).

Unternehmensplanung und Controlling als eine Risikomanagementfunktion zu beschreiben hätte zur Folge, dass geradezu die gesamte Finanzplanung des Unternehmens in eine Risikofunktion umdefiniert würde. Obwohl die Literatur dieser Vorstellung nicht gänzlich gefolgt ist, darf nicht verkannt werden, dass jede Finanzplanung für sich betrachtet unter Unsicherheit stattfindet, weil der Eintritt des Erfolges erst nach dem Ablauf der Planperioden feststeht. Ungeachtet dessen gibt es einen Unterschied bei der Risikobewertung in der Investitionsentscheidung und der strategischen und operativen Unternehmensplanung. Letztere erfordert die Koordination vieler Bereiche, um künftige Rückflüsse aus der operativen Tätigkeit realistisch einzuschätzen, um die gesammelten und plausibilisierten Daten in den Finanzplan zu übernehmen. Diese Funktion wird hier dem antizipativen Risikomanagement zugeordnet (s. Kapitel 2.2.4). Das prozessuale Risikomanagement ist dagegen Bestandteil des Investitionsauswahlverfahrens. Bei der Auswahl der Einzelrisiken besteht die Aufgabe des Risikomanagements darin, einen objektiven Entscheidungsprozess über den Kapitalwert einer Investition sicherzustellen.

4.2.1.2 Kapitalwertberechnung

Im Rahmen der Kapitalwertberechnung ist eine Aufgabenteilung zwischen der Risikofunktion und der Finanzfunktion vorzunehmen. Die Berechnung verläuft in realwirtschaftlichen Unternehmen anders als in Finanzinstituten. Im Falle der Investitionsauswahlentscheidung geht es darum, den risikoadäquaten Diskontfaktor für den Kapitalwert zu bestimmen (vgl. Fiege, 2006, S. 71). Dies erfordert die gründliche Ana-

---

46 Braun versteht unter den „zu verringernden Risiken" vorwiegend die Zufallsrisiken im versicherungstechnischen Sinne, siehe Braun (1983, S. 58): „Nach dem traditionellen, also aus dem Versicherungsmanagement entwickelten Risk Management-Verständnis besteht die Aufgabe in der Bewältigung reiner oder versicherbarer Risiken durch die Auswahl und den Einsatz von Sicherheitsgütern."
47 Siehe Braun (1983, S. 45): „Ziel des Risikomanagement ist folglich die Unterstützung der Unternehmensführung bei der Verwirklichung des Zieles der *nachhaltigen Existenzsicherung* durch die ‚Bewältigung der betrieblichen Risiken'." (Hervorhebung, RJ.).

lyse des spezifischen Risikos bzw. der Risiken einer Investition. In realwirtschaftlichen Unternehmen werden die Diskontsätze für die Kapitalwertrechnung einer komplexen Investition oder bei der Suche nach der optimalen Investitionsalternative anhand einer spezifischen Risikoanalyse unter Hinzuziehung von Expert/-innen vorgenommen (vgl. Fiege, 2006, S. 81; Gleißner/Sassen/Behrmann, 2019, S. 16; Hunziker/Meissner, 2017, S. 38, 47, 59).

Um die wesentlichen Risiken und deren potenzielle Auswirkungen auf die Investition zu bestimmen, wird u. a. der Einsatz von KreativITÄTStechniken zur Risikoidentifikation und Score-Verfahren zur Berechnung der Nutzwerte vorgeschlagen. Mit diesen Kreativitätstechniken (z. B. SWOT-Analyse, Brainsorming oder Delphi-Methode, s. Hopkin/Thompson, 2022, S. 25, 117 ff., 157 ff. sowie den Überblick bei Romeike, 2018, S. 53 ff., s. auch Eisenführ/Weber/Langer, 2010, S. 83 ff., S. 94 ff. und Fiege, 2006, S. 122 f.) soll die gesamte Palette absehbarer und denkbarer Beeinträchtigungen des Projektverlaufs eingeschätzt werden. So werden diejenigen Risiken identifiziert, die den kommerziellen Erfolg gefährden könnten, ebenso wie Zufallsgefahren, die durch Sicherungsmaßnahmen oder Versicherung gemildert werden können.

Die intensive Darstellung der Kreativitätstechniken im Rahmen der Investitionstheorie und ihrer praktischen Umsetzung macht deutlich, dass Risikoüberlegungen ein elementarer Bestandteil des Entscheidungsprozesses über Neuinvestitionen sind. Auf diesem Weg wird das Risikopotenzial einer Investition möglichst vollständig ermittelt, um daraus in letzter Konsequenz den angemessenen Diskontfaktor für die erwarteten Rückflüsse festzulegen, der als das Maß für die Risikohöhe einer Investition angesehen werden kann. Risikomanagement im Investitionsprozess eines realwirtschaftlichen Unternehmens stellt sich in dieser Form nicht als Risikolimitierung dar, sondern als dessen Skalierung. Ungewollte Risiken, insbesondere Zufallsrisiken, werden minimiert, in allen anderen Fällen werden „Restrisiken" bewusst in Kauf genommen, weil sie die Grundlage der Gewinnerzielung bilden.

In Finanzinstituten wird der Diskontfaktor für den Kapitalwert einer Investition (z. B. in ein Darlehen) unter Heranziehung des RAROC ermittelt. In die Berechnung des RAROC gehen Erträge, Kosten und erwartete Verluste ein. Erträge und Kosten werden von dem Bereich Finanzen errechnet, die erwarteten Verluste werden vom Risikocontrolling zur Verfügung gestellt. Der RAROC stellt auf den Erwartungsverlust ab, nicht aber den Erwartungsnutzen. Angesichts der Funktionstrennung in Finanzinstituten hat das Risikomanagement hier eine besondere Verantwortung, die angemessenen Risikokosten und auch den spezifischen Risikonutzen einer Transaktion zu ermitteln (s. Kapitel 3.2.1 und 3.2.3). Während die Rolle der Risikomanagementfunktion bei der Berechnung der Risiko- bzw. Ausfallkosten leistungsgestörter Kreditengagements unbestritten ist, ist dies für die Ermittlung des Risikonutzens von Neuengagements nicht durchgehend der Fall. Sie kommt, wie bereits dargestellt, in dem Begriff des „Zweitvotums" nicht klar zum Ausdruck. Das Risikomanagement muss im Rahmen dieser funktionellen Arbeitsteilung mit dem Finanzbereich darauf achten, den Aspekt des Risikonutzens in einer Transaktion oder einem Kredit- und Risikoportfolio angemessen zu integrieren.

4.2.1.3 Hedging von Preisrisiken

In realwirtschaftlichen Unternehmen besitzt das Management der Preisrisiken durch den Abschluss von Termingeschäften erhebliche Bedeutung. Faktorpreise abzusichern, wenn Verträge geschlossen sind, gilt als wichtige Voraussetzung, die geplanten Erträge zu realisieren. Ohne Preisabsicherung auf den Rohstoff- und Absatzmärkten wäre der Erfolg von Unternehmen ein Spielball zufälliger Preis- und Währungsschwankungen. Mit der Absicherung kontrahierter Transaktionen an den Terminmärkten können diese Preisschwankungen minimiert werden. Die Aufgabe, dort die optimale Absicherungsstrategie zu finden, wird im Allgemeinen der Finanzfunktion zugewiesen (s. z. B. BASF-Geschäftsbericht 2022, S. 163).

Die betriebswirtschaftliche Grundlagenliteratur widmet dem Risikomanagement in Form von Hedging (Absicherungsgeschäften am Terminmarkt) breiten Raum (s. z. B. Perridon/Steiner,/Rathgeber, 2016, S. 358 ff.). Unter ökonomischem oder marktinduziertem (zum Begriff siehe Kürsten, 2006, S. 180 ff.) Risikomanagement versteht die Betriebswirtschaftslehre sämtliche Aktivitäten, die sich auf den Marktwert des Unternehmens positiv, d. h. werterhöhend, auswirken. Dazu zählt die Reduzierung der Volatilität unsicherer künftiger Rückflüsse, insbesondere aus Zins- und Währungskursschwankungen, durch Termingeschäfte. Auf der Basis des vollkommenen Kapitalmarktmodells gilt die Vornahme von Absicherungsgeschäften als die praktische Umsetzung der Idee, unsichere Rückflüsse mithilfe von Termingeschäften von Zins- und Währungskursschwankungen an den Finanzmärkten zu verstetigen (s. Franke/Hax, 2009, S. 643 f., Kürsten, 2006, S. 180 ff.).

Risikomanagement durch Hedging von Preisrisiken ist von der Zielsetzung her dem verhütenden und antizipativen Risikomanagement zuzuordnen (s. auch Kapitel 5.4.4). Es geht nicht um die Investitionsauswahl und daher auch nicht um die Ermittlung eines Risikonutzens. In realwirtschaftlichen Unternehmen ist daher der Prozess der Absicherungsstrategie für Preisrisiken folgerichtig ausschließlich im Finanzbereich angesiedelt.

4.2.2 Verhältnis zum Asset-Liability-Management

In Finanzinstituten haben Absicherungsgeschäfte außerhalb des Eigenhandels eine besondere Funktion (s. Kapitel 5.4.4 zum Verhältnis von Eigenhandel und Absicherung): Nahezu das gesamte Refinanzierungsgeschäft von Banken besteht in der Absicherung der auf der Aktivseite vorgenommenen Geschäfte, indem deren Refinanzierung auf das Erfordernis der Fristen-, Losgrößen- und Risikotransformation eng abgestimmt wird. Dieser Abstimmungsprozess ist im Versicherungsgeschäft als „Aktiv-Passiv-Steuerung" bzw. Asset-Liability-Steuerung bekannt und hat sich in den letzten Jahren auch in Finanzinstituten zu einem Aufgabengebiet des Risikomanagements entwickelt.

Kreditbanken verdienen an der Zinsdifferenz zwischen Aktiv- und Passivgeschäft, d. h. der Zinssatz für Kundenkredite muss stets höher sein als der Einlagenzinssatz. Im

Aktivgeschäft befinden sich Kredit-, Wertpapier- und Derivatepositionen unterschiedlicher Laufzeiten und Verzinsungen. Auf der Einlagenseite sind Spareinlagen, Termineinlagen und Kapitalmarktemissionen zu finden. Auch hier sind Zinsbindung und Laufzeiten unterschiedlich. Die Aufgabe des Treasury eines Finanzinstituts besteht darin, die Risiken der Marktpreis- und Zinsänderungen dieser unterschiedlichen Wertpapier- und Forderungspositionen zu steuern. Dazu werden u. a. eine Zinsbindungsbilanz und eine Zinsablaufbilanz erstellt und Szenarien unterschiedlicher Kapitalmarktzinsveränderungen untersucht (zur ertragsorientierten Banksteuerung s. umfassend Schierenbeck/Lister/Kirmße, 2014). Wichtigen sich hieraus ergebenden Zinsänderungsrisiken ist im Rahmen der Risikosteuerungs- und -controllingprozesse sowie bei der Beurteilung der Risikotragfähigkeit Rechnung zu tragen (zur integrierten Rendite-/Risikosteuerung s. umfassend Schierenbeck/Lister/Kirmße, 2008, S. 15 ff.; vgl. auch MaRisk BTR 2.3 Abs. 6 Satz 3, Art. 84 CRR und EBA/GL/2022/14 vom 20.10.2023).

In großen Bankorganisationen wird die Steuerung der Marktpreis- und Zinsänderungsrisiken über ein institutionalisiertes Asset-Liability-Committee (ALCO) vorgenommen. Es umfasst alle wesentlichen Entscheidungs- und Wissensträger/-innen der Bank, eingeschlossen Vertreter/-innen der Geschäftsleitung (s. z. B. das ALCo der Deutschen Bank AG, Geschäftsbericht 2022, S. 72 und 125). Diese brauchen Führungsunterstützung durch Spezialisten, denn im ALCO sollte sich idealerweise Entscheidungsmacht mit Analysekompetenz vereinen (s. Spillmann/Döhnert/Rissi, 2019, S. 15; Schierenbeck/Lister/Kirmße, 2014, S. 73).

Entscheidungen in der Steuerung der Marktpreis- und Zinsänderungsrisiken sind geprägt vom Erwartungsnutzen aus dem Eingehen von Risikopositionen auf der Passivseite, d. h. Positionen, die von Zinsänderungsrisiken oder dem Eingehen von Handels- und Zinspositionen auf der Aktivseite betroffen sind. Beide Seiten der Bilanz stehen in einem dynamischen Zusammenhang hinsichtlich der unterschiedlichen Fristigkeiten. Eine gute Investitionsauswahl auf der Aktivseite (Darlehensvergabe) kann durch ein Missmanagement auf der Passivseite konterkariert werden und umgekehrt können überzogene Passivüberhänge zu Kreditvergaben mit negativem Kapitalwert verleiten (siehe unten das Fallbeispiel der Silicon Valley Bank). Marktpreis- und Zinsänderungsrisikomanagement sind daher eine wesentliche Quelle der Wertschöpfung in Banken.

Die Beteiligung des institutionellen Risikomanagements in den Steuerungsgremien für das Asset-Liability-Management (ALM) ist mittlerweile üblich. Wichtig ist auch hier die Unterscheidung der Rollen des messenden und des prozessualen Risikomanagements. Durch das messende Risikomanagement, namentlich der Risikocontrollingeinheit, werden die Daten zum Marktpreis- und Zinsänderungsrisiko umfassend aufbereitet und zur Verfügung gestellt und dessen Auswirkung auf die Mindesteigenkapitalanforderungen ermittelt. Im Rahmen der Asset-Liability-Strategie wird der Erwartungsnutzen aus den ausgewählten und eingegangenen Aktiv- und Passivpositionen bestimmt. Das Risikomanagement besitzt eine Entscheiderrolle im Asset-Liability-Management-Prozess, weil der Investitionsauswahlprozess (Risikoakzeptanz) und die Finanzierungsfunktion auf der Passivseite (Absicherung des Risikoertrags) eng miteinander verbunden sind.

Asset-Liability-Mismatches, also Inkongruenzen der Laufzeiten von Einlagen und Wertpapieremissionen eines Instituts und den Aktivpositionen, insbesondere Kredite oder illiquide Wertpapierpositionen, können zu erheblichen Verwerfungen in der Risikoauswahl führen.

Fallbespiel

Geschäftsmodelle von Banken, die langfristige Ausleihungen auf der Basis kurzfristiger Refinanzierungen am Kapitalmakt vorgenommen hatten, sind in der Finanzkrise schnell in Schieflage geraten. Prominente Beispiele sind die ehemalige Hypo Real Estate (s. Süddeutsche Zeitung, 17. Mai 2010) und die IKB (s. Süddeutsche Zeitung, 17. Mai 2010). Die IKB hatte eine Zweckgesellschaft aufgelegt mit dem Namen Rhineland Funding, die kurzfristige Anlegergelder einwarb und die im Wege des Ankaufs von Asset-Backed Securities langfristig am US-Immobilienmarkt angelegt wurden. Mit der Immobilienmarktkrise in den USA verloren die ABS-Papiere an Wert und die Anleger/-innen forderten ihre Einlagen zurück, ohne sie neu in Rhineland Funding anzulegen. Die IKB hatte der Zweckgesellschaft eine Liquiditätslinie eingeräumt und wurde daraus so umfangreich in Anspruch genommen, dass die Bank faktisch insolvent wurde (s. Hartmann-Wendels/Pfingsten/Weber (2019), S. 414).

Dasselbe Thema hat sich jüngst in anderer Form wiederholt, indem manche Banken sich mit „billigem" Geld in Form unverzinster Spar- und Termineinlagen eindeckten und diese Mittel in langfristige Staatsanleihen anlegten, weil keine ausreichende Kreditnachfrage bestand. Als Beispiel kann die Silicon Valley Bank angeführt werden. Diese hatte ausweislich ihrer Bilanz am 31. Dezember 2022 Einlagen in Höhe von 173 Mrd. USD von ihren Anleger/-innen erhalten und sie in 74 Mrd. USD Kredite investiert. Die Differenz wurde in „sichere" US-Staatsanleihen angelegt.[48] Mit der Zinswende verloren die Staatsanleihen durch den Zinsanstieg an Wert. Als Folge zogen die Anleger massenweise ihre Einlagen ab[49] und haben das Institut in Schieflage gebracht (Neue Züricher Zeitung, 04.05.2023).

4.2.3 Verhältnis zur Funktion des Chief Executive Officers

Ein heikles Thema stellt das Verhältnis des Chief Risk Officers (CRO) zum Chief Executive Officer (CEO) dar, also dem Risikovorstand und dem/der Vorstandsvorsitzenden. In der Literatur zum Risikomanagement der Banken findet sich die Feststellung: Der/die oberste Risikomanager/-in einer Bank oder eines großen Unternehmens ist der oder die Vorstandsvorsitzende, nicht der oder die Risikoverantwortliche im Vorstand.[50] Damit wäre ein institutioneller Konflikt vorprogrammiert. Aus der Sicht des praktischen Risiko-

---

48 Siehe Geschäftsbericht der SVB Financial Group, Form 10-K.

49 Siehe auch den anschaulichen ausführlichen Bericht des Board der Federal Reserve vom 28. April 2023, der u. a. zu dem Schluss gelangt, dass es sich um ein Lehrbuchbeispiel des Missmanagements von Zinsänderungs- und Liquiditätsrisiken handelt, welches durch aufsichtsrechtliche Lockerungen auch noch begünstigt wurde. Für weitere historische Beispiele s. Hartmann-Wendels/Pfingsten/Weber (2019, S. 587).

50 Stulz (2015, S. 13): „The top risk manager of a bank (or any large company) is the CEO, not the CRO."

managements ist dies eine sehr problematische Wahrnehmung aus mehreren Gründen: Die Verantwortung für das institutionalisierte Risikomanagement kann nicht von der Verantwortung für die Risikoauswahl getrennt werden. Schlechte Risiken werden nicht dadurch besser, dass ein/-e CEO sie gleichwohl zu akzeptieren bereit wäre. Die Risikobereitschaft eines Instituts bestimmt sich nach den Regeln des Kapitalmarktes, nicht nach dem Risikonutzen eines Individuums im Entscheidungsprozess. Der Rückzug eines CRO auf seine bzw. ihre „Hilfs- oder Beraterfunktion" nimmt ihn bzw. sie nicht aus der realen Verantwortung, sprich Haftung. Die aus den MaRisk hervorgehende Unabhängigkeit des Risikomanagements muss in der Praxis gelebt werden. Weder Loyalitäten noch Gruppendruck oder sonstige unbotmäßige Einflussnahmen dürfen hierbei im Wege stehen.

Das Rollenverständnis des Bank-Risikomanagements als Hilfsfunktion muss daher heute als weitgehend überholt angesehen werden. Die Rolle des CRO würde durch ein Letztentscheidungsrecht des CEO über die Risikoakzeptanz ausgehöhlt. Tatsächlich muss an dieser Stelle die Verantwortung klar zugeordnet werden. Dabei wäre es unplausibel, eine dem Risikomanagement zugewiesene Verantwortung für die Einhaltung der Risikopräferenz eines Instituts durch das Letztentscheidungsrecht eines CEO zu verwässern. Seit der Einführung der strikten Funktionstrennung zwischen Vertriebs- und Risikofunktionen im Entscheidungsprozess wird sich ein CRO nicht mehr zur „Entschuldigung" auf seine Berater- oder Hilfsrolle berufen können. Fehlentscheidungen im Risikomanagement werden in erster Linie dem CRO und den von ihm geleiteten Organisationseinheiten angelastet.

Risikomanagement als zentrale Entscheidungsfunktion   !

Angesichts der Gesamtverantwortung der Vertriebs- und der Risikofunktion darf ein Risikomanagement seine Auffassung zur Risikoakzeptanz im Einzelfall nicht auf Entscheidungsträger außerhalb des eigenen Bereichs delegieren, denn das Risikomanagement hat sich zu einer zentralen Entscheidungsfunktion weiterentwickelt und hat diese Verantwortung auch und gerade in Konfliktfällen zu beanspruchen und kommunikativ durchzusetzen.[51] Ein CEO, der sich nicht der Unternehmenswertsteigerung verpflichtet sieht, muss zwangsläufig vom CRO überstimmt werden können.

Mit der Unabhängigkeit der Risikofunktion wird auch jene der Institution Risikomanagement gestärkt. Rationale und objektive Entscheidungsprozesse sorgen für die kontinuierliche Wertschöpfung und darüber hinaus institutsweit für eine angemessene Risikokultur. Der CRO hat nicht nur eine fachliche Vorbildfunktion zu erfüllen, sondern auch eine Führungsrolle im Prozess der Risikoentscheidung zu verkörpern, um eine angemessene Risikokultur zu verbreiten. Dies gilt insoweit auch für alle ihm zugeordneten Organisationseinheiten des Risikomanagements.

---

[51] „Huge subprime losses at banks [...] would have been less severe if risk management had been able to convince senior management that unacceptable risks were taken" (Hull, 2018, S. 2.).

Die Aufgabenteilung zwischen Vorstandsvorsitzendem/-er und dem Risikovorstand muss daher der Verantwortung gemäß definiert werden: Ein CEO besitzt die strategische Grundsatzkompetenz in Geschäftsangelegenheiten. Der CRO hat kraft seiner Erfahrung in Risikoangelegenheiten, seiner Unvoreingenommenheit und der angestrebten Prozessrationalität die Verantwortung für die Einhaltung des angemessenen Risikoniveaus.

4.3 Zum Persönlichkeitsprofil des Chief Risk Officers

Im Gegensatz zu realwirtschaftlichen Unternehmen besitzt das Risikomanagement in Finanzinstituten eine größere Eigenständigkeit, indem es durch die Regulierung fest institutionalisiert ist, während in realwirtschaftlichen Unternehmen das übergreifende Enterprise Risk Management stärker im Fokus liegt. Daher ist in Letzteren die Funktion des CRO weniger ausgebildet und bis zu einem gewissen Grad der Gestaltungsfreiheit der Unternehmensleitung anheimgestellt. Die Aufstellung der Risikofunktionen ist daher sehr heterogen. Das Risikomanagement realwirtschaftlicher Unternehmen ist meist weniger zentralisiert aufgestellt als in Finanzinstituten. So können Risikomanagement-Aufgaben von Risikomanagement-Expert/-innen, Risikomanager/-innen, Revisor/-innen oder Controller/-innen übernommen werden. Dementsprechend heterogen sind auch die Stellen- und Funktionsbezeichnungen von Risikomanager/-innen, z. B. CRO, Risikocontroller/in, Risikomanagement-Beauftragte/-r oder Risikomanagement-Koordinator/-in. Auch unterscheiden sich diese Funktionen in ihren jeweiligen Kompetenzen und Zuständigkeiten (s. zu den Kompetenzen des praktischen Risikomanagements Hopkin/Thompson, 2022, S, 320 ff. sowie Vanini/Rieg, 2021, S. 363 f.).

Aufgrund der aufsichtsrechtlich geforderten strikten Funktionstrennung bis auf die Ebene der Geschäftsleitung besitzt das Risikomanagement in Banken und Finanzinstituten im Entscheidungsprozess einen höheren Stellenwert als heute noch bei realwirtschaftlichen Unternehmen. In der Funktion des CRO eines Finanzinstituts vereinen sich vier Rollen

- In seiner verhütenden Rolle achtet er auf die Einhaltung der Regeln und Standards (Compliance etc.). In dieser Rolle sorgt er vor allem für die Effektivität der Kontrollprozesse und limitiert und überwacht das Risiko.
- In seiner messenden Rolle quantifiziert er die Risiken und begrenzt die Einzelrisiken sowie die Risikoaggregate. Hauptaugenmerk sind die Einhaltung der Risikotragfähigkeit und die regulatorischen Mindestanforderungen an das Eigenkapital.
- In seiner prozessualen Rolle trägt er die Verantwortung für die Letztentscheidung über die Risikoakzeptanz bei Einzel- und Portfoliorisiken sowie eine Mitverantwortung in der Asset-Liability-Steuerung.
- In seiner antizipierenden und planenden Rolle wirkt er zusammen mit dem Finanzcontrolling an einer unternehmensweiten systematischen Risikofrüherkennung mit. Sie vereint neben den bankspezifischen alle Risikoarten und -ursachen, z. B. IT-Risiken und Betriebsunterbrechungen, Geldwäsche- und Betrugsrisiken sowie Repu-

tationsrisiken. Außerdem wird in Finanzinstituten die Risikofrüherkennung im Hinblick auf die Kreditrisiken in einem gesonderten, teils formalisierten, Verfahren vorgenommen (s. Kapitel 5.2.2 zur Ausfallwahrscheinlichkeit).

Für die Risikomanager/-innen sollten daher die folgenden persönlichen Kompetenzen der Orientierung dienen: Führungsqualität, Einflussnahme und Durchsetzungskraft, Kommunikationsfähigkeit und Fachkompetenz.[52] Als Führungskraft prägt der CRO durch seine Vorbildfunktion die Risikokultur eines Instituts. Er ist Antreiber/-in einer positiven Risikokultur und sieht in der Verbesserung der Risikomanagement-Funktionen und der Wahrung ihrer Objektivität und Unabhängigkeit seine Hauptaufgabe.

Der CRO hat die Verantwortung und den Überblick über den gesamten Risikobereich zu behalten und dafür zu sorgen, dass es für jedes Risiko einen Verantwortlichen gibt. Deswegen muss er die Geschäftsverantwortlichen und Risikoträger/-innen davon überzeugen, sich aktiv an der Messung, Steuerung und, wo nötig, Limitierung der Risiken zu beteiligen. Um komplexe Risikoinformationen an den Vorstand, Führungskräfte und wichtige externe Akteur/-innen in prägnanter und überzeugender Weise zu vermitteln, benötigt der CRO herausragende kommunikative Fähigkeiten. Er muss in der Lage sein, auf allen Ebenen in der Organisation zu kommunizieren und darf sich in Konflikten nicht auf eine „Hilfsrolle" zurückziehen.

Risikomanager/-innen benötigen ein profundes Verständnis von allen Bereichen der Wertschöpfungskette eines Finanzinstituts. Darüber hinaus müssen sie Methodiken von der Risikoidentifikation über die -bewertung, -steuerung und -überwachung beherrschen. Dieses fachliche Wissen sollte die Idee des Risikonutzens und das Verständnis für Risikopräferenzen beinhalten, die im Entscheidungsprozess über die Risikoakzeptanz eine zentrale Rolle besitzen.

4.4 Zusammenfassung Aufgabengebiete des Risikomanagements

Die Wertschöpfung eines Unternehmens besteht darin, Investitionsprojekte mit positivem Kapitalwert auszuwählen: In Banken und Finanzinstituten sind „gute" Kreditrisiken die größten wertbildenden Investitionen. Die Auswahl vollzieht sich innerhalb des Einschätzungsprozesses anhand des kapitalmarktadäquaten Risikoniveaus eines Instituts und nicht ausschließlich in der einseitigen Limitierung von Risiken. Als Managementfunktion hat Risikomanagement eine zentrale Entscheidungsfunktion und darf sich nicht auf eine Beraterrolle oder Hilfsfunktion zurückziehen.

---

[52] Vgl. hierzu die Fit- und Proper Guideline der EZB (2017) und den Artikel „CRO in Versicherungen: Antreiber der Wertschöpfung", o. Verf. In: Risiko Manager, Nr. 22 vom 30.10.2014, dem die hier vorgetragenen Ideen zum Teil entnommen wurden.

Das Risikomanagement steht in der Pflicht, diesen positiven Kapitalwert unvoreinge-nommen und interessefrei *ex ante* zu ermitteln und zu verifizieren. Dieser Prozess erfor-dert Rationalität und Objektivität in der Beurteilung der Eintrittswahrscheinlichkeiten der künftigen Rückflüsse aus einer Investition in Kreditrisken. Im Entscheidungsprozess über die Akzeptanz eines Risikos (einer Investition) fällt dem Risikomanagement eines Finanzinstituts die Aufgabe zu, in Konflikt- und Zweifelsfällen die Letztentscheidung zu treffen (aufsichtsrechtliches Vetorecht). Dies kann bedeuten, dass innerhalb eines Vor-standsteams im Einzelfall auch der CEO überstimmt wird. Diesen Konflikt muss ein Risi-komanagement austragen können. Darüber hinaus kann es dazu kommen, dass das Risikomanagement zur Auswahl höherer Risiken anregt, wenn eine Institution erkennen lässt, dass sie zu unangemessener Risikoscheu neigt (Problem der Unterinvestition; vgl. Berk/DeMarzio, 2020, S. 604), wenngleich dies eher selten zu beobachten ist.

Es ist nicht sinnvoll, ein Risikomanagement zu institutionalisieren, wenn diese Insti-tution keinen entscheidenden Einfluss besitzt. Das größte Risiko einer Investition ist die Entscheidung darüber, es einzugehen, und zwar im doppelten Sinne: Zum einen kann die Vornahme einer Investition zu einem ungewollten Nachteil führen, zum anderen kann auch das Ausbleiben einer Investition einen Nachteil verursachen, weil z. B. nicht in Modernisierung investiert wird. In Finanzinstituten kann beispielsweise ein abneh-mender Kundenstamm, ein abschmelzendes Kreditportfolio oder ein überproportionaler Passivüberhang (liquide Mittel, die nicht investiert werden können) Ausdruck einer Risi-koscheu sein. Diese Form des „antreibenden" Risikomanagements kann manchmal schwer von der eigentlichen strategischen Managementaufgabe zu unterscheiden sein. Doch lassen sich hier klare Unterscheidungsmerkmale finden: Das Risikomanagement ist gefordert, wenn immer es um die Abwägung von Wahrscheinlichkeiten geht. Hier gilt es, Objektivität, Transparenz und Rationalität zu wahren. Diese Rolle des/der Risiko-managers/-in ist mit Entschiedenheit auszufüllen, nicht nur als Ratgeber/-in, sondern als Mitgestalter/-in. So kann sichergestellt werden, dass nur Risiken eingegangen werden, die am Ende in Kenntnis ihrer erwarteten Wahrscheinlichkeitsverteilung gesteuert wer-den können. Im folgenden Kapitel stellen wir die vier gängigen praktischen Techniken des Risikomanagements vor.

Fragen und Aufgaben zu Kapitel 4
1. Beschreiben Sie die unterschiedlichen organisatorischen Funktionsverständnisse des Managements.
2. Was spricht für die Hilfs- und was für die Managementfunktion des Risikomanagements?
3. Grenzen Sie die Funktionen eines Risikovorstands von denen des/der Vorstandsvorsitzenden ab.

5 Techniken des Risikomanagements

Lernziele

Risikomanagement in der Corporate Governance
Risikomanagementsystem und Risikomanagementfunktion
Praktische Ausprägungen der Risikomanagementfunktionen
Umgang mit Risikoaggregaten, Stresstests und Szenarioanalysen
Differenzierung der Risikomanagementansätze
Risikomanagement als Rationalitätssicherung im Entscheidungsprozess
Chancenmanagement, Risikoantizipation und Finanzplanung
Aufgaben des Risikomanagements in der First Line: Spezialfinanzierung, Unternehmenssanierung und Bankenabbau

Zu den grundlegenden Techniken des Risikomanagements gehören Kontroll-, Mess-, Prozess- und Planungstechniken. Diese Aufteilung ergibt sich aus den vier Risikobegriffen der Zufallsgefahr, dem Risikomaß, der Eintrittswahrscheinlichkeit und dem Downside (s. Kapitel 2.2). Diese Techniken nehmen unterschiedliche Ausgangspunkte und führen deswegen zu unterschiedlichen Rollenverständnissen des/der Risikomangers/in.

5.1 Kontrolltechniken

Klassischer Ansatzpunkt des Risikomanagements sind Kontroll- und Überwachungsprozesse. Sie stehen im Zentrum des Umgangs mit Zufallsgefahren. Die Logik der Kontrolle liegt in der Wahrnehmung, dass die zu vermeidenden Gefahren ohne Kontrollen oder anderen Formen der Gefahrenverminderung mit hoher Wahrscheinlichkeit zu irgendeinem Zeitpunkt eintreten werden. Kontroll- und Steuerungsprozesse sind der Dreh- und Angelpunkt des Enterprise Risk Management. Sie sind elementarer Bestandteil des Risikomanagementsystems in der Corporate Governance. Deren Gegenstand ist die Überwachung und Kontrolle des Risikomanagementsystems und der Leitungsorgane eines Unternehmens.

Ziel der Überwachung auf oberster Führungsebene ist die Minimierung der Agency-Kosten. Darunter sind die Transaktionskosten zu verstehen, die ein/-e Anteilseigner/in aufwenden müsste, um die Handlungen und Maßnahmen des Top Managements (Agent) zu kontrollieren. Der/Die Anteilseigner/-in delegiert diese Kontrollfunktion nach der aktienrechtlichen Unternehmensverfassung an einen Aufsichtsrat, der wiederum die Pflicht hat, den Vorstand bei der Leitung des Unternehmens zu überwachen und zu beraten (s. § 111 Abs. 1. AktG; siehe auch Deutscher Corporate Governance Kodex, Grundsatz 6, Abs. 1; zum Prinzipal-Agenten-Thema s. Hartmann-Wendels/Pfingsten/Weber, 2019, S. 98 f.; Heldt-Sorgenfrei, 2015, S. 7 f.).

https://doi.org/10.1515/9783110596571-005

Zu den Instrumenten der Überwachung gehören gemäß § 91 AktG das interne Kontrollsystem und das Risikomanagementsystem.

Diese Regelung gilt auch für Finanzinstitute. Deren Risikomanagement spielt sich auf zwei Ebenen ab: Die erste Ebene wird durch die gesellschaftsrechtlichen Regeln der Corporate Governance erfasst. Die zweite bilden die von der Bankenaufsicht aufgestellten Mindestanforderungen an das Risikomanagement in Banken und Finanzinstituten, die MaRisk. Beide Ebenen überlagern sich im Hinblick auf bestimmte Aufgabenträger des Risikomanagements, insbesondere die interne Revision, die Compliance-Organisation und das Risikocontrolling. Sie unterscheiden sich aber darin, wie die aufbau- und ablauforganisatorischen Vorgaben für das Bankgeschäft im Einzelnen ausgearbeitet sind (s. Kapitel 4.1.3). Dazu gehören die Funktionstrennung, Umgang mit den einzelnen Risikoarten sowie die Mindesthöhe des Eigenkapitals. Diese Unterschiede der Kontroll- und Überwachungsebenen wirken sich auch auf die Rolle des CRO aus.

5.1.1 Corporate Governance

Der Vorstand einer Aktiengesellschaft unterliegt der Kontrolle durch die Hauptversammlung und den Aufsichtsrat. Corporate Governance bezeichnet die organisatorische und inhaltliche Führung und Überwachung von Unternehmen (s. umfassend Welge/Eulerich, 2021, S. 5, 247 ff.). Andere wirtschaftliche Organisationen, wie genossenschaftliche Verbünde (Volks- und Raiffeisenbanken) oder öffentlich-rechtliche Institute (Sparkassen), kennen vergleichbare Aufsichtsstrukturen.

Im Kontext der Corporate Governance muss man unterscheiden zwischen dem Kontroll- und Überwachungsansatz einerseits und der Prognose- oder dem Planansatz andererseits (zu Letzterem siehe Kapitel 5.4). Im ersten Fall steht die Integrität der Finanzberichterstattung und die Unternehmenssicherheit im Vordergrund. Deren Ziel ist Bestandschutz des Unternehmens. Im zweiten Fall geht es um die Beurteilung von Planungsszenarien, die bestehende und potenzielle Risiken dahingehend überprüfen, ob sie sich zu einer Bestandsgefährdung des Unternehmens entwickeln könnten. Es handelt sich um Risikofrüherkennung als Teil der strategischen Unternehmensplanung.

5.1.1.1 Träger des Risikomanagements in der Corporate Governance

Die Kenntnis der Grundzüge der Corporate Governance ist für den Bank-Risikomanager/-in von Belang, weil ein weites Verständnis eines übergreifenden Risikomanagementsystems zum Ausdruck gebracht wird, das andere „Aufgabenträger/-innen" als das institutionelle Bank-Risikomanagement benennt. Das Bank-Risikomanagement konzentriert sich auf die konkreten Risikoarten, insbesondere Kredit-, Marktpreis-, Liquiditäts- und Zinsänderungsrisiko sowie das operative Risiko in einer zentralen Organisationseinheit, während das unternehmensübergreifende Risikomanagement der Corporate Governance mehrere Aufgabenträger/-innen einbindet.

Als Aufgabenträger/-innen des Risikomanagements in der Corporate Governance werden neben den aktienrechtlichen Organen Hauptversammlung, Aufsichtsrat und Vorstand insbesondere die interne Revision, die Compliance-Funktion und der/die externe Abschlussprüfer/-in genannt (vgl. Welge/Eulerich, 2021, S. 67 ff.). Der Gesetzesbegründung zum KonTraG ist zu entnehmen, dass auch die Controllingfunktion als Teil des Risikomanagements in der Corporate Governance angesehen wird.[53] Das Controlling ist für die Integrität der internen und externen Finanzberichterstattung verantwortlich und gilt als wesentlicher Produktionsfaktor in der Informationsaufbereitung, einschließlich der Prognose der Unternehmensentwicklung. Sie bildet damit die Basis der strategischen Unternehmensplanung und des antizipativen Risikomanagements (s. Kapitel 2.2.4 und 5.4). In den folgenden Ausführungen wird das Verhältnis des Risikomanagements in der Corporate Governance zum institutionellen Bank-Risikomanagement bestimmt.

5.1.1.2 Das Risikomanagementsystem der Corporate Governance
Das Risikomanagement in der Corporate Governance ist als ein das ganze Unternehmen überspannender Prozess zu verstehen. Es gibt mehrere Aufgabenträger/-innen und konkrete Prozessvorgaben. Dazu gehören das interne Kontrollsystem (IKS), das Risikomanagementsystem und die Risikofrüherkennung. Das übergreifende Risikomanagement nach der Corporate Governance verfolgt drei wesentliche Ziele:
- Integrität der Finanzberichterstattung
- Bestandsschutz des Unternehmens
- Risikofrüherkennung (Nachhaltigkeit)

Die gesetzliche Grundlage dafür findet sich in § 91 des Aktiengesetzes und § 289 des Handelsgesetzbuches. In seiner aktuellen Fassung, eingeführt durch das Finanzmarktintegritätsstärkungsgesetz (FISG)[54] im Jahr 2021, hat der Vorstand geeignete Maßnahmen zu treffen, insbesondere ein Überwachungssystem einzurichten, damit Entwicklungen, die den Fortbestand der Gesellschaft gefährden, früh erkannt werden. Ist die Gesellschaft börsennotiert, hat der Vorstand darüber hinaus ein im Hinblick auf den Umfang der Geschäftstätigkeit und die Risikolage des Unternehmens angemessenes und wirksames internes Kontroll- und Risikomanagementsystem einzurichten (§ 91 Abs. 2 und 3 AktG). Mit dieser Gesetzesänderung hat der Gesetzgeber erstmalig die ausdrückliche Pflicht verankert, ein wirksames internes Kontrollsystem einzuführen. Diese Pflicht war bisher bereits aus der Pflicht zur Einrichtung eines Überwachungssystems für bestandsgefähr-

[53] Siehe die Gesetzesbegründung im Entwurf eines Gesetzes zur Kontrolle und Transparenz im Unternehmensbereich (KonTraG), Deutscher Bundestag Drucksache 19/26966, 19. Wahlperiode vom 24.02.2021, S. 11.
[54] Gesetz zur Stärkung der Finanzmarktintegrität (Finanzmarktintegritätsstärkungsgesetz, FISG), Bundesgesetzblatt Jahrgang 2021 Teil I Nr. 30, ausgegeben zu Bonn am 10. Juni 2021, S. 1534.

dende Entwicklungen nach § 91 Abs. 2 AktG hergeleitet worden[55] und wurde durch das FISG ausdrücklich gesetzlich verankert. Der Abs. 2 des § 91 AktG wurde durch das KonTraG[56] im Jahre 1998 eingefügt. § 91 des Aktiengesetzes kann man als die zentrale Norm für die ausdrückliche Pflicht ansehen, ein übergreifendes betriebliches Risikomanagement zu etablieren und ununterbrochen durchzuführen (vgl. Vanini/Rieg, 2021, S. 125).

Für die Integrität der Finanzberichterstattung sind die Einhaltung der Regeln der Rechnungslegung, die Wirksamkeit eines internen Kontrollsystems und der/die Abschlussprüfer/-in wesentliche Garanten. Für den Bestandsschutz gelten zahllose Sicherheitsstandards, insbesondere Arbeitssicherheit, Qualitätssicherung und Notfallpläne. Die Ausgestaltung dieses Risikomanagementsystems wurde der Praxis überlassen, die sich hier weitgehend an den bereits vom US-amerikanischen Sarbanes-Oxley Act nahegelegten COSO ERM Framework und dem ISO 31000-Standard orientiert (s. Kapitel 5.1.5). Die Risikomanagementliteratur ist sich darin einig, dass das Ziel eines unternehmensweiten Risikomanagementsystems ein integriertes Enterprise Risk Management (ERM) sein muss. Die Wirtschaftsprüfung hat darüber hinaus auch konkrete Prüfkriterien für Risikomanagementsysteme aufgestellt.[57]

Von der betriebswirtschaftlichen Literatur wird bemängelt, dass das Aktiengesetz eine Überwachung nur der bestandsgefährdenden Risiken vorsieht.[58] Das betriebliche Risikomanagement müsse im Rahmen der Risikofrüherkennung auch andere als unmittelbar bestandsgefährdende Risiken erfassen und darüber hinaus auch Maßnahmen zu deren Bewältigung beinhalten (s. Fiege, 2006, S. 55, 209). Dem ist zu folgen, insbesondere die Risikofrüherkennung kann sich sachlogisch nicht auf bestandsgefährdende Risiken beschränken, da sie unmittelbar behandelt werden müssten, weshalb sich eine Früherkennung erübrigen würde. Es bietet sich daher an, die Risikofrüherkennung in die strategische Unternehmensplanung zu integrieren, die durch die Controllingfunktion aufbereitet wird. In der Unternehmenspraxis hat sich dieses Verständnis, dass Bestandsgefährdung nur durch Früherkennung von Risiken zu begegnen ist, ebenfalls durchgesetzt. Stellvertretend hier sei aus dem Geschäftsbericht eines Chemieunternehmens zitiert: „Das Risikomanagement von BASF hat zum Ziel, Chancen und Risiken frühestmöglich zu identifizieren, zu bewerten und durch geeignete Maßnahmen Chancen wahrzunehmen sowie Risiken zu begrenzen. Damit soll eine Bestandsgefährdung von BASF verhindert und durch verbesserte unternehmerische Entscheidungen Wert geschaffen werden." (s. BASF-Bericht 2022, S. 157).

---

55 Siehe die Begründung zum Entwurf eines Gesetzes zur Stärkung der Finanzmarktintegrität (Finanzmarktintegritätsstärkungsgesetz), Deutscher Bundestag Drucksache 19/26966, 19. Wahlperiode 24. Februar 2021, S. 115.
56 Gesetz zur Kontrolle und Transparenz im Unternehmensbereich (KonTraG) vom 27. April 1998. Bundesgesetzblatt Jahrgang 1998 Teil I Nr. 24, ausgegeben zu Bonn am 30. April 1998, S. 786.
57 Siehe Deutsches Institut für Interne Revision e. V., DIIR Revisionsstandard Nr. 2: Prüfung des Risikomanagementsystems durch die Interne Revision, Version 2.1 vom Februar 2022.
58 Ebda.

Mit der Aufteilung des unternehmensweiten Risikomanagements auf mehrere Funktionsträger/-innen ergibt sich eine Spezialisierung auf unterschiedliche Aufgaben. Zu den sich direkt oder indirekt aus dem Gesetz ergebenen Aufgabenträger/-innen wie Controlling, interne Revision und Compliance kommen weitere Spezialisierungen, wie z. B. die Beauftragten für Arbeits-, Umwelt- oder Datenschutz. Die Verschiedenheit dieser Aufgaben erlaubt es nicht, eine einheitliche Funktion dafür zu definieren. Das Zusammenwirken aller Aufgabenträger/-innen mit der Unternehmensleitung, Vorstand und Aufsichtsrat sorgt für ein erfolgreiches Risikomanagement, z. B. im Rahmen eines spartenübergreifenden Ausschusses oder Komitees (s. Kapitel 4.1.3). Soweit eine spezifische Einheit oder Stelle dafür eingerichtet wurde, gibt der Risikomanagement-Standard ISO 31000 Empfehlungen über deren Ausgestaltung vor. Ist eine solche Stelle vorhanden, ergänzt sie im Unternehmen die übrigen Aufgabenträger/-innen (siehe Kapitel 4.1.1).

Der Investitionsprozess, der die Akzeptanz neuer oder zusätzlicher Risiken betrifft, wird beim unternehmensweiten Risikomanagement kaum thematisiert. Die Bedeutung der Risikoakzeptanzentscheidung fließt indirekt in das unternehmensweite Risikomanagement ein, nämlich über die Haftung des Vorstandes für seine Entscheidungen. Nach § 93 Abs. 1 AktG haben die Vorstandsmitglieder bei ihrer Tätigkeit die Sorgfalt eines ordentlichen und gewissenhaften Geschäftsleiters anzuwenden. Eine Pflichtverletzung liegt nicht vor, wenn das Vorstandsmitglied bei einer unternehmerischen Entscheidung vernünftigerweise annehmen durfte, auf der Grundlage angemessener Information zum Wohle der Gesellschaft zu handeln. In dieser als Business Judgement Rule bezeichneten Regelung kommt die Pflicht zum Ausdruck, Entscheidungen auf Basis angemessener Informationen zu treffen. Dies setzt voraus, dass sich ein Vorstand mit den wesentlichen Chancen und Risiken eines Vorhabens intensiv auseinandergesetzt hat.

Das spezifische Bank-Risikomanagement nimmt in diesem Kreis der Aufgabenträger/-innen eine besondere Stellung ein. Die Funktionstrennung erfordert eine Fokussierung auf die bankspezifischen Risikoarten und das Risikocontrolling nach den MaRisk. Die Funktionstrennung dient nicht nur der Unabhängigkeit der Risikofunktion von Geschäfts- und Vertriebsfunktionen in der Beurteilung von Risiken. Sie wird noch verstärkt durch das faktische Vetorecht gegen Transaktionen, sprich: bei Kreditentscheidungen, insbesondere solchen, die nicht wertschöpfend bzw. wertvernichtend erscheinen, können Vertreter/-innen des Risikomanagements nicht ohne Weiteres überstimmt werden (s. Kapitel 6.2). Diese besondere Stellung bringt die Risikofunktion einer Bank, anders als in einem realwirtschaftlichen Unternehmen, in eine exponierte Entscheiderrolle.

Die Verantwortung des Bank-Risikomanagements für den größten Vermögenswert eines Finanzinstituts, d. h. die Kreditrisiken, strahlt auf die anderen Aufgabenträger/-innen des Risikomanagements in der Corporate Governance aus. Die Gesamtheit der Kreditrisiken einer Bank werden nicht allein durch die Risikoart Kreditrisiko repräsentiert. Andere Risiken, wie das Marktpreisrisiko und das operative Risiko, sind größtenteils ebenfalls indirekte Kreditrisiken. Illiquide Wertpapierpositionen werden unmittelbar zu Kreditrisiken, wie die Finanzkrise 2008 z. B. in Bezug auf die Asset-Backed Securities gezeigt hat. Derivative Finanzinstrumente kristallisieren sich zu einfachen Forderungen, wenn sie glattgestellt werden müssen und kein Handel in ihnen möglich ist. Operative Risiken, wie der klassische Kreditbetrug durch falsche oder gefälschte Finanzinformationen oder Sicherheitendokumentation, schlagen sich als Kreditrisiken in der Bilanz nieder. Der Bezug der operativen Risiken zur Compliance-Funktion wird hier offenkundig, insbesondere wenn in Betrugsfällen interne Mitarbeiter involviert sind.

Eine besondere Verantwortung besitzt das Bank-Risikomanagement auf dem Gebiet der leistungsgestörten Kredite. Hier sehen die MaRisk eine „Alleinzuständigkeit" des Risikomanagements vor, mit krisenbehafteten Kreditengagements umzugehen. Das gilt auch für die Bewertung des Umfangs einer Wertminderung von Kreditforderungen im Rahmen der Rechnungslegung. Das Portfolio der notleidenden Kredite wird – innerhalb der Regeln der Rechnungslegung (IFRS 9) – allein durch die Risikomanagementfunktion bewertet und dem Finanzcontrolling zur Verfügung gestellt.

Mit dieser Ausstrahlung auf die Corporate Governance haben CROs auch auf die Integrität und Effektivität der anderen Risikofunktionen zu achten. Es liegt auch in ihrem Interesse, dass eine funktionsfähige, kompetente und unabhängige interne Revision vorhanden ist, ebenso wie eine effektive Compliance-Funktion, die sich als schlagkräftig und durchsetzungsfähig erweist, womit der Kreislauf eines kontinuierlichen Verbesserungsprozesses im Enterprise Risk Management entsteht, wie in Abb. 11 dargestellt.

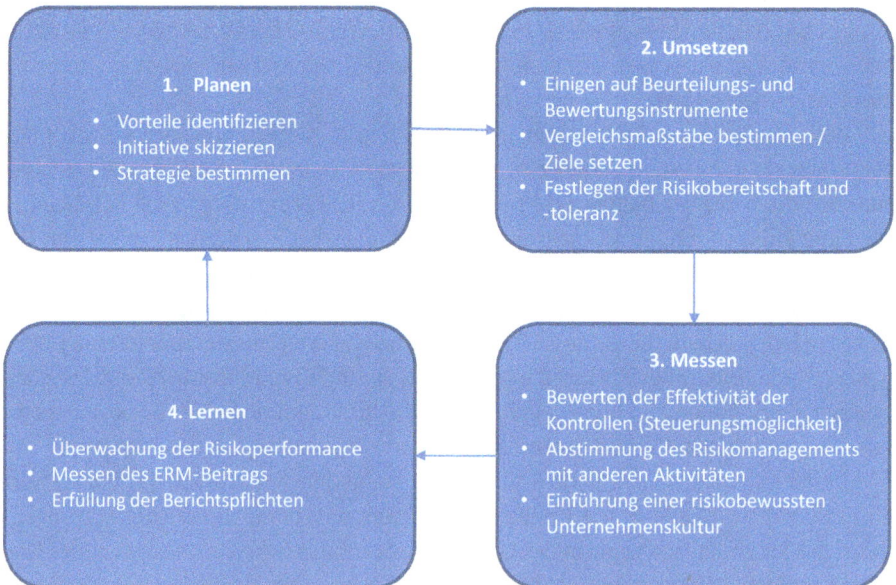

1. Planen
- Vorteile identifizieren
- Initiative skizzieren
- Strategie bestimmen

2. Umsetzen
- Einigen auf Beurteilungs- und Bewertungsinstrumente
- Vergleichsmaßstäbe bestimmen / Ziele setzen
- Festlegen der Risikobereitschaft und -toleranz

4. Lernen
- Überwachung der Risikoperformance
- Messen des ERM-Beitrags
- Erfüllung der Berichtspflichten

3. Messen
- Bewerten der Effektivität der Kontrollen (Steuerungsmöglichkeit)
- Abstimmung des Risikomanagements mit anderen Aktivitäten
- Einführung einer risikobewussten Unternehmenskultur

Abb. 11: Einführung und kontinuierliche Verbesserung eines Enterprise Risk Managements: plan, implement, measure and learn (PIML) oder Plan-Do-Check-Act (PDCA). In Anlehnung an Hopkin/Thompson, 2022, S. 93 ff., eigene Darstellung.

5.1.2 Interne Revision

Die interne Revision eines Instituts gehört ihrer Aufgabe gemäß zum verhütenden Risikomanagement. Ihr Ziel ist der Schutz der Vermögenswerte und der Integrität der Prozesse. Für Finanzinstitute ist ihre besondere Ausgestaltung in den MaRisk niedergelegt.

In realwirtschaftlichen Unternehmen hält sich eine interne Revision an die berufsüblichen Standards, vor allem in Bezug auf die Prüfungstiefe und die Unabhängigkeit. Die Verbände der Revisor/-innen haben nationale wie internationale Prüfungsstandards entwickelt, die den Auftrag und die Position der internen Revision präzisieren. Hinsichtlich der Unabhängigkeit der internen Revision innerhalb der Corporate Governance hat sich das Three-Lines-Modell durchgesetzt. In einer früheren Version sprach man von einem Three-Lines-of-Defense-Modell, um dessen Schutzcharakter stärker herauszustellen. Die neuere Version stellt den Beitrag der internen Revision zur Zielerreichung des Unternehmens in den Vordergrund. In dieses Modell lassen sich sämtliche Aufgabenträger/-innen der Corporate Governance zusammenfassen (s. The Institute of Internal Auditors, 2020, S. 4; Welge/Eulerich, 2021, S. 60 ff.; Romeike, 2018, S. 48; Vanini/Rieg, 2021).

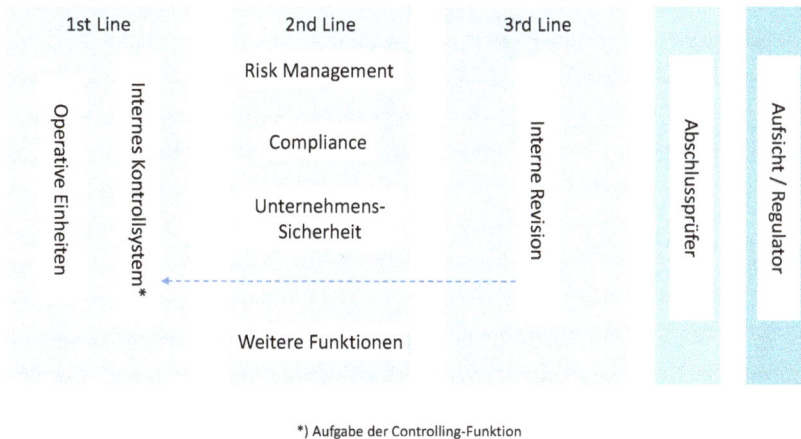

Abb. 12: Drei-Linien-Modell. In Anlehnung an The Institute of Internal Auditors (2020, S. 4); Romeike (2018); Vanini/Rieg (2021, S. 356), eigene Darstellung.

In Abb. 12 sind die drei Aufgabenträger der Corporate Governance, namentlich das Controlling, die Compliance-Funktion, das Risikomanagement und die interne Revision, zusammengefasst. Werden externe Instanzen in die Betrachtung einbezogen, kann das Three-Lines-Modell mit den beiden Linien Abschlussprüfer/-in und staatliche Aufsicht zu einem Vier-Linien-Modell erweitert werden. Dieser Vorschlag wurde in einem Papier des Financial Stability Institute im Jahre 2015 unterbreitet (Arndorfer/Minto, 2015, S. 8 ff. in: Bank for International Settlements, Financial Stability Institute, Occasional

Paper No. 11).[59] In diesem Sinne hat beispielsweise die DZ BANK die vier Linien in ihr Risikomanagement-Organigramm integriert (s. z. B. DZ BANK AG Geschäftsbericht 2022, S. 80 und Abb. 13), wobei die vierte Linie nicht ausdrücklich so bezeichnet wird.

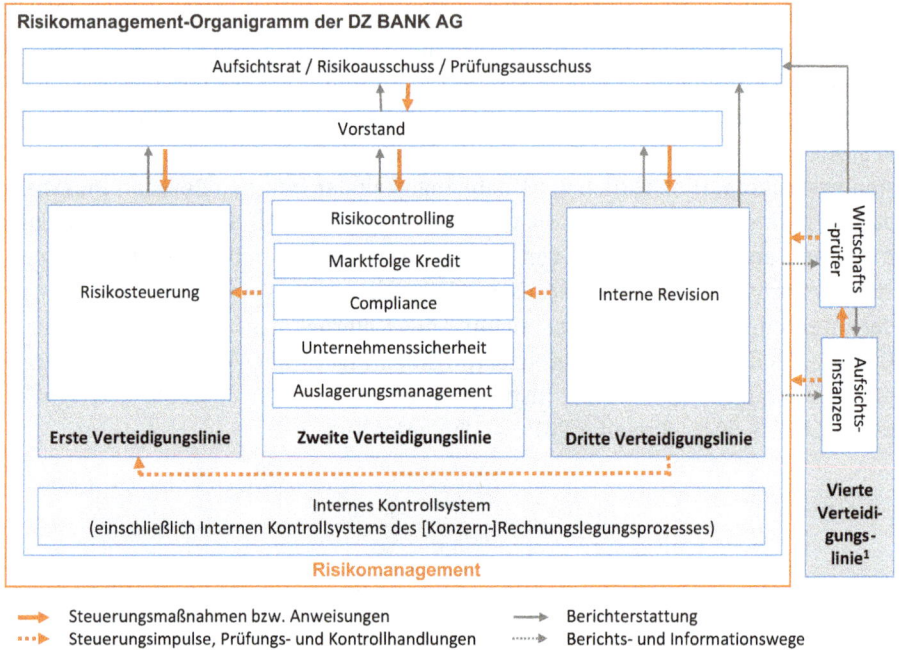

Abb. 13: Risikomanagement-Organigramm der DZ BANK AG. In Anlehnung an DZ BANK Geschäftsbericht, 2022, S. 80, eigene Darstellung.

Die interne Revision stellt eine Berufsgruppe eigener Art dar mit einer Spezialisierung auf Prüfprozesse im Unternehmen und eigener Standesethik. Das von ihrem Weltverband The Institute of Internal Auditors entwickelte Drei-Linien-Modell unterstreicht das Erfordernis hoher Fachkompetenz und die Unabhängigkeit der internen Revision vom Management.

Zum Verständnis des Drei Linien-Modells ist es wichtig zu verstehen, dass es aus dem Blickwinkel einer internen Revision verfasst wurde. Sein Ziel ist, die Unabhängigkeit der internen Revision von Managementeinheiten der ersten und zweiten Linie zu definieren und zu begründen. Dies betrifft insbesondere die Abgrenzung zu Aufgaben der zweiten Linie, die teilweise ebenfalls überwachende, prüfende und berichtende Auf-

---

[59] Hopkin/Thompson (2022, S. 406) erwähnen die Erweiterung zu einem Fünf-Linien-Modell. Dieses teilt die vierte Linie auf in die externen Abschlussprüfer/-innen als alleinige vierte Linie und die staatliche Aufsicht als separate fünfte (s. Vousinas, 2021, S. 95 ff).

gaben wahrnehmen. Das Drei-Linien-Modell stellt klar, dass die interne Revision sowohl von den Einheiten der ersten Linie als auch der zweiten Linie unabhängig ist, auch wenn sie in Organigrammen hierarchisch auf einer Stufe mit der zweiten Linie und bisweilen auch der ersten Linie steht. Die Unabhängigkeit in der Berichterstattung gilt auch gegenüber einer Geschäftsleitung. Von der Einführung einer separaten Linie für diese wurde jedoch abgesehen.[60] Das Linienmodell stellt demnach auch keine Hierarchie dar, sondern die funktionelle Anordnung der Prüfprozesse der internen Revision in Abgrenzung zu den anderen Linien als auch zu den externen Wirtschaftsprüfern und der staatlichen Aufsicht.

Das Modell der drei Linien postuliert eine größere Nähe zwischen erster und zweiter Linie als zwischen diesen beiden und der dritten Linie. Rollen der zweiten Linie seien ihrer Natur nach – ungeachtet der Berichtslinien und Verantwortlichkeiten – nie völlig unabhängig vom Management der ersten Linie. Das gelte auch dann, wenn die Unabhängigkeit solcher Rollen, wie in Finanzinstituten, gesetzlich oder aufsichtsrechtlich vorgeschrieben ist (Institute of Internal Auditors, 2020, S. 9). Nur die dritte Linie besitze diese Unabhängigkeit im Urteil und damit ein Höchstmaß an Objektivität und Vertrauen hinsichtlich der Prüfungsabläufe und deren Ergebnisse. Es ist daher auf der Grundlage des Drei-Linien-Modells von geringerer Relevanz, ob eine Aufgabe der ersten oder der zweiten Linie zugeordnet wird. In beiden Fällen erhebt das International Institute of Internal Auditors den Anspruch, dass interne Revisionen diese Einheiten unabhängig prüfen.

Als Beispiel sei das Verhältnis von Compliance und interner Revision angeführt. Die Compliance-Funktion wird üblicherweise als Aufgabe der zweiten Linie angesehen. Sie sorgt für die Einhaltung von gesetzlichen und aufsichtsrechtlichen Regeln. Das gilt auch für die Einhaltung von Recht und Gesetz durch Vertreter der internen Revisionseinheit. Gleichwohl muss es im Interesse eines umfassenden und objektiven Prüfauftrags einer internen Revision liegen, auch den Bereich Compliance aus der dritten Linie heraus unabhängig und umfassend auf Prozesstreue zu prüfen.

In der Bankregulierung liegt die besondere Rolle der internen Revision in der Aufgabe, risikoorientiert und prozessunabhängig die Wirksamkeit und Angemessenheit des Risikomanagements im Allgemeinen und des internen Kontrollsystems im Besonderen zu prüfen und zu beurteilen (s. MaRisk AT 4.3.3 Abs. 3). Als Teil des übergreifenden Aufgabenverständnisses der Corporate Governance prüft die interne Revision die Wirksamkeit des Risikomanagementsystems nach § 91 AktG. Existiert eine eigene Organisationseinheit Risikomanagement, ist auch sie Gegenstand der Prüfung durch die interne Revision. In der Abschlussprüfung genießen die Ergebnisse der internen Revision be-

---

60 Im Drei-Linien-Modell heißt es dazu: „Logically, governing body roles also constitute a ‚line' but this convention has not been adopted to avoid confusion." (The Institute of Internal Auditors, 2020, S. 3 Fn. 1).

sondere Aufmerksamkeit, da Wirtschaftsprüfer/-innen sie intensiv auf Schwachstellen im Unternehmen auswerten und deren Behebung nachverfolgen. Die Wirksamkeit der internen Revision kann dann nur noch von Aufsichtsrat, Abschlussprüfer/-innen und gegebenenfalls der staatlichen Aufsicht unabhängig beurteilt werden.

Die Zuordnung zu einer der Linien ist auch insofern relevant, als daraus hervorgeht, wer wen kontrollieren und überwachen sollte. Würde man die Rolle des Risikomanagements mit der Abgabe des Zweitvotums beispielsweise vollständig in die erste Linie verlagern, würde es sich nicht mehr um eine von Geschäftsabteilungen unabhängige Rolle handeln. In einigen spezialisierten Risikomanagementeinheiten ist diese unmittelbare Nähe zur Geschäftsabteilung der Dynamik des Geschäfts wegen gewollt. Die Deutsche Bank vermerkt hierzu in ihrem Geschäftsbericht: „Für die Genehmigung von Transaktionen sind die Teams des strukturierten Kreditrisikomanagements auf die jeweiligen Kreditgeschäftsbereiche ausgerichtet" (s. Deutsche Bank, 2022, S. 83). Ungeachtet dessen sind solche geschäftsnahen Risikoeinheiten nach den MaRisk in ihrem Urteil unabhängig. Die unmittelbare Nähe zum Transaktionsteam kann es im Einzelfall jedoch erheblich erschweren, ein Veto auszusprechen. Dies muss dann erforderlichenfalls durch die nächsten Kompetenzebenen des Risikomanagements durchgesetzt werden.

In Bezug auf die materielle Vertretbarkeit von Kreditengagements können Abgrenzungsfragen zwischen der internen Revision und dem Risikomanagement auftreten. Grundsätzlich gilt, dass die interne Revision die Prozesse prüft; das prozessuale Risikomanagement (Zweitvotum) entscheidet dagegen über die Risikoakzeptanz. Überschneidungen können dann auftreten, wenn formelle und materielle Kriterien nicht voneinander zu trennen sind. Beispielsweise kann die Revision feststellen, dass eine Sicherheit nicht ordnungsgemäß bestellt wurde. Wenn darunter die materielle Kreditwürdigkeit nicht leidet, es also zu keiner anderen Einschätzung des Transaktionsrisikos führt, ist das zwar ein Ordnungsverstoß, der allerdings keine materiellen Folgen hat.

In den MaRisk wird die Bedeutung der internen Revision dadurch verstärkt, dass der/die Vorsitzende des Aufsichtsorgans direkt bei der Leitung der internen Revision Auskünfte einholen kann. Darüber hinaus sind wichtige Weisungen und Entscheidungen der Geschäftsleitung der internen Revision bekanntzugeben. Die Leitung der internen Revision steht zusätzlich im Blick der Bankenaufsicht. Ein Wechsel in ihrer Leitung ist der Bankenaufsicht rechtzeitig vorab unter Angabe der Gründe mitzuteilen und – insbesondere bei einem unplanmäßigen Wechsel – auch eingehend zu begründen (s. MaRisk AT 4.4.3 (6)). Rechtzeitig vorab bedeutet, dass die Information früh genug bereitgestellt wird, so dass die Bankenaufsicht im Zweifel noch vor dem Wechsel reagieren kann.

Die Kontrollprozesse der internen Revision dienen dazu, die organisatorischen Abläufe innerhalb des vorgegebenen Rahmens zu halten, um so Schaden von der Organisation abzuwenden. Die Tätigkeit der Revision muss stets eine Balance zwischen Prüfungsaufwand und Schadenspotenzial finden. Kontrollen verursachen Kosten. Dieser Aufwand muss in einem wirtschaftlichen Verhältnis zum Nutzen der Kontrollen stehen, d. h. zum potenziellen Verlust bei Verzicht auf die Kontrollen. Kosten-Nutzen

-Überlegungen (s. Abb. 14) sind daher bei Kontrolltechniken des Risikomanagements legitim. Darin liegt ein wesentlicher Unterschied zu den Prozesstechniken des Risikomanagements (siehe Kapitel 5.3), wo nicht das Kosten-Nutzen-Denken, sondern die Prozessrationalität zum Ziel der Wertsteigerung führt.

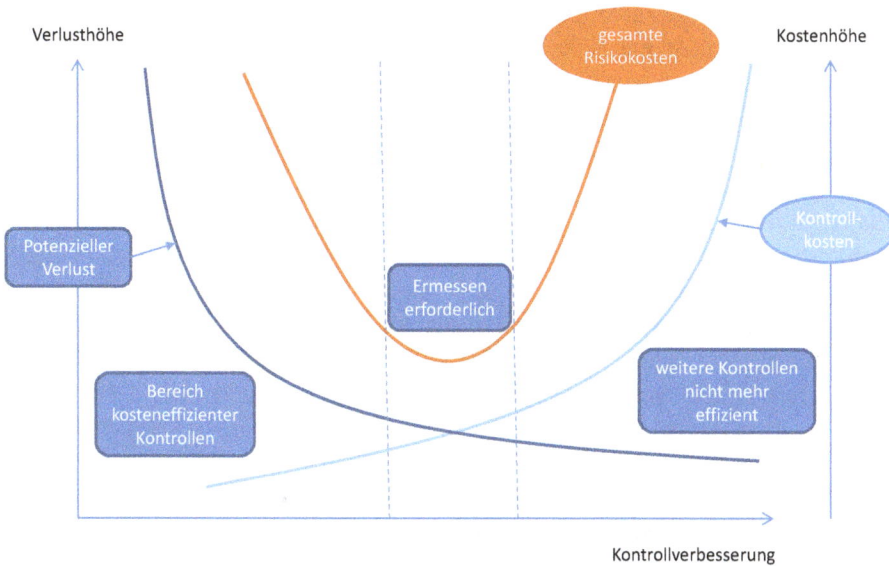

Abb. 14: Grafik Kosten-Nutzen-Verhältnis des verhütenden Risikomanagements. In Anlehnung an Hopkin/Thompson, 2022, S. 191, eigene Darstellung.

Die Hauptaufgabe der internen Revision besteht demnach darin, Abweichungen von festgelegten Prozessregeln zu verhindern oder wenigstens aufzudecken. Sie ist deswegen dem verhütenden Risikomanagement zuzuordnen. Ihr zusätzlicher Wert liegt darin, im Unternehmen das Bewusstsein zu schärfen, dass Prozesse grundsätzlich einer Kontrolle unterliegen und deswegen bereits im Vorfeld darauf geachtet wird, dass die Prozessregeln eingehalten werden.

5.1.3 Compliance

Compliance gilt nicht nur für Finanzinstitute, sondern auch für realwirtschaftliche Unternehmen als Faktor guter Unternehmensführung. Die Einhaltung von Gesetzes- und Rechtsvorschriften ist in großen Unternehmen eine wesentliche Grundlage ihres Wirtschaftens. Auch in Finanzinstituten ist diese Funktion inzwischen weit über die ursprüngliche Aufgabe, Insiderhandel zu verhindern, hinausgewachsen. Die in der Finanzbranche entstandenen Reputationsschäden durch Regelverstöße, z. B. Geldwäschevorwürfe, zeigen, wie notwendig es ist, eine effektive Compliance-Funktion aufzustellen.

Die Compliance-Funktion in Finanzinstituten ist eine spezifische Anforderung der MaRisk. Die Funktion hat auf die Implementierung wirksamer Verfahren hinzuwirken, um die für das Institut wesentlichen rechtlichen Regelungen und Vorgaben einzuhalten und entsprechend zu kontrollieren (MaRisk AT 4.4.2 Abs. 1). Dafür wurden von der Bankenaufsicht Mindestanforderungen aufgestellt[61]: Finanzinstitute müssen eine/-n Compliance-Beauftragte/-n benennen und ab einer bestimmten Größe eine selbständige Organisationseinheit dafür aufstellen (MaRisk AT 4.4.2 Abs. 3 und 4). Deren Leitung ist ebenso wie die Leitung der Revision im besonderen Fokus der Aufsicht. Ein Wechsel muss der Aufsicht angezeigt und begründet werden.

Die Aufgabe der Compliance-Organisation besteht nicht nur darin, Gesetzes- und Regelverstöße zu verhindern. Im Zusammenhang mit der Geldwäschebekämpfung nimmt sie faktisch auch Aufgaben einer Strafverfolgungsbehörde wahr. Deswegen sind Kosten-Nutzen-Überlegungen in diesem speziellen Bereich keine Option, denn dem Recht ist zwingend zu folgen.

Der Compliance-Bereich, soweit ein solcher als separate Organisationseinheit in Unternehmen existiert, dient der Schadensverhütung. Es handelt sich um eine stark verrechtlichte Aufgabe, deren Ziel ist, Haftungsschäden von Unternehmen und deren Organen fernzuhalten, und die juristischen Sachverstand erfordert. Hinsichtlich der wirtschaftlichen Risikoakzeptanz werden in der Compliance-Abteilung keine Entscheidungen gefällt. Im Einzelfall ist darüber zu entscheiden, ob ein gegebener Sachverhalt tatsächlich einen Regelverstoß darstellt. Soweit zulässig, kann die Compliance-Funktion hier ein Ermessen ausüben, wofür sie dann die Verantwortung übernehmen muss.

5.1.4 Jahresabschlussprüfung

Die Corporate Governance zählt neben den internen Leitungsorganen auch die externe Wirtschaftsprüfung zum Bestandteil des Risikomanagementsystems. Der Deutsche Corporate Governance Kodex legt hierfür im Grundsatz 18 fest: „Der Abschlussprüfer unterstützt den Aufsichtsrat bzw. den Prüfungsausschuss bei der Überwachung der Geschäftsführung, insbesondere bei der Prüfung der Rechnungslegung und der Überwachung der rechnungslegungsbezogenen Kontroll- und Risikomanagementsysteme. Der Bestätigungsvermerk des Abschlussprüfers informiert den Kapitalmarkt über die Ordnungsmäßigkeit der Rechnungslegung."

Die Aufgaben der externen Wirtschaftsprüfung erlauben es dem Aufsichtsrat, die Finanzlage des Unternehmens als auch die Prozesstreue unabhängig von der Unternehmensleitung überprüfen zu lassen, also auch die Effektivität der internen Revision

---

61 Bundesanstalt für Finanzdienstleistungsaufsicht (BaFin), Mindestanforderungen an die Compliance-Funktion und die weiteren Verhaltens-, Organisations- und Transparenzpflichten nach §§ 31 ff. WpHG für Wertpapierdienstleistungsunternehmen (MaComp), Rundschreiben 4/2010 in der Fassung vom 8. März 2017.

(s. Kapitel 5.1.2). Die Unabhängigkeit des/der Wirtschaftsprüfers/-in ist hierbei eine wichtige Grundlage für die Objektivität und Unabhängigkeit der Prüfung des Jahresabschlusses. Der Aufsichtsrat ist nach dem Aktienrecht verpflichtet, die Unabhängigkeit des/der Wirtschaftsprüfers/-erin zu überwachen (s. § 405 Abs. 3b AktG unter Verweis auf die EU-Verordnung Nr. 537/2014 vom 16. April 2014 über spezifische Anforderungen an die Abschlussprüfung bei Unternehmen von öffentlichem Interesse).

Die Abschlussprüfer/-innen prüfen in erster Linie die Einhaltung der Regeln der Rechnungslegung. Ihr Prüfungsauftrag erstreckt sich damit auf die Prüfung des Jahresabschlusses und gegebenenfalls der Zwischenabschlüsse. Dazu gehört auch die Prüfung der Pflichterfüllung des Vorstandes nach § 91 AktG. Die Abschlussprüfer/-innen müssen demnach ein Urteil über die Ordnungsmäßigkeit und Wirksamkeit des internen Kontrollsystems als auch des Risikomanagementsystems einschließlich der Risikofrüherkennung abgeben. Da auch der Ausblick im Lagebericht mit der Angabe der Chancen und Risiken des Unternehmens Gegenstand der Prüfung sind, müssen die Abschlussprüfer/-innen auch die Plausibilität der Prognosen des Managements beurteilen. Die Bankenaufsicht verlangt von ihnen darüber hinaus, sich bei Banken und Finanzinstituten auf bestimmte aufsichtsrechtliche Schwerpunkte zu fokussieren, die im Prüfungsbericht separat aufgeführt werden, u. a. im Hinblick auf das Meldewesen und die Bekämpfung von Geldwäsche.

Prüfvorgänge sind ihrer Natur nach vergangenheitsbezogen. Das soll nicht heißen, dass ein/e Abschlussprüfer/-in die Augen vor der aktuellen Unternehmensentwicklung verschließen würde. Gerade die Beurteilung des Chancen- und Risikoberichts enthält eine prognostische Komponente. Der/Die Abschlussprüfer/-in plausibilisiert die Prognosen des Managements, ist jedoch nicht aufgerufen, eine eigene Einschätzung der Lage als Maßstab heranzuziehen.

Im Hinblick auf ein Risikomanagementsystem nach der Corporate Governance postulieren die neueren Prüfungsstandards des Deutschen Instituts für Interne Revision e. V., DIIR Revisionsstandard Nr. 2, einen umfassenderen Prüfungsansatz, der berücksichtigt, dass schon bei der Vorbereitung wesentlicher unternehmerischer Entscheidungen deren Implikationen für den künftigen Risikoumfang nachvollziehbar aufgezeigt werden. Auch geplante Maßnahmen und Entscheidungen sollten speziell auf die durch sie verursachten künftigen Risiken ins Visier genommen werden (s. Gleißner, Sassen u. Behrmann, 2019, S. 5 unter Hinweis auf DIIR Revisionsstandard Nr. 2, RZ. 19[62]). Dieser Ansatz ist ein Hinweis darauf, dass Entscheidungen der Risikoakzeptanz der eigentliche Fokus eines auf die Zukunft ausgerichteten Risikomanagements bilden, weil dadurch neue Risiken begründet werden, die es zu steuern gilt.

---

62 Im DIIR Revisionsstandard Nr. 2, RZ. 19 heißt es: „Es gehört auch zu den Aufgaben des Risikomanagements sicherzustellen, dass schon bei der Vorbereitung wesentlicher unternehmerischer Entscheidungen deren Implikationen für den zukünftigen Risikoumfang nachvollziehbar aufgezeigt werden, um zumindest eine mit solchen Entscheidungen möglicherweise einhergehende bestandsgefährdende Entwicklung früh zu erkennen."

Für das entscheidungsorientierte Risikomanagement ist es wichtig, die beiden Sphären des/der Abschlussprüfers/-in als Aufgabenträger/-in der Corporate Governance und die des prozessualen Risikomanagements zu trennen. Letzteres bewegt sich innerhalb der Regeln der Rechnungslegung, hat aber das Augenmerk auf den Entscheidungsprozess über künftig einzugehende Risiken und das laufende Monitoring des Risikoportfolios zu richten. Für die Abbildung schon akzeptierter Risiken in der Bilanz sind das Finanz- sowie das Risikocontrolling und am Ende auch der/die Abschlussprüfer/-in zuständig. Das prozessuale Risikomanagement ist entscheidungsorientiert, die zweckmäßige und realitätsgetreue Gestaltung des Jahresabschlusses ist Priorität des Finanzbereichs und schließlich der Abschlussprüfung. Was künftig einzugehende Risiken angeht, hat der/die Abschlussprüfer/-in nur die Möglichkeit, die schriftlich fixierte Ordnung heranzuziehen (Geschäfts- und Risikostrategie, Risikoappetit, Risikokultur, Produktrichtlinien etc.) und deren Vorgaben als Indikation für das künftige Risikoverhalten zu beurteilen.

5.1.5 Risikomanagement-Standards

Betriebs- und Arbeitssicherheit sind grundlegende Anforderungen an alle Wirtschaftsbetriebe. In Banken und Finanzinstituten sind hier besonders die Risiken aus Angriffen auf die Informationstechnologie und die Telekommunikations-Infrastruktur hervorzuheben.

Viele dieser Prozesse sind in Gesetzen, Richtlinien, Standards und Industrienormen geregelt, deren Anzahl kaum zu überschauen ist. Romeike (2018) zählt allein in Deutschland rund 2000 Gesetze und 3500 Verordnungen mit insgesamt rund 77000 Artikeln und Paragrafen, wozu u. a. die bereits erwähnten Bestimmungen zur Unternehmensverfassung nach dem HGB und AktG gehören. Darüber hinaus erwähnt er mehr als 100 privatwirtschaftliche und branchenspezifische Richtlinien, Normen und Standards im Bereich des Risikomanagements, die sowohl themen- und branchenspezifische als auch branchenübergreifende Leitlinien ohne Gesetzescharakter darstellen. Soweit es um technische Sicherheitsnormen geht, haben sich eine Vielzahl von Spezialisierungen herausgebildet. Arbeits-, Umwelt- und Datenschutz sind in fast allen größeren Betrieben eine eigene Disziplin des fachspezifischen Risikomanagements. Spezialist/-innen dieser Fachdisziplinen tragen mit ihrer Expertise und ihrer praktischen Erfahrung wertvolle Informationen zur Analyse von Gefahrenrisiken bei. Dazu gehören auch subjektive Einschätzungen von Eintrittswahrscheinlichkeiten von Zufallsereignissen. Manche dieser Standards haben überregionale und internationale Anerkennung gefunden und werden auch ohne Gesetzeskraft allein deshalb und gegebenenfalls aufgrund einer Selbstverpflichtung von Unternehmen angewendet und umgesetzt (s. Romeike, 2018, S. 20 ff). Für eine Übersicht wird auf die jeweilige Fachliteratur verwiesen.

Hier soll beispielhaft auf die grundlegenden Standards ISO 31000 für das Risikomanagement im Bereich der Gefahrenrisiken und das COSO ERM Framework zum Enterprise Risk Management eingegangen werden, die über die technischen Spezialdisziplinen hinaus eine übergeordnete, ganzheitliche Sicht auf die Risiken in Unternehmen und Organisationen einnehmen.

5.1.5.1 Risikomanagement-Richtlinien nach ISO-Norm

Der Standard ISO 31000 wird von der International Organization for Standardization (ISO) mit Sitz in Genf herausgegeben, der 169 nationale Standardsetzer angehören. Die ISO 31000:2018 Risk-Management-Guidelines bieten allgemeine Rahmenrichtlinien für das Risikomanagement von Unternehmen und Organisationen aller Art an. Die Version ISO 31000 wurde im Jahr 2018 zuletzt geändert und ersetzte die Vorgängerversion aus dem Jahr 2009 (ISO 31000:2009). Der ISO-Standard 31000:2018 wurde in das deutsche DIN-Normenwerk übernommen als DIN ISO 31000:2018–10. Mit der Einführung dieses Standards können Risikomanagement-Systeme, die den Standard erfüllen, zertifiziert werden und somit ein Signal über die Güte des Risikomanagementsystems eines Unternehmens nach außen aussenden.

Angesichts der im allgemeinen Bewusstsein tief verankerten Betroffenheit von Zufallsgefahren, man denke hier an die im Jahr 2020 aufgetretene Corona-Pandemie, haben sich Standards des Risikomanagements im privaten wie im öffentlichen Raum bewährt. Diese Standards verkörpern das Prinzip der gezielten Kontrolle. Kontrollen in dem hier verwendeten Sinne sind nicht nur einfache Prüfprozesse; sie werden in einem weiteren Sinne als jegliche Maßnahme verstanden, die dazu beitragen, eine Gefahrenlage zu vermindern.[63] Technisch gesprochen dienen Kontrollen im weiteren Sinne zur Verminderung der Eintrittswahrscheinlichkeit ungewollter und schädlicher Ereignisse.[64]

Im industriellen Bereich besitzen die Arbeitssicherheit und der Schutz der Öffentlichkeit gegen Störfälle einen besonders hohen Stellenwert. Große Bedeutung gewinnt neuerdings die Sicherheit der Informations- und Kommunikationstechnik gegen Angriffe auf die betriebsinterne sowie öffentliche Infrastruktur. In allen kapitalmarktnahen Unternehmen spielt die Integrität der Finanzberichterstattung zum Schutz des Kapitalmarktes eine große Rolle. Wo das Schutzbedürfnis der Öffentlichkeit im Mittelpunkt steht, wie etwa bei der Störfallsicherheit und bei der Funktionsfähigkeit des Finanzsystems, ist auch die Regulierung entsprechend stark ausgeprägt.

Die Richtlinien des ISO-Standards zum Risikomanagement heben die Verantwortung und das notwendige Engagement (Commitment) des Top Managements hervor. Dieses Commitment findet seinen Ausdruck in der effektiven Kommunikation der Ziele des Ri-

---

[63] Der Begriff der „Kontrolle" wird im ISO Standard weit gefasst als Prozess, Richtlinie, Instrument, Verfahren oder andere Handlungen, die ein Risiko modifizieren (s. ISO 31.000, Abschnitt 3.8).
[64] Siehe Romeike (2018, S. 47): „Nicht erst die Finanzkrise und diverse Unternehmensskandale haben Unternehmen vor Augen geführt, dass das Corporate-Governance-System zu modifizieren und *vor allem Kontrollmechanismen einzuführen* sind, um potenzielle und bestandsgefährdende Risiken früher zu erkennen." (Hervorhebung RJ.)

sikomanagements, seiner Integration in die Organisation, der Zuweisung von Rollen und Verantwortlichkeiten in den operativen Einheiten und der Bereitstellung von Mitteln zur Umsetzung der Risikomanagementziele. Damit wird der Rahmen geschaffen, in dem sich die Risikomanagementprozesse kontinuierlich entfalten und verbessern können.

Dabei befasst sich die große Mehrzahl der ISO 31000-Regeln mit der Einführung oder Intensivierung von umfangreichen Prüf-, Kontroll- und Überwachungsprozessen. Sie sind zumeist Gegenstand von technischen Fachdisziplinen, insbesondere in der Informationstechnologie, Gebäudesicherheit oder dem Gesundheitsschutz. Hier handelt es sich um klassische Verfahren der Schadensverhütung, -vorbeugung und -begrenzung. Die Regeln müssen auf den Bedarf spezifischer Organisationen und deren Umfeld, für die speziellere Standards gelten, angepasst werden. Ein Kernelement des ISO-Standards 31000 bildet der Regelkreis des Risikomanagements, der nachfolgend dargestellt wird.

5.1.5.2 Allgemeiner Regelkreis des Risikomanagements

Der Prozess des Risikomanagements wird im ISO-Standard 31000 als ein Kreislauf abgestuften iterativen Vorgehens im Umgang mit Risiken beschrieben. Diese hier als Regelkreis bezeichnete Vorgehensweise findet sich in der Grundlagenliteratur der Versicherungswirtschaft wieder[65] und kann auch als Muster für die Analyse von Finanzrisiken dienen. Darüber hinaus wird der Regelkreis auch in anderen Standards zitiert. Das Londoner Institute of Risk Management (IRM) hat den Regelkreis unter der Bezeichnung „The Risk Management Process" in seinen IRM Risk-Management-Standard aufgenommen. Das „Orange Book" (UK Government 2023, S. 9) führt beispielsweise grundlegend in anerkannte Risikomanagement-Konzepte zur Entwicklung und Umsetzung von Risikomanagementprozessen in Regierungsorganisationen Großbritanniens ein. Dort wird der Regelkreis als „The Risk Management Framework" bezeichnet.

Der Kern des Regelkreises besteht aus den drei Schritten Identifizierung (Risk Identification), Analyse (Risk Analysis) und Bewertung eines Risikos (Risk Evaluation, s. Abb. 15). Diese ergeben zusammen die Risikobeurteilung (Risk Assessment), die dann in eine Entscheidung über den Umgang mit dem Risiko (Risk Treatment) mündet.

---

65 Siehe ISO 31000:2018(E), Abschnitt 6, S. 9; vgl. auch Romeike (2018, S. 37), Hopkin/Thompson (2022, S. 65); Nguyen/Romeike (2013, S. 27); Wagner/Elert/Luo (2017, S. 762–768, 764).

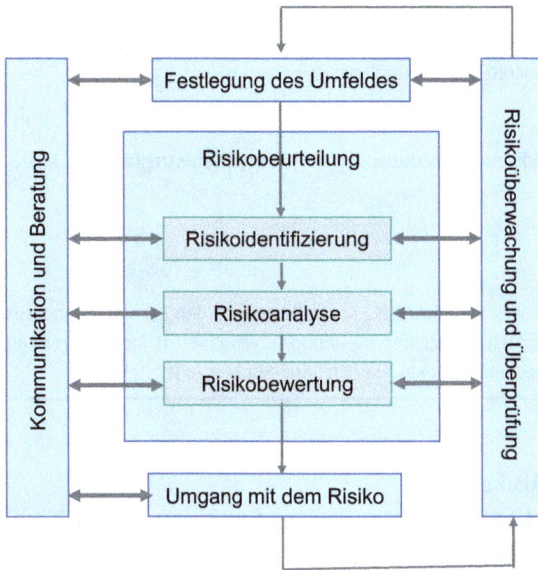

Abb. 15: Regelkreis des Gefahrenrisikomanagements in Unternehmen. In Anlehnung an ISO 31000:2018, Abschnitt 6, S. 9; vgl. Romeike, 2019, S. 37; Hopkin/Thompson, 2022, S. 65, 79; Nguyen/Romeike, 2013, S. 27; Wagner et al. 2017, S. 762–768, S. 764.

Exkurs Regelkreis des Gefahrenrisiko-Managements

Aus der Erfahrung mit Störfällen und Betriebsunterbrechungen sind eine Vielzahl von nationalen und internationalen Sicherheitsstandards zur Schadensverhütung hervorgegangen. Sie geben Empfehlungen für die Einrichtung dauerhafter Risikomanagementprozesse im Sinne eines Regelkreises für den ganzheitlichen Umgang mit den Risiken eines Unternehmens. Dieser umfassende Ansatz wird als Enterprise Risk Management bezeichnet.

Unter den Anwendungsbereich des Enterprise Risk Managements fallen u. a. die Störfallvermeidung und das Business-Continuity-Management. Im Finanzsektor ist hier die Sicherheit der Informations- und Kommunikationstechnologie von besonderer Bedeutung. Unabhängig davon ist der Regelkreis des Enterprise Risk Management auch eine Blaupause für die Analyse von Kreditrisiken in Finanzinstituten.

Der Prozess gliedert sich in folgende Schritte (s. Abb. 15):

1. Festlegung des Umfeldes
   Spezifizierung der Umgebung, in der der Prozess stattfinden soll (ISO 31000, Abschnitt 6.3.3)
2. Risikobeurteilung
   Im Rahmen der Risikobeurteilung wird das Risikoniveau festgelegt und die Grundlage erarbeitet, um darüber zu entscheiden, wie bestehende oder potenzielle Risiken behandelt werden sollen, insb. die Risikoreduktion oder Risikoakzeptanz. Die Risikobeurteilung enthält die Schritte der Risikoidentifikation (ISO 31000, Abschnitt 6.4.2), der Risikoanalyse (ISO 31000, Abschnitt 6.4.3) und der Risikobewertung (ISO 31000, Abschnitt 6.4.4).
   Die Risikoanalyse dient dazu, die Art und die Charakteristika des Risikos zu verstehen. Sie beinhaltet eine detaillierte Prüfung der Unsicherheit, der Risikoursachen, Auswirkungen, Wahrscheinlichkeiten, Ereignisse, Szenarios, Kontrollen und deren Effektivität.
   Unter Risikobewertung ist der Vergleich der Ergebnisse der Risikoanalyse mit den zuvor festgelegten Risikokriterien zu verstehen, um entscheiden zu können, ob und welcher Handlungsbedarf besteht.

Bei der Frage des Umgangs mit den Risiken geht es insbesondere um die Einführung, Anpassung oder Reduzierung von Kontrollprozessen. Der Risikomanagementstandard ISO 31000 kategorisiert in Abschnitt 6.5.2 zusammengefasst folgende konkrete Handlungsalternativen für Risiken:

a. Risikovermeidung
b. Risikoergreifung (Chancennutzung)
c. Risikoanpassung (Beseitigung der Risikoquelle, Reduzierung der Eintrittswahrscheinlichkeit, Milderung der Auswirkungen)
d. Risikoteilung und/oder
e. Risikoakzeptanz.[66]

Bei der Frage des Umgangs mit dem Risiko wird deutlich, dass Kontrollvorgänge den Kern der Standards für das Gefahren-Risikomanagement ausmachen. Bei der Handlungsalternative (b) Risikoergreifung (Chancennutzung) bietet der Standard keine Anhaltspunkte, was darunter konkret zu verstehen ist.

5.1.5.3 Gewollte und ungewollte Risiken

Hopkin und Thompson (2022, S. 156) bemerken zum Upside of Risk: „An approach employed in some risk management standards is that the 4Ts (tolerate, treat, transfer and terminate) should be extended to include the fifth T of ‚take the risk' and become the 5Ts." In einer früheren Ausgabe heißt es unter Berufung auf die London School of Economics, dass es sich beim Risikomanagement um die Auswahl derjenigen Risiken handelt, die ein Wirtschaftsunternehmen ergreifen sollte (hier als „gewollte" Risiken bezeichnet) und solchen, die es vermeiden oder vermindern sollte (hier als „ungewollte" Risiken bezeichnet), gefolgt von Maßnahmen, um ungewollte Risiken zu vermeiden oder zu reduzieren (Hopkin, 2018, S 46). Die Unterscheidung von gewollten und ungewollten Risiken ist aus der Sicht eines/-er Investors/-in zu treffen, der bzw. die nur kommerzielle Risiken tragen will, um die Renditeerwartung zu erreichen, Gefahrenrisiken jedoch nicht.

Während in der Versicherungswirtschaft seit jeher Entscheidungen über die Risikoakzeptanz explizit getroffen werden, d. h. alle Risiken, die gegen eine angemessene Prämie versicherbar sind, wird im Risikomanagement des Bankgeschäfts nicht explizit von Risikoakzeptanzentscheidungen gesprochen, sondern von Kreditwürdigkeit. Sie impliziert, dass ein/-e Kreditnehmer/-in eines Kredits „würdig" sein muss, statt ein akzeptables Risiko zu repräsentieren, das einen Preis (die Risikoprämie) besitzt. Die Einführung der Ausfallwahrscheinlichkeit im Wege der Risikoklassifizierungsverfahren ist insofern als Fortschritt gegenüber der traditionellen „Kreditwürdigkeitsprüfung" anzusehen (s. zum Ratingverfahren allgemein Reichling/Bietke/Henne, 2007).

Die Risikoidentifizierung dient dazu, Risiken zu finden, zu erkennen und zu beschreiben. Sie ist der erste Ansatzpunkt des Risikomanagements. Ohne das Risiko zu erkennen, ist es nicht möglich, es zu steuern (s. Fiege, 2006, S. 101). Daher ist große Sorgfalt bei diesem Schritt geboten. Die Fehlwahrnehmung von Risiken ist eine erhebliche Verlustquelle. In der Finanzkrise wurde beispielsweise evident, dass Banken die Positionen

---

66 Übersetzung d. Verf.

von Asset-Backed Securites, also verbrieften Forderungspools, als Diversifikation ihres Wertportfolios betrachteten, wobei jedoch tatsächlich eine Risikokonzentration in Form gleichförmiger und hoch korrelierter Risiken auftrat.

Der Prozess der Risikoidentifikation wird durch eine Vielzahl von Kreativitätstechniken unterstützt (s. z. B. Romeike, 2018, S. 127 ff., s. auch oben Kapitel 4.2.1 zur Kapitalwertberechnung). Dabei handelt es sich um hilfreiche Methoden, Ideen und hypothetische Szenarien, um eine Vorstellung von potenziell unerwünschten Ereignissen zu bekommen und sowohl ihre Ursachen als auch Wirkungen zu analysieren. Das Risikomanagement in Finanzinstituten wird diese Techniken in der Kreditanalyse aufgrund ihres formalen Charakters nicht explizit einsetzen. Gleichwohl sind in der Kreditwürdigkeitsprüfung ähnliche Techniken gebräuchlich, z. B. eine Analyse nach der Art: „Was wäre, wenn ...?" Beispielsweise würde man im Falle sich rasch ändernder Technologien die Frage an eine/-in Kreditnehmer/-in stellen, ob eine Produktlinie kurzfristig zu veralten droht. Die Antwort darauf kann einen Hinweis darauf liefern, ob sich der/die Kunde/-in mit der Gefahr der Obsoleszenz der Produkte aktiv auseinandersetzt und in der Unternehmensstrategie berücksichtigt oder ober er/sie das Risiko ignoriert.

Zweck der Risikoanalyse ist es, die Eigenart und die Größenordnung des Risikos zu verstehen. In ihrem Rahmen sind die Unsicherheiten, Risikoquellen, Auswirkungen, Eintrittswahrscheinlichkeiten, Szenarien und die anzuwendenden Kontrollmaßnahmen und deren Wirksamkeit zu berücksichtigen. In Finanzinstituten sind hier beispielsweise die Ausfallwahrscheinlichkeit eines Kredites und die erforderliche Sicherheitenstruktur zu bestimmen, auf die wir in Kapitel 5.2 und 5.3 weiter eingehen. Kontrollmaßnahmen im Sinne dieser Standards sind nicht nur Prüfvorgänge, sondern implizieren auch den Umgang mit und die Steuerung von Risiken. Daher wäre die Forderung nach der Stellung von Kreditsicherheiten eine „Kontrollmaßnahme" im Sinne der internationalen Risikomanagement-Standards. Die Definition im ISO-Standard 31000, Abschnitt 3.8, dazu lautet: „Control: measure that maintains and/or modifies risk. [...] Controls include, but are not limited to, any process, policy, device, practice, or other conditions and/or actions which maintain and/or modify risk. Controls may not always exert the intended or assumed modifying effect."

Nach der Risikoidentifikation und der -analyse folgt als dritter Schritt die Risikobewertung. Sie besteht im Vergleich der aus der Analyse gewonnenen Erkenntnisse mit den festgelegten Risikokriterien, um festzustellen, ob weitergehende Schritte erforderlich sind. Je nach Einordnung des Risikos ergeben sich Handlungsalternativen, wie damit umzugehen ist. Was den Umgang mit Risiken angeht, kategorisiert der Risikomanagementstandard ISO 31000 folgende konkreten Handlungsalternativen (s. ISO 31000, Abschnitt 6.5.2, Übersetzung d. Verf.):

- Vermeidung des Risikos durch eine Entscheidung, mit einer Aktivität, die das Risiko verursacht, nicht zu beginnen oder sie fortzusetzen
- Eingehung oder Erhöhung eines Risikos, um eine Opportunität zu ergreifen
- Beseitigung der Risikoquelle

- Beeinflussung der Eintrittswahrscheinlichkeit
- Beeinflussung der Konsequenzen
- Teilung des Risikos (im Wege vertraglicher Vereinbarungen oder durch Abschluss von Versicherungen)
- Akzeptanz des Risikos nach gründlicher Entscheidung.

In dieser Aufzählung fällt der Aspekt „Eingehung oder Erhöhung eines Risikos, um eine Opportunität zu ergreifen" (taking or increasing the risk in order to pursue an opportunity) auf, was in einem Spannungsverhältnis zur „Akzeptanz des Risikos nach gründlicher Entscheidung" steht. Der Standard liefert keine Anhaltspunkte dafür, bei welcher Art von Opportunität eine Risikosteigerung gerechtfertigt wäre. Die fehlende Definition ist ein weiteres Indiz für den vorwiegend verhütenden Charakter des Standards. Obwohl dieser betont, dass alle Arten von Risiko mittels des dargestellten Risikomanagement-Prozesses behandelt werden können, liegt doch ein praktischer Schwerpunkt auf den Gefahrenrisiken.

Überlegungen zum Risikomanagement sollen zwar in den Entscheidungsprozess einfließen (ISO 31000, Abschnitte 6.1 und 6.4), zumal der Standard den Zweck des Risikomanagements in der Wertschöpfung oder dem Schutz von Vermögenswerten sieht (Create or Protect Value, s. ISO 31000, Abschnitt 4, Principles). Im weiteren Verlauf des Textes wird aber stets der Schutzcharakter der Risikomanagementmaßnahmen in den Vordergrund gestellt. Schließlich wird im Zusammenhang mit den Maßnahmen auch herausgestellt, dass die Risikoakzeptanz im Wesentlichen die Restrisiken (Remaining Risks) nach Anwendung der Kontrollen betrifft.

Der Regelkreis des Risikomanagements ist erst geschlossen, wenn diese Vorgänge der Beurteilung und der Behandlung ausführlich dokumentiert, an die relevanten Stellen der Organisation deutlich kommuniziert und überwacht sowie die Kontrollen kontinuierlich auf ihre Wirksamkeit überprüft werden. Für die Risikobehandlung kommen Maßnahmen und Methoden der Risikotragung, -deckung, -vermeidung, -minderung und -überwälzung bzw. des Transfers auf Dritte in Betracht.

Hauptziel des Standards ISO 31000 ist nach alledem die Schadensverhütung, indem die identifizierten Risiken bewertet und begrenzt werden. Das „Geschäft" mit den Risiken selbst, d. h. die permanente Risikoakzeptanz, wird nicht explizit im Standard erfasst. Mit etwas Vorstellungskraft lassen sich dennoch auch leitende Kriterien für den Umgang mit Finanzrisiken aus dem Standard gewinnen. Das gilt besonders für die Risikobeurteilung mit den drei Teilprozessen Risikoidentifikation, -analyse und -bewertung. Für Banken und Finanzinstitute haben die Regulator/-innen diese grundlegenden Prinzipien des Risikomanagements übernommen und geschäfts- und branchenspezifisch für die Kreditvergabeprozesse konkretisiert. Diese Prinzipien sind in die MaRisk eingeflossen, wohl aber mit dem Schwerpunkt auf dem verhütenden Charakter des Risikomanagements.

Beispielhaft für den verhütenden Ansatz ist insbesondere die Pflicht, Prozesse zur Risikofrüherkennung (Indicators of Emerging Risks, s. ISO 31000, Abschnitt 6.4.2) einzurichten, die noch in der Entstehung befindliche Risiken erfassen sollen. Diese Pflicht, Risiken im Frühstadium zu identifizieren, ist nur verständlich, wenn es sich um Gefahrenrisiken handelt. Opportunitätsrisiken und Chancen führen per definitionem nicht zu einer Gefahr für den Bestand eines Unternehmens und müssen deswegen auch nicht im Frühstadium aufgegriffen und „kontrolliert" werden. Im Gegenteil, Chancen und Opportunitäten sind die Finanzrisiken, die eingegangen werden. Erst ihre Akzeptanz führt zur Chance oder Opportunität und damit zur Rentabilität. Der Standard enthält zwar den Hinweis, er sei auf alle Aktivitäten, einschließlich des Entscheidungsprozesses, anwendbar (ISO 31000, Abschnitt 1 Absatz 3, 5.1 Absatz 1 und 5.4.2 Absatz 1, dritter Spiegelstrich). Abschnitt 5.5 des Standards greift im zweiten Absatz außerdem den Gedanken auf, dass Risikomanagement die Unsicherheit im Entscheidungsprozess berücksichtigt, ebenso wie jede daraus hervorgehende neue Unsicherheit. Der Prozess der „richtigen" Risikoauswahl wird in den Standards jedoch nicht näher begründet. Die wenigen diesbezüglichen Textstellen geben keine Anhaltspunkte, nach welchen ökonomischen Kriterien der Wertschöpfung die Investitionsrisiken ausgewählt werden sollten,[67] während die Milderung der Gefahrenrisiken wesentlich ausführlicher behandelt wird.

5.1.5.4 Enterprise Risk Management nach COSO

Das COSO ERM Framework in der Fassung vom Juni 2017 enthält Richtlinien für ein umfassendes Enterprise Risk Management. Es wurde formuliert vom Committee of Sponsoring Organizations of the Treadway Commission, einer privatwirtschaftlichen Organisation in den USA, zu deren Sponsoren fünf amerikanische Berufsverbände auf den Gebieten der Wirtschaftsprüfung, Revision und Finanzen gehören. Dieses Regelwerk wird von den Wirtschaftsprüfer/-innen und ihren Verbänden national wie international als bestimmender Prüfungsmaßstab zugrunde gelegt.

Das COSO ERM Framework erhielt mit Inkrafttreten des Sarbanes-Oxley Act weite Verbreitung. Das Sarbanes-Oxley-Gesetz aus dem Jahr 2002 ist die Reaktion auf Bilanzfälschungsskandale insbesondere in den Unternehmen Enron und Worldcom. Das Gesetz sieht strikte interne Kontrollen in Unternehmen bei der Erstellung von Jahresabschlüssen vor. Zugleich hat es drastische Strafen bei Nichtbefolgung für das Management eingeführt. Der Sarbanes-Oxley Act gibt zwar keine ausdrückliche Empfehlung für die Befolgung eines bestimmten Standards ab. Die Praxis hält sich jedoch weitgehend an das COSO-Regelwerk, um Haftungsfolgen aus dem Sarbanes-Oxley Act von Unternehmen und Management abzuwenden. Das Gesetz gilt auch als Muster für die Bestimmungen über das interne Kontrollsystem in Deutschland (s. Welge/Eulerich (2021), S. 141 ff., s. beispielhaft auch BASF-Bericht 2022, S. 160). Der COSO-Standard war ursprünglich darauf ausgerichtet, Bilanzbetrug zu erkennen und zu verhindern und umfasst heute das gesamte Enterprise Risk Management als übergreifendes Prinzip, um mit Unternehmensrisiken umzugehen. Darin haben die internen Kontrollen zur Finanzberichterstattung

---

67 Im Anhang der Vorgängerversion war noch der Hinweis auf die Erwartungsnutzentheorie enthalten. Siehe ISO 31000: 2009, Annex A, Table 1, zitiert nach BSI 31000:2011, S. 41.

einen wesentlichen Anteil, aber es werden sämtliche Prozesse einschließlich der strategischen Planung und Ausrichtung einbezogen.

Leitend für diesen Standard ist ein weites Verständnis von Risiko als „Kunst der Auswahl". Damit steht die Risikoauswahl stärker im Vordergrund dieses Ansatzes:

> Our understanding of the nature of risk, the *art and science of choice*, lies at the core of our modern economy. Every choice we make in the pursuit of objectives has its risks. From day-to-day operational decisions to the fundamental trade-offs in the boardroom, dealing with risk in these choices is a part of decision-making (COSO ERM Framework 2017, S. 1, Hervorhebung RJ.).

Während das COSO ERM Framework die übergeordnete Zusammenführung von Unternehmensstrategie und Risikostrategie beinhaltet, ist das ergänzende COSO Internal Control – Integrated Framework spezifisch auf die Stärkung der internen Kontrollsysteme ausgerichtet. Kontrolle und Überwachung bis hin zur Kontrolle der Effektivität der Kontrollsysteme stehen im Zentrum dieses Regelwerks. Während es die Einführung entsprechender Maßnahmen vor allem in der Finanzberichterstattung vorsieht, weist es auch ausdrücklich auf ihre Grenzen hin: Man kann nicht darüber hinwegsehen, dass auch die intensivsten Maßnahmen fehlerhafte Entscheidungen und kollusives Verhalten in Unternehmen nicht immer verhindern können.

Der Prozess des Enterprise Risk Managements steht für den ganzheitlichen Umgang mit den Risiken eines Unternehmens. Seine Funktion ist auf der strategischen Ebene der obersten Leitungsorgane angesiedelt. Unter dieser ganzheitlichen Betrachtung werden die einzelnen Aktivitäten und ihr effektives Zusammenwirken koordiniert. Zu den Elementen dieser Risikomanagementaktivitäten gehören die Risikoakzeptanzentscheidungen ebenso wie die strategische Unternehmensplanung bezüglich des Umgangs mit sich abzeichnenden oder denkbaren Beeinträchtigungen der Zielerreichung.

Auch auf dieser strategischen Planungsebene spielt das institutionelle Bank-Risikomanagement eine zentrale Rolle. Seine Aufgabe ist es, eine zur Geschäftsstrategie adäquate Risikostrategie zu formulieren. Dieser Prozess verläuft nicht parallel, sondern muss integriert ablaufen (vgl. Kapitel 5.4 zu den Planungstechniken). Die Risikostrategie bildet eine der Grundlagen für die Risikoakzeptanzentscheidungen. Ihre Notwendigkeit gründet sich nicht nur auf das aufsichtsrechtliche Erfordernis einer schriftlich fixierten internen Ordnung der Abläufe. Sie ist auch die Basis der Risikokultur einer Organisation und muss aktiv durch die handelnden Organe kommuniziert und repräsentiert werden. Die Leitungspersönlichkeiten leben durch ihr Vorbild, ihr Entscheidungsverhalten und ihre Einstellung zur Unsicherheit die Risikokultur vor. Die Kultur ist stets die stärkere Triebfeder für das Verhalten der Organisation als die auf Papier oder digital ausformulierte Risikostrategie (s. Kapitel 5.3.4).

Bei der gesamthaften Betrachtung des Risikoprofils eines Unternehmens im Rahmen des Enterprise Risk Managements hat sich die Technik der Risikomatrix herausgebildet. Dies kann der Veranschaulichung von Gefährdungspotenzialen einerseits und der Abschätzung der Risikobereitschaft andererseits dienen (vgl. Abb. 16 und 17).

Auswirkung

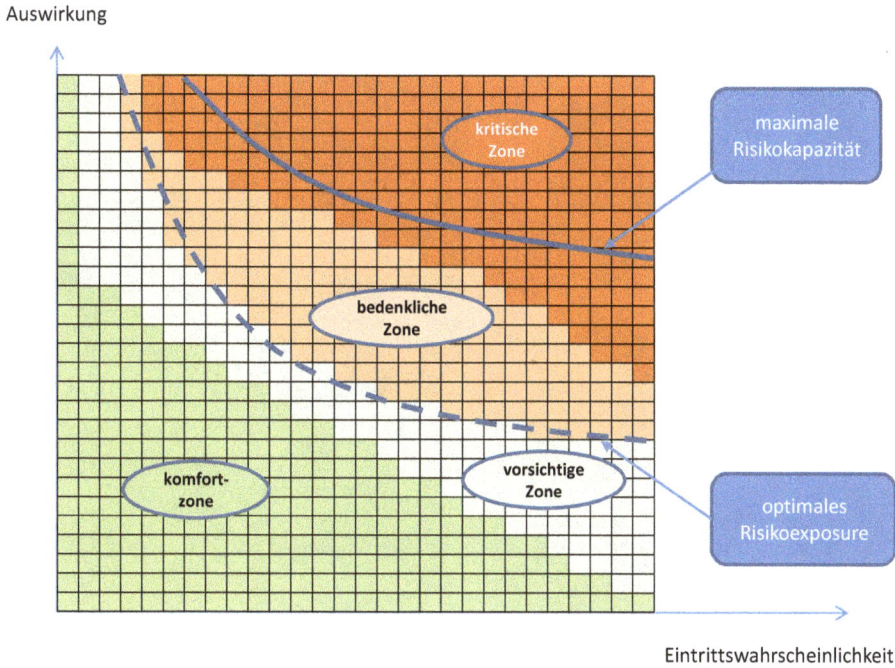

Abb. 16: Zufallsrisiken und Risikomatrix. In Anlehnung an Hopkin/Thompson, 2022, S. 304, eigene Darstellung. Vgl. auch Fiege, 2006, S. 180.

Die Risikomatrix ist ein Hilfsmittel, kritische von weniger kritischen Gefahrenzonen farblich zu unterscheiden und die Risikobereitschaft grafisch abzubilden. Die Felder werden nach den Achsen Eintrittswahrscheinlichkeit und Auswirkung ausgerichtet. Gefahrenarten (Risiken) können dann in die jeweiligen Zonen eingeordnet werden, um zu bestimmen, wie mit ihnen umzugehen ist. Aktivitäten mit hohen Auswirkungen bei gleichzeitig hohen Eintrittswahrscheinlichkeiten sind von vornherein zu meiden. Davon ausgehend wird der optimale Bereich der Risikobereitschaft ermittelt (s. Abb. 16).

In Abb. 17 werden schematisch die vier Herangehensweisen zu den identifizierten Zufallsrisiken dargestellt. Hohe Gefahren, die als kritisch gelten, sind zu meiden oder durch Präventionsmaßnahmen zu mildern. Gefahren mit hoher Eintrittswahrscheinlichkeit, aber geringen Auswirkungen kann im Allgemeinen gegengesteuert werden. Für Gefahren mit geringer Eintrittswahrscheinlichkeit, aber hohen Auswirkungen, bietet sich der Risikotransfer an, z. B. durch Versicherung. Nicht versicherbare Risiken sind durch Sicherheitsmaßnahmen im Wege interner Verhaltensrichtlinien einzudämmen. Gefahren mit geringer Eintrittswahrscheinlichkeit und geringen Auswirkungen können entweder toleriert oder gegebenenfalls auch transparent gemacht werden, um sie weiter zu minimieren.

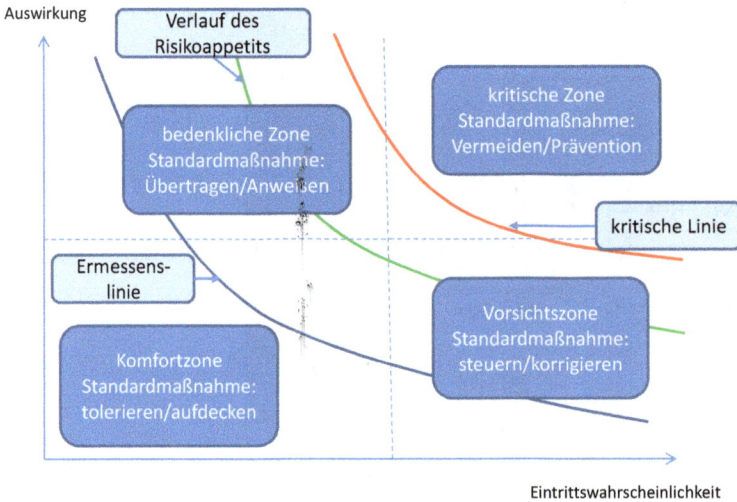

Abb. 17: Risikoappetit und Behandlung des Zufallsrisikos. In Anlehnung an Hopkin/Thompson, 2022, S. 186, eigene Darstellung.

5.1.6 Wertschöpfung in der Corporate-Governance

Aus den Enterprise Risk Management-Standards ergeben sich zahlreiche Empfehlungen wertschöpfender Anwendung des Risikomanagements. Dabei ist die Unterscheidung seiner unterschiedlichen Ansätze von erheblicher Bedeutung. Nach wie vor hat der Charakter des Risikomanagements als Bestandsschutz in der aktienrechtlichen Corporate Governance Vorrang vor der betriebswirtschaftlichen Betrachtung eines integrierten Risikomanagement-Ansatzes nach dem Modell eines Enterprise Risk Managements.[68] Wertschöpfendes und entscheidungsorientiertes Risikomanagement setzt den Bestandsschutz voraus und befasst sich mit der Auswahl wertschöpfender Investitionen, die unvermeidbar neue Risiken mit sich bringen. Das gilt für realwirtschaftliche Unternehmen ebenso wie für Finanzinstitute. Es gilt also, eine klare Unterscheidung der Risikomanagementansätze vorzunehmen:

1. Im Rahmen der Corporate-Governance-Regeln des KonTraG ist das Risikomanagement als funktionaler Prozess im Wesentlichen auf die Gefahrenverhütung gerichtet, die von wissentlich oder unwissentlich *fehlerhafter Finanzberichterstattung, Gesetzesverletzungen und betrieblichen Störfällen* ausgeht. Sie wird umgesetzt durch die Überwachung des internen Kontrollsystems unter Heranziehung der in-

---

68 So etwa Fiege (2006, S. 56, 62): „Der Begriff der ‚bestandsgefährdenden Entwicklung' kann demzufolge mit dem Risikobegriff gleichgesetzt werden […]".

ternen Revision und externer Wirtschaftsprüfer/-innen. Die Kontrollfunktionen des Risikomanagements stehen im Vordergrund.

2. Das messende Risikomanagement kommt ins Spiel, wenn es um die Frage der angemessenen Eigenkapitalausstattung geht, die bei gegebener Risikolage vorgehalten werden sollte, um etwaige unerwartete Verluste abzufedern (vgl. Fiege, 2006, S. 69). Ferner bieten die statistischen Instrumente des messenden Risikomanagements in der Vielzahl von Einzelfällen die Möglichkeit, Risiken quantitativ vergleichbar zu machen.

3. Die Überwachungsorgane eines Unternehmens sind intensiv mit seinem Investitionsgeschehen befasst, indem ihnen Zustimmungserfordernisse zugewiesen sind, wenn Sach- oder Finanzinvestitionen bestimmte Schwellenwerte überschreiten. Im Rahmen dieser Zustimmungserfordernisse ist ein Aufsichtsorgan unmittelbar in die Risikoakzeptanzentscheidungen der Unternehmensleitung eingebunden (vgl. die „Chancen-Risiko-Matrix" bei Fiege, 2006, S. 181). Diese Form des entscheidungsorientierten Risikomanagements erhebt einen hohen Anspruch an die Objektivität und Rationalität eines Entscheidungsprozesses, der sich weitgehend frei von individuellem Nutzendenken und Interessenkonflikten allein an dem Wohl des Unternehmens und den Anforderungen des Kapitalmarktes orientieren muss. Die Methodik hierzu bietet die präskriptive Entscheidungstheorie mit der Beurteilung von Risikopräferenzen und Risikonutzen. Das institutionelle Risikomanagement in Banken und Finanzinstituten trägt seinen Teil dazu bei, dass die Entscheidungsprozesse über die Risikoauswahl rational ablaufen.

4. Im Prozess der Risikofrüherkennung wird dafür Sorge getragen, dass bestandsgefährdende Risiken rechtzeitig erkannt werden. Sie vollzieht sich in realwirtschaftlichen Unternehmen hauptsächlich im strategischen und operativen Planungsprozess und in Finanzinstituten zusätzlich als systematische Beobachtung der Kreditportfolioentwicklung anhand von Kennzahlen und qualitativen Risikosignalen. Die Wertschöpfung der Risikofrüherkennung liegt in der Verringerung der Insolvenzwahrscheinlichkeit durch tendenzielle Reduzierung der Cashflow-Volatilität und größtmöglicher Vermeidung großer Verlustereignisse.

5.1.7 Zusammenfassung Kontrolltechniken

Überwachung und Kontrolle der Unternehmensführung stehen im Mittelpunkt der Corporate-Governance. Sie reicht von der Sicherstellung einer integren Finanzberichterstattung über die Einhaltung von Sicherheitsstandards bis hin zur Aufrechterhaltung eines wirksamen Risikomanagementsystems mit dem Ziel der Risikofrüherkennung und des Bestandsschutzes. Träger/-innen dieser Aufgaben sind neben Vorstand und Aufsichtsrat insbesondere das Finanzcontrolling, die interne Revision und der/die Abschlussprüfer/-in. Für Finanzinstitute wird aufsichtsrechtlich auch eine Compliance-Funktion und eine spezifische Risikocontrollingfunktion vorgeschrieben.

Das Risikomanagement in der Corporate-Governance hat seinen Schwerpunkt auf der Kontrollfunktion. Prozesskontrollen werden durch ein internes Kontrollsystem des Finanzbereichs durchgeführt, um eine integre Finanzberichterstattung sicherzustellen. Die interne Revision prüft das Vorhandensein dieser Kontrollen, und der/die Jahresabschlussprüfer/-in prüft sowohl die Wirksamkeit der Kontrollen als auch die materielle Richtigkeit der finanziellen Berichterstattung. Eine wesentliche Grundlage in Bezug auf das Risikomanagementsystem findet die Corporate Governance in den Regelwerken des ISO-Standards 31000 und den Empfehlungen des COSO ERM Frameworks zusammen mit dem ergänzenden COSO Internal Control – Integrated Framework.

Die jüngeren Fassungen dieser Regelwerke beziehen neben den reinen Kontrollprozessen verstärkt den unternehmerischen Entscheidungsprozess in das Risikomanagementsystem ein, insbesondere als Teil des strategischen Planungsprozesses. Die Investitionsauswahl als risikobegründender Akt gilt dabei als ein Teilaspekt der Kontrolle der Unternehmensleitung; dazu werden Zustimmungspflichten zu besonderen Entscheidungsvorgängen eingeführt. In der Zusammenarbeit mit den Entscheidungsgremien spielt sich Risikomanagement auf mehreren Ebenen ab. Zum einen ist die Finanzfunktion für die Integrität der Finanzberichterstattung und die strategische Planung in der Pflicht. Zum anderen ist der CRO den Gremien gegenüber rechenschaftspflichtig, denen er die Risikolage und besondere Vorkommnisse berichten muss. Das gilt ganz besonders für die neu eingegangenen oder neu einzugehenden Risiken. Der CRO einer Bank oder eines Finanzinstituts ist seiner Natur nach für den Aufsichtsrat auch eine Art Treuhänder für die Risikogovernance insgesamt und eine wesentliche Stütze für die Überwachungsfunktionen.

5.2 Messtechniken

Das messende Risikomanagement baut auf dem Begriff des Risikos als Risikomaß auf. Es verwendet stochastische Risikomaße, die sowohl die Messung von Einzelrisiken als auch von Risikoaggregaten erlauben (siehe Kapitel 2.2.2). Als Messtechniken werden hier die auf die mathematische Wahrscheinlichkeitstheorie zurückgehenden Anwendungen der statistischen Risikomaße auf das Risikomanagement in Banken und Finanzinstituten verstanden.

Schon beim Aufkommen der Finanzderivate in den 1990er-Jahren wurden neben den Bankkaufleuten, Betriebswirtinnen und Volkswirten auch mathematisch-naturwissenschaftlich vorgebildete Expert/-innen, wie z. B. Versicherungsmathematiker und Physiker/-innen für das Bankgeschäft angeworben. Im Zuge der Entwicklung und Einführung von Basel II sind diese Berufsgruppen ins aufsichtsrechtlich geprägte Risikocontrolling vorgedrungen, um dort die komplexen Risikomodelle einzuführen und die Risikoklassifizierungen methodisch zu untermauern. Mit der Reform durch das Basel-III-Regelwerk ist die Bedeutung der komplexen Risikomodelle zugunsten einfacherer Standardansätze teilweise zurückgegangen. Das Kerngebiet der Risikomessung bleibt jedoch die Bestimmung der Ausfallwahrscheinlichkeiten, die Portfoliobewertung, die Mindesteigenkapitalberechnung und die Erstellung von Stressszenarien.

5.2.1 Portfolio-Auswahltheorie

Zu den elementarsten Messtechniken des Risikomanagements gehört das Erwartungswert-Varianz-Prinzip (My-Sigma-Prinzip, in der Fachliteratur (μ,σ)-Prinzip; s. Kapitel 3.2.2). Es bildet die Grundlage der Wertpapierauswahltheorie von Markowitz (1952, 1959) und zugleich den Ausgangspunkt des bankwirtschaftlichen Risikocontrollings.

Markowitz' Wertpapierauswahltheorie begründet das Prinzip der Diversifikation von Vermögensanlagen in Wertpapieren und erweitert es um das Kriterium der Kovarianz bzw. Korrelation. Die Erkenntnisse der Theorie sind nicht auf die Vermögensanlage in Wertpapieren beschränkt, sondern darüber hinaus auch maßgebend für die betriebswirtschaftliche Investitionstheorie (s. s. Franke/Hax, 2009, S. 314 ff.; Perridon/Steiner/Rathgeber, 2017, S. 120 ff). Das Erwartungswert-Varianz-Prinzip kann als spezielle Ausprägung des allgemeineren Erwartungsnutzenprinzips der Entscheidungstheorie angesehen werden (s. Kapitel 3.2.2).

Auf den Kapitalmarkt angewendet, reduziert das Erwartungswert-Varianz-Prinzip die Erwartungen der Investoren auf die beiden Momente[69] Erwartungswert und Varianz, d. h. Streuung der tatsächlichen Werte (z. B. Renditen eines Wertpapiers) um ihren Mittel- oder Erwartungswert. Markowitz baut seine Theorie auf der Annahme auf, dass (institutionelle) Investoren im Allgemeinen „risikoscheu" sind, also eine geringere Varianz der Wertpapierrenditen gegenüber einer höheren Varianz bevorzugen. Diese Hypothese trifft vor allem auf diejenigen Vermögensverwalter/-innen zu, die auf langfristige Werterhaltung und -vermehrung ausgerichtet sind, insb. Lebensversicherungen und Pensionsfonds: Kapitalerhaltung geht vor Rendite.

Das Prinzip der Diversifikation hat schließlich Eingang in die Versicherungs-[70] und Bankregulierung[71] gefunden. Doch nicht alle Kapitalmarktteilnehmer/-innen können als „risikoscheu" angesehen werden. Hedge-Fonds beispielsweise weichen gezielt vom Prinzip der Diversifikation ab, gehen konzentrierte Risiken ein und suchen nach

---

69 Der Begriff Moment bezeichnet in der Stochastik einen Parameter zur Kennzeichnung einer Wahrscheinlichkeitsverteilung (vgl. Wagner/Elert/Luo, 2017, S. 765).

70 Vgl. VAG, § 7 Nr. 5: „Diversifikationseffekte: eine Reduzierung des Gefährdungspotenzials von Versicherungsunternehmen und -gruppen durch die Diversifizierung ihrer Geschäftätigkeit, die sich aus der Tatsache ergibt, dass das negative Resultat eines Risikos durch das günstigere Resultat eines anderen Risikos ausgeglichen werden kann, wenn diese Risiken nicht voll korreliert sind," sowie § 100 Abs. 3 VAG, § 104 Abs. 2, § 117 Abs. 1.

71 Vgl. § 6b Abs. 2 Satz 2 Nr. 4 KWG, Art 79 CRR: „Competent authorities should ensure that [...] diversification of credit portfolios is adequate given an institution's target markets and overall credit strategy."

hohen Varianzen: Sie sind „risikofreudig", um die daraus resultierenden Gewinnchancen wahrzunehmen (vgl. Stulz, 2008, S. 39; umfassend dazu Lhabitant, 2011, 2002).

Das messende Risikomanagement ist die Kernkompetenz des Risikocontrollings in Banken. Die Aufgabe des Controllings besteht darin, alle bankrelevanten Risken detailliert zu messen, zu bewerten und zu aggregieren. Das Ausfallrisiko aus Kreditgeschäften und das Preisrisiko aus Wertpapierpositionen bilden zumeist den Löwenanteil der quantitativen Portfolioanalyse. Des Weiteren sind die operativen Risiken, soweit sie quantifiziert werden können, zu bewerten. Eine weitere Risikoquelle ist das nur schwer quantifizierbare Reputationsrisiko. Mit Basel III ist die engere Steuerung des Liquiditätsrisikos hinzugekommen, wofür aufsichtsrechtlich spezifische Kennzahlen vorgegeben sind. Im Hinblick auf die Asset-Liability-Steuerung sind insbesondere das Zinsänderungsrisiko des Kreditbuches und seine Auswirkungen auf den Eigenkapitalpuffer ein zwingendes Aufgabengebiet des Risikomanagements geworden, das in Risikomodelle einfließt (vgl. MaRisk, BTR 2.3; s. auch Kapitel 4.2.2).

Das Risikocontrolling von Banken ist aufsichtsrechtlich zu umfangreicher Berichterstattung verpflichtet. Berichte über das Risikoportfolio beinhalten u. a. die Beobachtung von strategischen Geschäftsfeldern, die Berücksichtigung von Risiko- und Rentabilitätsgesichtspunkten oder die Analyse der Granularität und Konzentrationsrisiken. Übergreifend werden Analysen zu den unterschiedlichen Dimensionen der Risikoursachen wie Umweltfaktoren und unternehmensspezifische Faktoren zur Verfügung gestellt.

Portfolioanalysen und die Bewertung von Risikoaggregaten sind keine rein aufsichtsrechtlich getriebenen Aufgaben, sondern wichtige Instrumente des messenden Risikomanagements. Dieses hat hier eine zahlenmäßige Analyse der Asset-Klassen und detaillierte Bewertungen der Großrisiken vorzunehmen. Für das prozessuale Risikomanagement geht es dabei um die Frage, ob das vom Controlling erstellte Gesamtbild mit der wahrgenommenen Risikosituation harmoniert: Welche Auswirkungen sind aufgrund noch nicht materialisierter Risiken aus der Pipeline der Geschäfte zu erwarten (z. B. aus einer rückblickend fehlerhaften Geschäftsstrategie)? Welche Auswirkungen gehen aus Eventrisiken hervor, die sich in dem Portfolio erst mit Zeitverzögerung niederschlagen (z. B. die aufziehende Covid-Pandemie)?

Das institutionelle Bank-Risikomanagement ist aufgerufen, im Hinblick auf die Risikotragfähigkeit ein realistisches Bild abzugeben. Die Portfolioauswirkungen neu beschlossener Kredittransaktionen oder plötzlich auftretender Risikoereignisse wie die Covid-Pandemie werden im Portfolio in der Regel erst mit erheblicher Verzögerung sichtbar. Deswegen muss ein prozessuales Risikomanagement diese zeitverzögerte Abbildung im Portfolio bei der Auswahl neuer Risiken berücksichtigen, da eingegangene Risiken nicht ohne Weiteres rückgängig gemacht werden können. Die Rechnungslegung nach IFRS kennt in diesem Zusammenhang das Management Overlay oder Management Adjustment. Es berücksichtigt, dass manche Risiken sich erst mit Verzögerung in den Risikomodellen niederschlagen. So haben Banken mit dem Aufkommen der Covid-Pandemie erhöhte Wertberichtigungen auf Kreditforderungen antizipiert, weil die Risikomodelle das plötzliche Auftreten der Pandemie noch nicht adäquat widerspiegeln konnten (s. z. B. Deutsche Bank AG Geschäftsbericht 2020, S. 88).

5.2.2 Ausfallwahrscheinlichkeit

Unter der Ausfallwahrscheinlichkeit versteht man die Wahrscheinlichkeit, dass ein/e Kreditnehmer/-in innerhalb einer vorbestimmten Periode, typischerweise zwölf Monate, „ausfällt". Was unter dem Ausfall eines Kreditnehmers zu verstehen ist, definiert Artikel 178 der Verordnung (EU) Nr. 575/2013 (CRR) allgemein: Ein Ausfall liegt danach vor, wenn ein Institut es als unwahrscheinlich ansieht, dass die Schuldner/-innen ihre Verbindlichkeiten ihm gegenüber in voller Höhe begleichen wird, ohne dass das Institut auf Maßnahmen wie die Verwertung von Sicherheiten zurückgreift. Darüber hinaus liegt nach Art. 178 der CRR in jedem Falle ein Ausfall vor, wenn eine wesentliche Verbindlichkeit der Schuldner/-innen gegenüber dem Institut mehr als 90 Tage überfällig ist. Auch hier ist zu erkennen, dass die Einschätzung von Eintrittswahrscheinlichkeiten bei der Beurteilung von Kreditnehmer/-innen eine zentrale Rolle spielt. Die Europäische Bankenbehörde (European Banking Authority, EBA) hat Leitlinien zur Anwendung der Ausfalldefinition gemäß Artikel 178 herausgegeben. Neben einigen wichtigen technischen Klärungen zählen die Leitlinien u. a. folgende Kriterien für einen Ausfall auf: das Unvermögen oder den Unwillen zu termingerechter Leistung von Zins- und Tilgungsbeträgen, Zahlungsaufschub, Unternehmensrestrukturierung, außergerichtliches oder gerichtliches Insolvenzverfahren.

Neben diesen „harten" Kriterien zählt die EBA-Leitlinien auch Kriterien auf, die die Unwahrscheinlichkeit der Rückzahlung näher beschreiben, so insbesondere:

(a) Die Quellen für wiederkehrende Einkünfte der Kreditnehmer/-innen sind nicht mehr verfügbar, um der Verpflichtung zur Zahlung der Raten nachzukommen.

(b) Es bestehen begründete Bedenken hinsichtlich der künftigen Fähigkeit der Kreditnehmer/-innen, stabile und ausreichende Zahlungsströme zu generieren.

(c) Der Gesamtverschuldungsgrad der Kreditnehmer/-innen hat sich wesentlich erhöht oder es besteht die begründete Erwartung einer solchen Änderung der Verschuldung.

(d) Die Kreditnehmer/-innen haben gegen die Vereinbarungen eines Kreditvertrags verstoßen.

(e) Das Institut hat eine Sicherheit, einschließlich einer Bürgschaft, angefordert

    a. für die Risikopositionen gegenüber einer natürlichen Person: Ausfall eines Unternehmens, das sich vollständig im Besitz einer einzigen natürlichen Person befindet, sofern diese dem Institut eine persönliche Bürgschaft für alle Verpflichtungen eines Unternehmens erteilt hat;

    b. für Risikopositionen aus dem Mengengeschäft, wenn die Ausfalldefinition auf Ebene einer einzelnen Kreditfazilität angewandt wird, die Tatsache, dass ein erheblicher Teil der Gesamtverpflichtung des Schuldners ausgefallen ist.

Banken wenden neben diesen Vorgaben auch interne Früherkennungsmethoden an, die noch weiter im Vorfeld eines sich anbahnenden Ausfalls wirksam werden. Ein verbreitetes Mittel ist die „Watch List", also die Beobachtungsliste, auf die alle Kreditengagements aufgenommen werden, die erhöhte Risikosignale aufweisen. Beispielsweise wurden in solche Listen Einzelkund/-innen oder Kundensegmente aufgenommen, die von einer Covid-Pandemie betroffen sein könnten oder drohen, davon betroffen zu werden.

Im Finanzwesen haben sich in den vergangenen Jahrzehnten im Zuge der Basel-II-Einführung Bonitätsratingsysteme etabliert, um die Ausfallwahrscheinlichkeit aus quantitativen und qualitativen Kriterien zu ermitteln. Ratingverschlechterungen, also deutliche Erhöhungen der Ausfallwahrscheinlichkeit, gegebenenfalls verbunden mit höheren erwarteten Verlusten, gelten als ein untrügliches Risikosignal, weshalb die Ausfallwahrscheinlichkeit quantitativ wie qualitativ aufmerksam beobachtet werden sollte. Kreditausfallwahrscheinlichkeiten repräsentieren quantitative Messwerte, die in Backtesting-Verfahren rückblickend verifiziert werden können und müssen (s. Hartmann-Wendels/Pfingsten/Weber, 2019, S. 291 ff.; s. auch Art. 174 CRR; Eckrich/Trustorff, 2015, S. 138 ff.; Wernz, 2012, S. 74; Basel Committee on Banking Supervision, Sound practices for backtesting counterparty credit risk models, Bank for International Settlements, Basel, Dezember 2012 - BCBS 185), was ihre Aussagekraft verstärkt.

Die Ratingtechnik geht zurück auf die Ursprünge der externen Ratingagenturen, vor allem Standard & Poors, Moody's Investors Service und Fitch Ratings, die mit der Vergabe von Bonitätsnoten für Anleiheemissionen und deren Emittenten jahrzehntelange Erfahrung besitzen (s. z. B. Mock, 2015, S. 265 ff.). Banken verwenden vorzugsweise Scoringsysteme (s. ausführlich Hartmann-Wendels/Pfingsten/Weber, 2019, S. 449 ff).), die an anderer Stelle der Betriebswirtschaftslehre auch als Nutzwertanalyse bekannt sind (s. a. Vanini/Rieg, 2021, S. 239 ff.). Im Mengengeschäft (Konsumentenkredite), bei Standardfinanzierungen (wie Baufinanzierungen für Eigenheime) und im Geschäft mit gewerblichen Firmenkunden und Selbständigen werden nahezu ausschließlich einfachere Scoringsysteme eingesetzt. Komplexere Scoringsysteme unter Einbeziehung umfangreicher qualitativer Beurteilungskriterien kommen dagegen im Geschäft mit mittelständischen und großen Unternehmen und bei komplexen, strukturierten Transaktionen zum Einsatz.

Während sich vor Einführung der Scoringsysteme die Kreditanalyse für Unternehmen im Wesentlichen als verbale Interpretation der Jahresabschlüsse, der Finanzkennzahlen und des Free-Cash-Flows eines Kreditnehmers darstellte, wurde mit den Scoringsystemen eine Punktbewertung der einzelnen quantitativen und qualitativen Elemente eingeführt, die eine Gewichtung der jeweiligen Finanzinformationen (mit einem „Nutzwert" auf einer Punkteskala) erfordert. Damit wurde die Risikoanalyse im Kreditgeschäft deutlich transparenter und erlaubte eine differenziertere Bewertung der Kreditwürdigkeit. Die Güte und Trennschärfe dieser Klassifizierung werden in sogenannten Diskriminanzanalysen getestet und verifiziert (s. Rommelfanger, 2015, S. 80 ff.). Das Erfordernis, eine Ausfallwahrscheinlichkeit im Wege der Risikoklassifizierungsverfahren zu ermitteln, ist als Fortschritt gegenüber der traditionellen „Kreditwürdigkeitsprüfung" anzusehen, weil es die Kreditanalyse im Sinne einer Risikoakzeptanzentscheidung auf einen messbaren ökonomischen Sachverhalt zurückführt. Dies mag auch der Grund dafür sein, dass Basel II trotz anfänglicher Skepsis interne Ratingsystemen zugelassen hat, obwohl sie einen immanenten Anreiz zur Minderung der Eigenkapitalunterlegung bieten, indem tendenziell zu positive Ratings vergeben werden könnten (s. Heldt-Sorgenfrei, 2015, S. 13).

Ausgangspunkt der Ratingsysteme sind die quantitativen Daten aus den Jahresabschlüssen eines Unternehmens sowie die aktuellen Finanzzahlen (s. Baetge/Melcher/Celik, 2015, S. 149 ff.; Kessler, 2015, S. 175 ff.; Krehl/Strobel/Sonius, 2015, S. 225 ff.). Darüber hinaus sind standardmäßig qualitative Daten zur Marktstellung, dem Innovationspotenzial, der Produktionseffizienz, der Transparenz des Finanzwesens und der Managementqualität wesentliche Kriterien, um die Kapitaldienstfähigkeit des Unternehmens zu beurteilen. Ein besonderes Augenmerk gilt dem Verschuldungsgrad: Je höher die Fremdverschuldung, desto höher ist das Ausfallrisiko unter sonst gleichen Umständen. Zusätzlich zur Beurteilung eines/-er Kreditnehmers/-erin werden auch die Vertragsstruktur eines Kreditgeschäfts und die übrigen Elemente einer Kredittransaktion in der Bewertung berücksichtigt, insbesondere die Höhe und der Wert der Besicherung, die juristische Robustheit der vertraglichen Vereinbarungen und die strukturelle Komplexität der Rückflüsse.

Nach der CRR ist die Ausfallwahrscheinlichkeit der Ansatzpunkt für die Formel zur Errechnung des Expected Loss (Art. 158 CRR in Verbindung mit Art. 5 und 108 CRR):

$$Expected\ Loss\ (EL) = Prabability\ of\ Default\ (PD) \cdot Loss\ Given\ Default\ (LGD)$$

$$\cdot\ Exposure\ at\ Default\ (EaD)$$

Der Loss Given Default (Verlustquote) ist die erwartete Verlusthöhe bei Ausfall. Er wird von der CRR als Prozentzahl vorgegeben (Art. 161 CRR) oder errechnet sich vereinfacht aus dem Verhältnis (in Prozent) werthaltiger Sicherheiten (Risk Mitigation) zur Kredithöhe (Art. 108 CRR). Das Exposure at Default ergibt sich als voraussichtliche Forderungshöhe bei Ausfall. In diesen Parameter fließen neben einer Darlehensforderung auch nicht gezogene Kreditlinien und Derivatepositionen ein. Der Begriff Exposure at Default stammt aus Basel II (2004, S. 62 ff.), wird aber noch vielfach im Bankenjargon verwendet (s. Geschäftsbericht Deutsche Bank AG 2022, S. 84 ff., Commerzbank AG Geschäftsbericht 2022, S. 112 ff., DZ BANK AG Geschäftsbericht 2022, S. 138). Basel III verwendet den Begriff Exposure Value (Risikopositionswert, Art. 158 der CRR).

Die Differenzierung der Ratingsysteme von Banken sollte jedoch nicht den Blick davor verstellen, dass die Kreditwürdigkeitsanalyse in ihrem ökonomischen Kern betrachtet eine Variante der Unternehmensbewertung darstellt (vgl. Reichling/Bietke/Henne (2007), S. 186 ff.). Der Marktwert eines Unternehmens ergibt sich als der mit dem Kapitalmarktzins diskontierte erwartete Free-Cash-Flow eines kreditnehmenden Unternehmens (Gegenwartswert der Überschüsse). Übersteigt der Marktwert des Unternehmens alle Verbindlichkeiten, ist die Kapitaldienstfähigkeit nach dem Modell gegeben. Die

Bonitätsnote richtet sich dann nach der Höhe der Eintrittswahrscheinlichkeit (Verteilungsfunktion) der Rückflüsse. Kreditwürdigkeitsanalyse und Unternehmensbewertung folgen damit derselben Logik. Ziel der Unternehmensbewertung ist die Ermittlung eines Marktpreises für ein Unternehmen. In einem Ratingsystem werden die qualitativen wie quantitativen Bewertungskriterien vereinfacht und pauschaliert. Zu den quantitativen Kriterien gehören z. B. Finanzkennzahlen (z. B. Umsatz, operatives Ergebnis, Jahresüberschuss, Eigenkapital), zu den qualitativen u. a. Marktstellung, Qualität der Finanzberichterstattung und Managementqualität.[72]

Die Unternehmensbewertung beruht insbesondere auf der Schätzung der künftigen Free Cashflows. In diesem Sinne stützt sich jede Kreditanalyse auf die Ermittlung und die Plausibilisierung der erwarteten Free Cashflows auf der Basis aller relevanten Informationen über eine/-n Kreditnehmer/-in. Jede Form der Kreditgewährung stellt im Grunde eine Form des Cashflow-based Lending dar. Das heißt, für die Beurteilung der Kreditwürdigkeit ist die Fähigkeit der Kreditnehmer/-innen der zentrale Anhaltspunkt, freie liquide Mittel zu generieren, um den Kapitaldienst leisten zu können, nicht deren Reputation oder der Wert der Sicherheiten. Ganz besonderen Stellenwert besitzt das Cashflow-based Lending in den Spezialfinanzierungsbereichen wie Leveraged Lending und der Projektfinanzierung, deren Sicherheitenwerte strukturbedingt meist nur einen Bruchteil der Kreditsumme ausmachen.

Das Gegenteil zum Cashflow-based Lending wird als Asset-based Lending bezeichnet. Damit ist die Kreditgewährung auf Basis von bewertbaren Sicherheiten wie Immobilien, Maschinen, Fahrzeugen oder auch Forderungen gemeint. Gleichwohl gilt auch für besicherte Kreditstrukturen, dass der erwartete künftige Free Cashflow die erste und hauptsächliche Quelle der Rückführung eines Kredites sein muss. Sicherheiten verbilligen einen Kredit und erhöhen die Gewähr der Rückführung, ersetzen aber nicht die Rückführungsquelle. Die Verwertung von Sicherheiten ist nur beim Ausfall eines/-er Kreditnehmers/-in relevant. Also unabhängig davon, ob Cashflow-based oder Asset-based, hängt die Kreditwürdigkeit eines/-er Kreditnehmers/-erin oder einer Kredittransaktion von der Fähigkeit ab, künftige Free Cashflows zu generieren. Diese Parallelität bildet die Brücke zwischen Kreditwürdigkeitsprüfung und Unternehmensbewertung, die beide auf der Grundlage künftig erwarteter Free Cashflows beruhen.

Während bei der Unternehmensbewertung der Wert des Eigenkapitals im Vordergrund steht, legt die Kreditwürdigkeitsanalyse den Schwerpunkt auf die Deckung des Fremdkapitals. Gleichwohl kann es den Fremdkapitalgeber/-innen nicht gleichgültig sein, wie hoch der Wert des Eigenkapitals ist. Liegt der Unternehmenswert unter

---

72 Im Markt werden Ausfallwahrscheinlichkeiten auch auf Basis von Optionspreismodellen errechnet, z. B. Moody's KMV. Die dadurch ermittelten Werte zeigen zwar eine gewisse Korrelation mit den tatsächlichen Ausfällen, haben jedoch den Nachteil, dass sie ähnlich wie die zugrundeliegenden Aktienkurse erheblich schwanken. Man mag in diesen Kennzahlen ein Risikosignal sehen, als stabile Ratingbasis für eine Zwölf-Monats-Periode oder länger eignen sie sich jedoch nicht (s. Hull, 2023, S. 386 ff.; Hartmann-Wendels/Pfingsten/Weber, 2019, S. 475).

dem objektiven Marktwert, ist dies ein Krisensignal im Hinblick auf die langfristige Existenzsicherung des Unternehmens. Auch in dieser Hinsicht zeigt sich die strukturelle Parallelität von Kreditwürdigkeitsbeurteilung und Unternehmenswert.

Besonders offenkundig wird der Zusammenhang von Kreditwürdigkeitsprüfung und Unternehmensbewertung bei der Finanzierung von Unternehmenskäufen (Management-Buy-In, Management-Buy-Out, Leveraged-Buy-Out). Dort bildet der Unternehmenswert die Basis für die Kreditvergabe, so dass Kaufpreisbestimmung und Kreditwürdigkeitsprüfung große Parallelen aufweisen. Diese komplexen Finanzierungsstrukturen werden meist in dafür spezialisierten Abteilungen (z. B. Leveraged-Finance, Structured-Finance, „Special Situations") sowohl auf der Vertriebsseite als auch auf Seiten des Risikomanagements bearbeitet.

Weicht das ermittelte Ratingergebnis von der fundamentalanalytischen Einschätzung des Risikomanagements ab, muss das Rating entsprechend der objektiv zutreffenden Bewertung angepasst werden. Fundamentalanalytisch bezeichnet hier die Gesamtschau der Elemente Unternehmensbewertung, Forderungsstruktur und Szenariobeurteilung. Werden solche Bewertungsanpassungen zu häufig vorgenommen, muss das Ratingmodell auf seine Treffsicherheit hin überprüft werden. Man kann von Scoringsystemen nicht erwarten, dass sie in allen Fällen geeignet sind, die Kreditrisiken vollständig abzubilden. Es bleibt stets ein Ermessenselement übrig, welches nur durch ein geschultes Urteil des Risikomanagements bewertet werden kann. Dieses Ermessenselement nimmt mit der Komplexität einer Transaktion zu. Maßgebend ist immer nur das objektiv zutreffende Ratingergebnis, nicht der maschinelle oder – perspektivisch – durch künstliche Intelligenz ermittelte Output.

5.2.3 Bewertung von Derivaterisiken

Für das messende Risikomanagement stellt die Bewertung von Derivatepositionen eine besondere Herausforderung dar. Derivate müssen mit einem Kreditäquivalent bewertet werden. Die potenziellen Preisschwankungen von Derivatekontrakten können dazu führen, dass ein und dasselbe Geschäft während der Laufzeit je nach Zeitpunkt als Forderung oder als Verbindlichkeit gegenüber dem Institut erscheint. Bei Einräumung der Derivatelinien ist darauf zu achten, dass die Limite so bemessen werden, dass die höchsten potenziellen Wertausschläge abgedeckt werden. Bei jedem Geschäft ist zu prüfen, ob durch eine dynamische Besicherungsstruktur (Nachbesicherungspflicht, Margin-Call) die Ausfallrisiken begrenzt werden können, falls dies nicht ohnehin schon vertraglich oder rechtlich vorgeschrieben ist, wie insbesondere bei Finanzinstrumenten, die über eine Börse (Central Counterparty, zentraler Kontrahent) gehandelt werden.

Das Derivaterisiko besteht nicht allein in der Höhe des Kreditäquivalents. Da üblicherweise Sicherheitsleistungen von dem/der jeweiligen Schuldner/-in aus dem Kontrakt, insb. an den Terminbörsen, verlangt werden, kann sich das Derivaterisiko für einen/-e Kontraktpartner/-in (Gegenpartei) bei hohen Marktausschlägen unter Umständen sogar als existenzgefährdendes Liquiditätsrisiko während der Laufzeit auswirken, weil die Sicherheitsleistung in bar oder kurzlaufenden Wertpapieren erbracht werden muss, so im Fall der insolvent gewordenen Metallgesellschaft (s. Hull, 2023, S. 463; Kniese, 1997; s. Kapitel 5.4.4). Also ist seitens eines Kreditinstituts darauf zu achten, dass ein Derivatepartner auch zur Erfüllung der gegenseitigen Zahlungsverpflichtungen (Sicherheitenleistung, Ausgleichszahlungen) aus dem Derivat in der Lage ist.

Das Risikomanagement der Derivatepositionen erfordert sowohl die permanente Berechnung und Überwachung der Marktpreise (Wiederbeschaffungswerte) als auch die Berechnung des höchsten potenziellen Wertes, den das Derivat während der Laufzeit zugunsten der Bank annehmen könnte. Dieser Wert muss dann auf die Vereinbarkeit mit der Bonität und Liquidität der Kreditnehmer/-innen geprüft werden. Für die Gegenparteirisiken eines Finanzinstituts aus Derivatgeschäften wurde durch Basel III die Anforderungen an die Kapitalunterlegung erhöht (sogenanntes Credit Value Adjustment, CVA, s. Basel Committee on Banking Supervision 2011, S. 109 ff.).

Bei Glattstellung einer Derivateposition (also deren vorzeitiger Beendigung) entsteht bei positivem Marktwert zu Gunsten des Kreditinstituts eine Forderung gegen den/die Kreditnehmer/-in. Bei Derivaten ist stets auf deren Wirkungsweise zu achten. Nicht jedes Kreditäquivalent entspricht dem tatsächlichen Risiko aus dem Derivat für den/die Kreditnehmer/-in und das Institut. In besonderen Fällen exotischer Derivate muss der tatsächliche Cashflow zwischen den Gegenparteien genau untersucht werden, um das Risiko aus dem Derivat und dessen Risikonutzen zu bestimmen. Hierzu ein Beispiel eines Kreditderivatgeschäfts, das einem Fall nachgebildet ist, der in der Presse Wellen geschlagen hat:

⚡ Beispiel Erwartungsnutzen im Derivategeschäft: Single Tranche Collerateralized Debt Obligation (CDO)

Man stelle sich folgendes Geschäft vor: Ein kommunaler Betrieb mit einem Umsatz von 100 Mio. Euro, einem durchschnittlichen Jahresüberschuss von 10 Mio. Euro, einer Bilanzsumme von 500 Mio. Euro und einem wirtschaftlichen Eigenkapital von rd. 50 Prozent der Bilanzsumme[73] beantragt bei der Hausbank einen Investitionskredit von 15 Mio. Euro, um die Anlagen der Wasserversorgung erweitern zu können. Sieht man von vielen weiteren Details ab, wäre ein solcher Kredit allein von den gegebenen Parametern her voraussichtlich unkritisch. Der Erwartungsnutzen und der Kapitalwert des Darlehens wären, vorbehaltlich näherer Prüfung, positiv.

Angenommen, dem Betrieb wird von einer anderen Bank[74] ein Produkt mit der Bezeichnung „Single Tranche CDO" angeboten. Für den „Erwerb" dieses Produkts sei die Einräumung einer Kreditlinie von 15 Mio. Euro erforderlich. Daraus wird bereits deutlich, dass es sich bei diesem CDO nicht um eine anleiheähnliche Collateralized Debt Obligation, also ein Anlageprodukt handelt, wie die Produktbezeichnung

---

73 Zum Jahresüberschuss und der Höhe des Eigenkapitals muss hinzugefügt werden, dass die Kommunen betriebstypisch erhebliche Investitionszuschüsse und Fördermittel vergeben.
74 Die Darstellung ist dem Fall eines vom Kommunalen Wasserwerk Leipzig abgeschlossenen Geschäfts nachgebildet. Siehe Artikel *Banken wollen 84 Millionen Euro: Leipzig zahlt nicht*, FAZ vom 17. März 2010; *Leipziger Wasserwerke-Skandal vor Gericht*, FAZ vom 27. November 2010; *UBS gibt sich geschlagen*, FAZ vom 12. April 2018.

suggerieren würde. Tatsächlich handelt es sich dabei um ein hochkomplexes Kreditderivat mit folgenden Eigenschaften (s. allgemein zur Gestaltung von synthetischen CDOs: Deacon, 2004, S. 151 ff.): Der kommunale Betrieb tritt als Kreditversicherer[75] für ein Portfolio internationaler Anleihen im Nominalwert von rund 11 Mrd. Euro auf. Das Anleiheportfolio enthält Anleihen von 150 Emittenten unterschiedlicher Kreditqualität, überwiegend mit einem Investment-Grade-Rating. Fallen bis zu sechs Anleihen aus, besteht keine Ausgleichspflicht für den Sicherungsgeber. Fällt der siebente Emittent[76] aus, muss der Sicherheitengeber den Verlust ausgleichen. Die Haftung für die weiteren Ausfälle geht so weiter bis der 12. Ausfall eintritt. Ab dem 13. Ausfall und für alle weiteren ausfallenden Anleihen ist der Sicherheitengeber aus dem Kreditderivat nicht mehr ausgleichs- oder nachschusspflichtig.

Abgesehen von der Frage, weshalb ein kommunaler Betrieb eine solche Transaktion abschließen sollte,[77] stellt sich die Aufgabe, den Erwartungsnutzen aus dieser Transaktion für die Bank zu bestimmen. Folgende Frage ist zu beantworten: Wie hoch werden die voraussichtlichen Zahlungsverpflichtungen bei den einzelnen Ausfällen sein? Nimmt man an, diese würden rd. 40 Mio. Euro pro Ausfall betragen, wird klar, dass der Betrieb schon bei der ersten Ausgleichsverpflichtung finanziell überfordert wäre und bei der zweiten bereits insolvenzreif. Der Gesamtverlust beim Ausfall von sechs Anleihen würde 240 Mio. Euro betragen. Die Ausgleichsforderung der Bank an den Sicherheitengeber aus dem Derivat kann der Betrieb definitiv nicht aus eigenen Mitteln erfüllen.

Die Antwort auf die Frage nach dem Erwartungsnutzen hängt im ersten Schritt davon ab, wie wahrscheinlich es ist, dass bei einem Portfolio von Investment-Grade-Anleihen mehr als sechs Ausfälle auftreten könnten.

Dieser Fall war bei diesem Geschäft, es wurde im Jahr 2006 abgeschlossen, bereits in der Finanzkrise im Jahr 2009 eingetreten. Ex ante war die Krise zwar nicht in dieser Schärfe vorhersehbar, jedoch hätte schon ein einziger Ausfall den kommunalen Betrieb in Zahlungsnot gebracht. Je länger die Laufzeit des Derivats, desto wahrscheinlicher wäre ein Ausfall von mindestens einer Anleihe.

Auch ohne Entscheidungsmodell oder Simulationsrechnung kann man hier heuristisch davon ausgehen, dass diese Transaktion nur eine geringe Erfolgswahrscheinlichkeit für die volle Begleichung der Ausfallzahlung aus dem Derivat besitzt. Das Risikomanagement darf sich in komplexen Entscheidungssituationen nicht allein auf Kennzahlen verlassen, wie hier das Kreditäquivalent von nur 15 Mio. Euro,[78] sondern muss die gesamte Struktur einer Transaktion bewerten. Notfalls muss es eine möglichst objektive, rationale, wenn auch intuitive Wahrscheinlichkeitseinschätzung vornehmen und in den Entscheidungsprozess einbringen.

---

75 Auch als Sicherungsgeber oder Protection Seller bezeichnet.

76 Hier geht es um die zeitliche Reihenfolge des Ausfalls.

77 Die Kommunalen Wasserwerke Leipzig hatten bereits im Jahre 2003 eine komplexe Cross-Border-Leasing-Transaktion abgeschlossen. Als Sicherheit hierfür wurden drei hochwertige Nullzins-Anleihen in Kredithöhe zur Verfügung gestellt. Die Single-Tranche-CDO-Transaktion aus dem Jahr 2006 sollte als Substitut für diese Sicherheitsleistung dienen und gegen sie ausgetauscht werden. Siehe die Aufbereitung einiger Aspekte des Falles auf https://www.leipzig-netz.de/index.php/KWL und https://www.leipzig-netz.de/index.php/CBL.KWL-Skandal (Abrufdatum 5. Februar 2024). Einer der beiden Geschäftsführer war im Übrigen ein ehemaliger Derivatehändler und deswegen mit Geschäften dieser Art vertraut.

78 Für eine Darstellung der erheblichen Komplexität der Bewertung von Nth-to-Default Swaps siehe Jabbour/Kramin/Young, 2009. Die Bewertung stellt nicht nur Herausforderungen an die mathematische Modellierung, sie beruht auch auf einer Vielzahl von Annahmen, deren Validität in jedem Einzelfall auf Treffsicherheit zu prüfen ist. Das Kreditäquivalent (und die CDS-Prämie für den Protection Seller von 8 Mio. Euro) steht daher in einem auffallenden Gegensatz zur Zahlungs- bzw. Ausgleichspflicht des Protection Sellers, weil die ex ante geringen Eintrittswahrscheinlichkeiten der kombinierten Ausfälle den Erwartungswert der Ausgleichszahlung und damit auch des Kreditäquivalents rechnerisch verringern.

Bei diesem Beispiel handelt es sich um einen Ausnahmefall, aber auch darauf muss ein Risikomanagement vorbereitet sein. Standardrisiken zu prüfen ist Routine, die Beurteilung von außergewöhnlichen Situationen ist die Kunst. Gerade für solche Fälle ist die Kenntnis von der Erwartungsnutzenlehre hilfreich. Sie dient dazu, im Entscheidungsprozess Risikosituationen zu bewerten und sowohl im individuellen als auch kollektiven Entscheidungsprozess schlüssig zu argumentieren. Risikosituationen müssen in ihrer Gesamtheit erfasst und beurteilt werden. Keinesfalls darf sich das Risikomanagement mit unvollständigen oder unverständlichen Informationen zufriedengeben oder auf die alleinige Bonitätsbeurteilung zurückdrängen lassen. Schwarze Löcher bei der Bereitstellung von Informationen sind jederzeit ein Alarmsignal.

5.2.4 Value at Risk

Mithilfe des Value at Risk lässt sich auf der Grundlage von Vergangenheitsdaten ableiten, mit welcher Wahrscheinlichkeit eine bestimmte Verlusthöhe innerhalb einer festgelegten Periode überschritten wird (s. Kapitel 2.1.2). Anders als bei der Standardabweichung interessiert nicht das Ausmaß der Streuung, sondern die maximale Verlusthöhe unter Angabe eines Konfidenzniveaus.

Darüber hinaus werden auch Simulationsrechnungen in Form von Stress-Tests vorgenommen, die ausgehend von bestimmten negativen Szenarien anzeigen, welche Auslastung des Verlustpuffers dadurch entsteht. Ist jener zu gering oder wird er überschritten, ist das Deckungspotenzial mittels des ökonomischen und gegebenenfalls des regulatorischen Eigenkapitals zu erhöhen. Die Aufgabe des Risikomanagements besteht darin, die relevante Datenbasis zu bestimmen sowie die Tendenz der Risikoaggregate zu beobachten, insbesondere ob diese in Einklang mit der eingeschlagenen Geschäfts- und Risikostrategie stehen (zur praktischen Ermittlung des Value at Risk s. Hartmann-Wendels/Pfingsten/Weber, 2019, S. 287 ff.).

Der Value at Risk wurde ursprünglich entwickelt, um die aggregierten Handelsrisiken in einer Kennzahl zusammenzufassen (Hull, 2023, S. 233 ff., 612 ff.). Diese Kennzahl hat sich einschließlich ihrer Ergänzungen durch den Conditional-Value at Risk oder Expected Shortfall (Hull, 2023, S. 238; Möbius/Pallenberg, 2013, S. 14) in der Berechnung sowohl der Marktpreisrisiken als auch der Mindesteigenkapitalanforderungen für die Kreditrisiken durchgesetzt. Während bei der Beurteilung des Marktpreisrisikos der Value at Risk eine hinreichend schnelle Information bietet, stellt er in Bezug auf das aktuelle Kreditrisiko keine unmittelbare Steuerungsgröße dar, sondern wirkt sich maßgeblich auf die Mindesteigenkapitalhöhe aus.

Aus der Sicht des entscheidungsorientierten Risikomanagements entstehen die vom Value at Risk erfassten Marktpreisrisiken erst mit der Einräumung von Handelslimiten (Emittenten- oder Kontrahentenlimite), die eine Kreditentscheidung ist (so ausdrücklich MaRisk AT 2.3 Abs. 2). Die Entscheidung über das Handelslimit wird zunächst unabhängig von der jeweiligen Value at Risk-Position getroffen. Die Basis des Handelsgeschäfts bildet die vorherige Akzeptanz des Kreditrisikos gegenüber Wertpapieremittenten oder Kontrahenten von Finanzderivaten durch die Kompetenzträger/-innen des Risikomanagements. Der Value at Risk erfasst dann die täglichen Handelspositionen unter Berücksichtigung von Absicherungsgeschäften. Er stellt neben anderen Kennzahlen ein Instrument zur Steuerung der Handelspositionen dar unter der Voraussetzung, dass die Wertpapiere und Finanzkontrakte jederzeit handelbar sind. Die Risikoakzeptanzentscheidung, d. h. die Einräumung des Emittentenlimits, muss jedoch unter der Annahme getroffen werden, dass die Positionen illiquide werden und letztlich auf dem Buch des Instituts einfrieren und nur langsam „abreifen", d. h. nach Laufzeit und allmählichem Abverkauf der Positionen über einen längeren Zeitraum opportunistisch abgebaut werden können. Bei der Berechnung des Value at Risk werden also „normale" Handelsbedingungen in den Wertpapiermärkten vorausgesetzt. Bei der Kreditentscheidung über die Einrichtung von Handelslimiten ist auch die Überlegung maßgebend, dass die Handelspositionen unter ungünstigen Bedingungen nicht glattgestellt, also abverkauft oder abgesichert werden können.

Man kann hier von einer doppelten Risikoakzeptanz sprechen: Zuerst erfolgt die Akzeptanz des Handelslimits, um eine Handelsposition in Wertpapieren und Finanzkontrakten zu ermöglichen. Danach erfolgt die Steuerung der Handelspositionen in Bezug auf ihre Handelbarkeit und unter Berücksichtigung von Absicherungs- und kompensatorischen Gegengeschäften, insbesondere im Derivatehandel. Sobald aber die Liquidität der Handelspositionen rapide abnimmt oder ganz aussetzt, wie beispielsweise in den Asset-Backed-Security-Positionen während der Finanzkrise, wird aus dem Handels- ein reines Kreditrisiko. Damit wird auch im Handelsgeschäft die Entscheidung über das (potenzielle) Kreditrisiko aus Handelspositionen zum Dreh- und Angelpunkt der Risikoakzeptanz.

Mit dieser Kategorisierung ist keine Rangfolge gemeint, jedoch eine zeitliche Abfolge. Die Steuerung von Handelspositionen ist äußerst anspruchsvoll und die Sicherstellung, dass Handelslimite eingehalten werden, eine der Hauptaufgaben des Marktpreisrisikomanagements. Fehler oder Schwächen in der Handelsüberwachung haben zu notorischen Verlusten großer Institute (z. B. der französischen Société Générale) und der Insolvenz von Traditionsbanken (z. B. der Herstatt-Bank in Köln oder der britischen Investmentbank Barings) geführt. Die Risikoentscheidung über Handelspositionen zielt auf die Herstellung von Absicherungspositionen (Arbitrage, Hedging), die Glattstellung von Handelspositionen am Ende des Handelstages oder die gezielte Eingehung von eng begrenzten offenen Positionen im Eigenhandel. Die Einräumung von Limiten erfolgt dagegen unter dem Blickwinkel einer Haltestrategie (Buy-and-Hold-to-Maturity). Positionen ohne Laufzeiten, insbesondere Aktien und andere Beteiligungstitel, werden bis zur Auflösung durch opportunistischen Verkauf oder Liquidation auf den Büchern des Instituts als Risikopositionen beibehalten.

Für das entscheidungsorientierte Risikomanagement wird der Value at Risk besonders relevant, wenn sich die Risikolage der bereits eingegangenen Risiken durch veränderte Rahmenbedingungen zu Ungunsten eines Instituts entwickelt. Risikoaggregate erlauben eine gleichzeitige Gesamtbetrachtung aller Risiken im Hinblick auf die Risikotragfähigkeit eines Instituts.

Im Bereich der Investmentbanken werden auch Risikokapitallimite den einzelnen Handelseinheiten zur Verfügung gestellt. Die Überwachung solcher Handelstätigkeiten geschieht dann über die Einhaltung dieser Limite und der Erzielung der erwarteten Mindestrendite auf das zugeordnete Risikokapital. Die Investitionsentscheidung wird weitgehend von der Handelseinheit in Abstimmung mit dem zentralen Risikomanagement getroffen. Die Risikoakzeptanzentscheidung hat hier die potenziell längere Haltedauer zu berücksichtigen.

Ein seltenes Risikoereignis mit besonders hohem Verlustpotenzial wird als „schwarzer Schwan" bezeichnet (s. Taleb, 2010). Die globale Finanz- und Wirtschaftskrise von 2007/2008 gilt als ein solches Szenario. Ein Value at Risk, der auf der Basis von Vergangenheitsdaten ermittelt wird, kann solche Verlustszenarien nicht adäquat abbilden. Als Konsequenz daraus legen die Aufsichtsbehörden mehr Wert auf die Beurteilung von Stressszenarien, die Auskunft darüber geben sollen, wie belastbar der Verlustpuffer, also das Eigenkapital, ist, wenn realistisch modellierte Krisenszenarien auftreten würden (s. auch Kapitel 6.3.3 unter Szenarioanalysen und Stresstests). Ein Risikomanagement wird in diesen Szenarioanalysen im Wesentlichen in seiner messenden Rolle aktiv. Gleichwohl kann man Anhaltspunkte für die Behandlung künftiger Entscheidungen über die Risikoakzeptanz ableiten, wenn beispielsweise zu geringe oder zu große Spielräume in den Verlustpuffern zum Vorschein kommen, die auf eine zu geringe oder eine zu hohe Risikobereitschaft hindeuten.

5.2.5 Zusammenfassung Messtechniken

Zu den Messtechniken des Risikomanagements zählen die Berechnung der Ausfallwahrscheinlichkeiten von Kreditnehmern, der Marktpreisrisiken von Wertpapieren und Derivaten und des Value at Risk als maximale Verlusthöhe bei gegebenem Konfidenzniveau. Darüber hinaus sind die für die Gesamtsteuerung einer Bank oder eines Finanzinstituts erforderlichen Berichte zu erstellen, wie Portfolioanalysen, Szenarioanalysen und Stressszenarien. Im Tagesgeschäft ist die kontinuierliche Berechnung und Bewertung der Marktpreisrisiken vorherrschend.

Der wertschöpfende Beitrag des Managements der Handelsrisiken ist die Eingehung von Marktpreisrisiken innerhalb der vorgegebenen Limitstruktur. Nur wenn innerhalb dieser Limite gehandelt wird, bleibt das Gesamtrisiko steuerbar. Der messende Ansatz (Value at Risk) verbindet sich hier mit dem verhütenden Ansatz des Risikomanagements, der auf die strikte Einhaltung von Handelslimiten abzielt. Auch werden innerhalb der Handelspositionen zwangsläufig Entscheidungen zur Akzeptanz von Risiken getroffen, nämlich in Bezug auf die Angemessenheit und Tragfähigkeit von Absicherungs- und kompensatorischen Gegengeschäften, deren hochdynamischer Charakter eine Herausforderung an das Marktpreisrisikomanagement darstellt und entsprechende Führungsstärke in der Risikosteuerung erfordert. Die Wertschöpfung wird im Verbund aller drei Risikomanagementansätze, dem verhütenden, dem messenden und dem prozessualen, erzielt, wobei der prozessuale und entscheidungsorientierte Prozessschritt (zur Risikoakzeptanz) den anderen beiden Prozessschritten idealerweise (und aufsichtsrechtlich zwingend) zeitlich vorausgeht.

5.3 Prozess- und Entscheidungstechniken

Aufbauend auf dem stochastischen Risikobegriff der Eintrittswahrscheinlichkeit lässt sich das prozessuale Risikomanagement als Entscheidungsprozess über die Risikoakzeptanz beschreiben. Dieser Entscheidungsprozess findet im Rahmen der Entscheidung darüber statt, ob ein Kreditrisiko eingegangen werden soll. Sie wird hier als Kreditentscheidung bezeichnet.

Betriebswirtschaftlich betrachtet ist Kredit der Oberbegriff für eine Vielzahl wirtschaftlicher Fälle, bei denen der/die Schuldner/-in von der Verpflichtung befreit ist, die Gegenleistung sofort zu erbringen; Rückzahlungen erfolgen also erst zu einem künftigen Zeitpunkt (s. Hartmann-Wendels/Pfingsten/Weber, 2019). Bei Krediten herrscht Unsicherheit über die Höhe der künftigen Rückzahlungen, die durch unterschiedliche Faktoren beeinflusst wird. Grundsätzlich ist jede Form der Forderung, die erst künftig zu erfüllen ist, als Kredit anzusehen, z. B. Eventualhaftungen wie Bürgschaften und Garantien, Termingeschäfte in Rohstoffen, Edelmetallen oder Währungen, Finanzderivate (Zins- und Währungsswaps, Finanzoptionsgeschäfte, Kreditderivate) und Forderungen aus Lieferung und Leistung, wenn kein Zug-um-Zug-Geschäft vereinbart ist, einschließlich der Anschaffungsrisiken (Settlement-Risk), wenn ein Zug-um-Zug-Geschäft zwar vereinbart ist, jedoch technisch nicht zeitgleich erfolgen kann.

In einem Kreditinstitut überlagert die Kreditentscheidung viele andere Prozesse. Auch Eigenhandel und operative Prozesse schlagen sich meist direkt oder indirekt in Kreditverlusten als Folge einer Kreditentscheidung nieder. Dieser Entscheidungsprozess schließt auch die Risikominderungstechniken ein, wie z. B. Besicherung, Hedging, Netting, die im nächsten Abschnitt betrachtet werden. Die Anwendung von Risikominderungstechniken ist sinnvoll, wenn ein Risiko berechenbar ist. Unkalkulierbare Risiken sind durch diese Techniken in der Regel nicht zu beherrschen.

Im folgenden Abschnitt wird im Kontext des Kreditentscheidungsprozesses die Erwartungsnutzenlehre angewendet und erläutert. Auf ihr beruht die Legitimationsbasis des entscheidungsorientierten Risikomanagements, auch intuitive Einschätzungen im Entscheidungsprozess vorzunehmen.

5.3.1 Kreditentscheidung als Risikosituation

Wie jede Wahlhandlung kann auch der kreditwirtschaftliche Investitionsauswahlprozess als Risikosituation aufgefasst werden. Seine Besonderheiten liegen in der Tatsache, dass Investitionen in Finanzinstrumente reine Forderungen auf Geld darstellen und somit „immaterieller" Natur sind. Nach der Entscheidungstheorie liegt eine Risikosituation vor, wenn Unsicherheit über die künftigen Konsequenzen einer Wahlhandlung besteht und für die Konsequenzen Eintrittswahrscheinlichkeiten angegeben oder ermittelt werden können (s. Kapitel 2.2.3). Bei der Entscheidung über die Risikoakzeptanz im Kreditentscheidungsprozess herrscht Unsicherheit über die künftigen Rückflüsse aus einer Finanztransaktion. In der Abwägung über ihren erwarteten Erfolg oder Misserfolg drückt sich ein Wahrscheinlichkeitsurteil aus. Damit stellt sich der Kreditentscheidungsprozess als Risikosituation im technischen Sinne der Entscheidungstheorie dar.

Der Umgang mit Risikosituationen ist Gegenstand der präskriptiven Entscheidungstheorie. Sie bietet Entscheidungsmodelle an, mit deren Hilfe eine optimale Lösung auf der Basis der Risikopräferenz von Entscheider/-innen gefunden werden kann. Die präskriptive Entscheidungstheorie orientiert sich bei der Aufbereitung von Entscheidungsmodellen und -regeln an der Erwartungsnutzenlehre. Während die bankwirtschaftliche Literatur den Kreditentscheidungsprozess auf der Seite des institutionellen Risikomanagements als formalen Prüfprozess der Kreditvergaberichtlinien versteht, sollte sich das entscheidungsorientierte Risikomanagement den Risikoakzeptanzprozess als Beurteilung des Erwartungsnutzens vorstellen. Die unterschiedlichen Aspekte eines Entscheidungsprozesses, von der Investitionsentscheidung, der Kapitalwertrechnung, der Volatilitätsmessung bis zur Risikopräferenzbestimmung, lassen sich auf das Erwartungsnutzenprinzip zurückführen.

Das Prinzip des Erwartungsnutzens bildet die Basis zur Bestimmung des Investitionsrisikos bei Finanztransaktionen. Anders als der Erwartungswert, wie der Expected Loss, bezieht der Erwartungsnutzen die Risikopräferenz eines/-er Entscheiders/-in oder einer Entscheidergruppe ein. Mit der Orientierung am Erwartungsnutzen einer Transaktion geht die Beteiligung des Risikomanagements an der Entscheidung über die Risikoakzeptanz über die formalen Prüfprozesse zur Qualitätssicherung hinaus und bezieht die materielle Beurteilung der Risikopräferenz und die daran gemessene Höhe des Risikonutzens mit ein (s. Kapitel 5.3.2).

In Banken und Finanzinstituten findet die Entscheidung über die Risikoakzeptanz im Rahmen eines Kreditgenehmigungsprozesses statt. Dieser unterliegt zunächst formalen Kontrollen, um die Bearbeitungsqualität zu sichern. Dies wird in der Praxis häufig als eigentlicher Zweck des „Zweitvotums" angesehen. Diese einengende Sicht wird hier nicht geteilt. Zentrale Aufgabe der Kreditanalyse ist es, die Ausfallwahrscheinlichkeit und einen Expected Loss zu ermitteln, der die erwarteten Ausfallkosten für die Vorkalkulation von Kreditgeschäften festlegt. Über die Akzeptanz eines Risikos wird jedoch erst entschieden, wenn alle Bonitäts- und Strukturelemente einer Transaktion festgelegt und bewertet wurden. Die Entscheidung geschieht im Wege delegierter Kompetenzen an Einzelpersonen (Kompetenzträger/-innen) oder Personengruppen (Kreditkomitees, Geschäftsleitung).

Kreditgeschäfte sind nach der aufsichtsrechtlichen Definition Geschäfte mit bilanziellen oder außerbilanziellen Adressenausfallrisiken. Danach gilt als Kreditentscheidung jede Entscheidung über Neukredite, Krediterhöhungen, Beteiligungen, Limitüberschreitungen, die Festlegung von kreditnehmerbezogenen Limiten, von Kontrahenten- und Emittentenlimiten (Handelslimite) und Kreditprolongationen sowie Änderungen risikorelevanter Sachverhalte, die dem Kreditbeschluss zugrunde lagen (z. B. Sicherheiten oder Verwendungszweck). Zu den Kreditgeschäften im weiteren Sinne gehören neben den klassischen Darlehens- und Schuldscheingeschäften auch Leasingvereinbarungen, das Factoring sowie der Ankauf von Anleihen oder ganzer Kreditportfolien einschließlich notleidender Kredite.

Die in den MaRisk festgelegten umfangreichen Prüfprozesse besitzen bisweilen den Charakter eines Qualitätssicherungsverfahrens, das die Güte der Transaktion (Kreditwürdigkeit) hauptsächlich nach formalen Kriterien abprüft. Dagegen ist die Letztentscheidung über die Risikoakzeptanz ein Abwägungsprozess über den Grad der (Un-)Sicherheit der Rückflüsse aus einer Transaktion. Anders als bei der Qualitätssicherung genügt es im Risikoakzeptanzprozess nicht, ein Votum abzugeben, sondern ihm ist auch Geltung zu verschaffen. Die Bankenaufsicht weist dem Risikomanagement in diesem Entscheidungsprozess eine besondere Verantwortung zu, die ihren Ausdruck darin findet, dass der Bereich des Risikomanagements, der für das „Zweitvotum" zuständig ist („Marktfolge"), faktisch nicht überstimmt werden kann (MaRisk BTO 1.1 Abs. 2). Bei Entscheidungen, die vom Votum des Risikomanagements abweichen, besteht eine besondere Offenlegungs- und Begründungspflicht im Risikobericht des Instituts (MaRisk BTO 1.1 Abs. 5). Diese Offenlegungspflicht gegenüber den Aufsichtsorganen und den Anteilseigner/-innen (Aktionär/-innen) stellt eine substanzielle Hürde für eine Abweichung vom Votum des Risikomanagements dar und begründet unter Umständen ein erhebliches individuelles Haftungsrisiko einzelner Organmitglieder.

In dem Entscheidungsprozess über die Risikoakzeptanz befindet sich das Risikomanagement nicht in einer beratenden Rolle, sondern in der vollen Entscheidungsverantwortung. Es reicht nicht aus, in diesem Entscheidungsprozess nur eine Empfehlung abzugeben. Dies gilt vor allem, wenn in dem Entscheidungsprozess Tendenzen erkennbar werden, dass von rationalen Prinzipien abgewichen wird oder Interessen verfolgt werden, die einem rationalen Entscheidungsprozess zuwiderlaufen. Die meisten potenziellen Konfliktsituationen im Entscheidungsprozess lassen sich durch einen rationalen Diskurs, in dem wirtschaftliche Argumente abgewogen werden, beilegen. Wenn jedoch gewichtige Argumente ignoriert werden oder wenn versucht wird, durch unbotmäßig ausgeübte Leitungsmacht die Rationalität zu Gunsten individueller Interessen auszuhebeln, dann muss das Risikomanagement klar Position beziehen und im Entscheidungsprozess notfalls gegen eine Mehrheit oder bei Einzelentscheidungen gegen vorgeordnete Stellen stimmen. Es darf sich nicht als Hilfs- oder Beratungsfunktion verstehen.

Die Risikoakzeptanz äußert sich nicht in einem einzigen Entscheidungsakt. Den meisten komplexen Kredittransaktionen geht ein intensiver Abstimmungsprozess zwischen Geschäftseinheiten und dem Risikomanagement voraus. In diesem Prozess werden Ansichten über den Risikogehalt ausgetauscht und Maßstäbe für eine kapitalwertpositive Transaktion gesetzt. Am Ende dieses Prozesses wird eine gesamthafte Entscheidung über die Risikoakzeptanz getroffen. Doch schon zuvor tritt der Grad der Risikopräferenz hervor. Der Beitrag des Risikomanagements zur Eingehung wertschöpfender Risiken spielt sich daher meist in diesem dynamischen internen Verhandlungsumfeld ab, in dem die Einschätzung des Risikomanagements dieselbe Wirkung entfalten sollte, wie in einer Endentscheidung bei einem Konflikt.

Die Risikoakzeptanzentscheidung ist keine Entscheidung über die Begrenzung von Risiken, sondern über das Eingehen akzeptabler neuer Risiken. Die Kunst besteht darin, den Risikokorridor einzuhalten, der für ein Institut und sein Geschäftsmodell angemessen ist und sich idealerweise im Einklang mit dem vom Kapitalmarkt bestimmten Risikoniveau befindet. In diesem Spannungsfeld ist einseitige Begrenzung der Ausfallrisiken nicht das vorrangige Ziel, sondern die Skalierung des Risikoniveaus und seine Anwendung auf der Ebene der Einzeltransaktion. Daher können Impulse zur erhöhten Risikonahme vom Risikomanagement selbst ausgehen, auch wenn dies in der Unternehmenspraxis eher selten zu beobachten ist.

Bis jetzt stand die Kreditentscheidung im Einzelfall im Fokus. In Finanzinstituten werden aber auch vielfach „automatisierte" Entscheidungen getroffen, so insbesondere bei Überziehungslinien, Kreditkartenlimiten, Konsumentenkrediten oder Baufinanzierungen für selbstgenutzte Eigenheime. Das besprochene Erwartungsnutzenprinzip ist analog auch auf Entscheidungen im Mengengeschäft anwendbar, z. B. bei der Entscheidung über ganze Kreditprogramme. Dort sind die standardisierten und automatisierten Prozesse stärker im Blick, weniger die Einzelentscheidung. Im Mengengeschäft sind die Risiken häufiger messbar und deswegen mit statistischen Methoden zu ermitteln. Angesichts der sich stets weiterentwickelnden Möglichkeiten, die künstliche Intelligenz bietet, ist denkbar, dass auch Einzelkreditentscheidungen im Laufe der Zeit mit automatisierter Unterstützung gefällt werden. Dennoch, angesichts der Komplexität vieler Großkreditengagements wird dem individuellen Entscheidungsprozess, d. h. dem Entscheidungsprozess über Einzelrisiken, weiterhin hohe Bedeutung zukommen.

5.3.2 Prozessrationalität als Ziel

Ziel des Risikomanagements ist es nicht, Kreditausfälle um jeden Preis zu vermeiden, sie gehören zu dem Geschäft mit Kreditrisiken dazu. Auch ein erstklassig besicherter Kredit kann im Falle einer Leistungsstörung ausfallen und einen Expected Loss verursachen. Es lassen sich hierzu hinreichend verlässliche Erwartungswerte bestimmten, d. h. die Ausfallwahrscheinlichkeiten. Nehmen wir beispielsweise an, dass ein Unternehmen über ein Moody's Kreditrating von Ba oder ein Standard & Poors-Rating von BB verfügt.[79] Dies entspricht einer Ausfallwahrscheinlichkeit von ca. 0,5 Prozent. Unterstellt man, dass die Kreditqualität eines durchschnittlichen mittelständischen Unternehmens einer Ratingkategorie von Ba oder BB entspricht, dann fällt nach dem Zufallsprinzip jede/r zweihundertste Kreditnehmer/-in oder Anleiheinhaber/-in in dieser Kategorie aus.

Kreditausfälle können daher nicht vermieden werden. Wäre Verlustvermeidung das Ziel, dürfte man kein Kreditgeschäft betreiben. Die Güte eines Risikoakzeptanzprozesses kann daher nicht daran gemessen werden, ob Kreditausfälle verhindert wurden, sondern nur an der Qualität des vorangegangenen Entscheidungsprozesses. Sind alle vorhandenen und möglichen Informationen eingeflossen und ist die Risikosituation vollständig und unvoreingenommen beurteilt worden, also die Rationalität des Entscheidungsprozesses gewahrt, dann ist das Auftreten von Kreditausfällen ein Teil der erwarteten Kosten des Bankbetriebs im Sinne des Expected Loss. Die Situation ist vergleichbar mit dem Eintreten eines Versicherungsfalls. Versicherungen werden abgeschlossen, um die finanziellen Folgen eines Versicherungsfalles abzumildern. Weder Versicherungsgeber noch -nehmer/-innen sind bestrebt, den Versicherungsfall unter allen Umständen zu vermeiden. Wer keinen Haftpflichtschaden mit seinem Fahrzeug hervorrufen will, muss vom Fahren gänzlich absehen.

Es gibt auch im Kreditgeschäft „handwerkliche" Kriterien, wie ein Risiko zu beurteilen ist. Sie orientieren sich an dem Regelkreis des Gefahrenrisikomanagements, Risikoidentifikation, -analyse und -bewertung (s. Kapitel 5.1.5) und lassen sich allgemein anwenden, um eine Transaktion in einzelne Elemente zu zerlegen. Voraussetzung ist, dass alle wesentlichen Informationen für die Beurteilung vorliegen. Ein unerkannt gebliebenes Risiko ist die größte Schwachstelle einer Risikoanalyse. Daher ist im Regelkreis des Risikomanagements die vollständige und zutreffende Risikoidentifikation entscheidend. Aber selbst bei Heranziehung aller zu einem bestimmten Zeitpunkt verfügbaren Informationen bleibt ein Restrisiko, dass die Informationen unvollständig sind. Inwieweit dieses Restrisiko im Einzelfall tragbar ist, unterliegt gleichermaßen der Beurteilung im Risikoakzeptanzprozess.

Der Analyseprozess darf nicht darauf reduziert werden, aktuelle und potenzielle Risikoquellen aufzuspüren. In der Praxis der Finanzinstitute sind die Kreditrisiken häufig offenkundig. Differenzen entstehen überwiegend bei der Einordnung ihrer Risikohöhe in die Risikobereitschaft eines Instituts, also bei der Frage der Risikoakzeptanz.

Die Analyse eines Kreditrisikos kann nicht durch die Verwendung von Ratings einer externen Agentur ersetzt werden. Die Informationslage eines Kreditgebers ist in

---

79 Standard & Poor's definiert das BB-Rating als: „Less vulnerable in the near-term but faces major ongoing uncertainties to adverse business, financial and economic conditions." https://www.spglobal.com/ratings/en/about/intro-to-credit-ratings (Abrufdatum: 26.03.2024). Die Definition bei Moody's lautet: „Obligation rated Ba are judged to have speculative Elements and are subject to substantial credit risk." https://www.moodys.com/sites/products/productattachments/ap075378_1_1408_ki.pdf (Abrufdatum: 26.02.2024). Die im Text angegebene Ausfallwahrscheinlichkeit ist eine näherungsweise Angabe.

der Regel umfassender als die einer Ratingagentur. Außerdem spielt in der Beurteilung des Erwartungsnutzens die Struktur einer Kreditverbindung eine Rolle. Auch wenn mit einem extern gerateten Unternehmen nur Wertpapiergeschäfte betrieben werden, kann die Analyse nicht auf einem externen Rating allein beruhen. Es dient allenfalls als zusätzliche Informationsquelle. Das externe Rating repräsentiert eine geschätzte Ausfallwahrscheinlichkeit sowie einen Verlust-Erwartungswert aus der Sicht eines Außenstehenden. Bankverbindungen erlauben in der Regel einen tieferen Einblick in die Situation eines/er Kreditnehmer/-in. Außerdem können Banken in der Regel schneller auf negative Ereignisse eines/er Kreditnehmer/-in reagieren als Ratingagenturen. Die isolierte Verwendung von externen Ratings als Substitut für eine eigene Kreditanalyse verbietet sich jedoch vor allem wegen der fehlenden Beurteilung des Erwartungsnutzens, die nur das kreditgebende Institut selbst vornehmen kann. Werden auf der Basis der extern beurteilten Bonität Wertpapierhandelslimite eingerichtet, leitet sich der Nutzen erst aus der Handelsstrategie ab, nicht aus dem externen Rating eines Emittenten.

5.3.2.1 Nutzwertanalyse

Um die Rationalität im Entscheidungsprozess sicherzustellen, hat sich in der Managementpraxis das Instrument der Nutzwertanalyse bewährt (s. Jeschke, 2017, S. 68 ff.). Sie kann nur als Versuch angesehen werden, sich dem Erwartungsnutzenprinzip anzunähern. Ihr fehlt die Stringenz der entscheidungstheoretischen Grundlagen. Deswegen wird sie von der Entscheidungstheorie aus methodischen Gründen verworfen (s. Eisenführ/Weber/Langer, 2010, S. 145 f.; Bamberg/Coenenberg/Krapp, 2019, S. 58), kann aber in der Praxis zu Transparenz und Objektivität von Entscheidungsprozessen beitragen.

Im Tagesgeschäft wird kaum daran gedacht, eine formale Nutzwertanalyse für Routineentscheidungen durchzuführen. Investitionsentscheidungen im Kreditgeschäft sind aber häufig mittel- und langfristige, unumkehrbare Entscheidungssituationen, die strategischen Richtungsentscheidungen im Einzelfall sehr nahekommen können. In diesen Situationen kann eine formelle – oder auch informelle – Nutzwertanalyse als Hilfe für Risikoentscheider/-innen bei der Strukturierung des Problems, der Synthese der Kriterien und der Argumentation im Entscheidungsprozess dienen.

Eine besondere Herausforderung für die Nutzwertanalyse stellt ihre Anfälligkeit für Manipulationen dar (s. Kühnapfel, 2021, S. 1). Die Bestimmung von Scores und Gewichten ist prozessbedingt subjektiv und besitzt deswegen potenziell den Reiz, Inputwerte zu färben, um bestimmte gewünschte Ergebnisse zu erreichen. Adjustierungen von Scores und Gewichtungen führen meist zu veränderten Ergebnissen, deren Objektivität dann fragwürdig ist. Es bedarf daher auch einer „Instanz", die die Objektivität im Bewertungsprozess einfordert, wenn solche Tendenzen auftreten.

Der Nutzwertanalyse wird vorgeworfen, mit zu vielen subjektiven und ungefähren Werten zu arbeiten. Die Kritik ist nicht von der Hand zu weisen. Dennoch führt die Anwendung der Nutzwertanalyse dazu, Entscheidungsprobleme besser strukturiert zu lösen. Man kann sie den Kommunikationstechniken zuordnen, die es ermöglichen, komplexe Entscheidungsprobleme in ihre einzelnen Elemente zu zerlegen und Stück für Stück zu bewerten. Nicht die Präzision einer Punktebewertung ist das Ziel, sondern die Vielfalt der Kriterien eines Entscheidungsproblems umfassend zu beleuchten (vgl. Kühnapfel, 2021, S. 12). Wird ein Entscheidungsproblem in einzelne Faktoren differenziert, können Wahrnehmungsverzerrungen durch interessegeleitete und unsachgemäße Präferenzen, Bereichsegoismen oder Hybris beträchtlich reduziert werden. (Für einen guten Überblick über die praktischen Einsatzmöglichkeiten, die Methodik und die wesentlichen Grundlagen der Nutzwertanalyse sei insgesamt auf das Werk von Kühnapfel (2021) verwiesen.) Angesichts ihrer methodischen Schwächen soll die Nutzwertanalyse hier nicht weiter vertieft werden. Die nachfolgenden Ausführungen orientieren sich an den Erkenntnissen der Entscheidungstheorie.

5.3.2.2 Wahrscheinlichkeitsaussagen

Die Ausfallwahrscheinlichkeit einer Transaktion repräsentiert einen stochastischen Erwartungswert, nicht den Erwartungsnutzen (auch Risikonutzen oder Bernoulli-Nutzen, s. Kapitel 3.2.1). Die Ausfallwahrscheinlichkeit ist deshalb kein ausreichender Maßstab für die Güte einer Transaktion.

Das Denken in den Kategorien des Risikonutzens ist im praktischen Kreditentscheidungsprozess kaum wahrnehmbar. Zwar wird in soliden Organisationen in aller Regel eine umfassende Beurteilung der Einzelrisiken im Rahmen der Akzeptanzentscheidung vorgenommen. Aufgrund der Komplexität und Abstraktheit des Erwartungsnutzenprinzips wird im Geschäft mit Finanzinstrumenten jedoch kaum explizit darauf Bezug genommen. Häufig kommt das Prinzip in der pauschalen und notwendig subjektiven Beurteilung der Erfolgswahrscheinlichkeit einer Transaktion zum Ausdruck (s. Kapitel 3.2.1).

Die Erfolgswahrscheinlichkeit komplexer Finanztransaktionen hängt von einer Vielzahl wirtschaftlicher, rechtlicher und strukturbezogener Einschätzungen ab. Der Risikonutzen einer Transaktion bestimmt sich an der für ein Institut angemessenen Risikopräferenz. Je geringer die Erfolgswahrscheinlichkeit einer Transaktion in der Gesamtschau erscheint, desto höher ist der anzusetzende Kapitalmarktzins (Diskontsatz oder modifizierter RAROC für die künftigen Rückflüsse, s. Kapitel 3.2.3) und desto geringer wird der daraus resultierende Kapitalwert der Transaktion. Eine Einzelkreditentscheidung richtet sich also auf die Bestimmung des Kapitalwerts (Net Present Value, NPV) einer Transaktion, die eine Abwägung aller Umstände einer Transaktion in einem rationalen Entscheidungsprozess erfordert.

Exkurs Discounted-Cash-Flow-Modell (DCF-Modell)   ❗

Die Ermittlung des Kapitalwerts einer Investition erfolgt, indem der Diskontsatz für die Abzinsung der erwarteten Free-Cash-Flows festgesetzt wird. Dieser Diskontsatz ist gleichbedeutend mit dem Kapitalkostensatz (Net Present Value), dem Zinsfuß zur Abzinsung der künftigen Rückflüsse. Der Diskontsatz einer spezifischen Investition wird bestimmt unter Zugrundelegung des Risikoniveaus, das für eine Investition maßgebend ist. Das bedeutet, dass der Diskontsatz nur dann dem Kapitalkostensatz entspricht, wenn die Investition genau dem Risikoniveau entspricht, welches für das Institut als Ganzes gilt. Ist das Risiko einer angestrebten Investition höher einzuschätzen als der für das Institut geltende Kapitalkostensatz, dann fallen Diskontsatz und Kapitalkostensatz auseinander. In diesem Fall wäre für den Diskontsatz das höhere Risiko der Investition maßgebend.

Der Kapitalkostensatz für ein Unternehmen als Ganzes lässt sich aus dem Capital-Asset-Pricing-Modell ableiten.

Das für eine Investition ermittelte spezifische Investitionsrisiko ergibt sich aus der Beurteilung der Eintrittswahrscheinlichkeit über die vollständige Rückführung des investierten Kapitals auf der Grundlage der Barwertrechnung. Maßgebliches Kriterium für diesen Abgleich ist der Risikonutzen der Transaktion, der sich aus der Entscheidungstheorie heraus begründen lässt. Er ist gleichbedeutend mit der Präferenz für die (Mindest-)Höhe einer Eintrittswahrscheinlichkeit für die Rückflüsse aus einer Transaktion (vgl. Perridon, Steiner u. Rathgeber, 2022, S. 56 ff., 245 ff.).

DCF-Formel lautet:

$$C_0 = \sum_{t=0}^{n} \frac{Free\ Cash\ Flow_t}{(1+i)^t}$$

Free-Cash-Flow = Einzahlungen – Auszahlungen in einer Periode t
t = Periodenjahresindex
i = Kapitalkostensatz (= Diskontsatz)

Der Diskontsatz des Kapitalmarktes ist gegebenenfalls an das spezifische Risiko der Investition anzupassen, wenn das Risiko der Investition höher (oder niedriger) ist als das allgemeine Unternehmensrisiko. Kauft z. B. ein Maschinenbauer eine High-Tech-Firma, ist als Diskontsatz für die Investition derjenige für High-Tech-Firmen zu verwenden, nicht der niedrigere des Maschinenbauers (s. Brealey/Myers/Marcus, 2020, S. 380 ff., S. 402). Analog dazu ist eine höhere Risikoprämie (d. h. ein höherer Diskontsatz) für Rückflüsse aus hoch fremdfinanzierten Unternehmenskäufen im Leveraged Finance anzusetzen als bei besicherten Investitionsfinanzierungen in mittelständischen Unternehmen.

5.3.2.3 Umgang mit subjektiven Risikopräferenzen

Der Risikonutzen ergibt sich als eine Funktion von Risikopräferenz eines Instituts und Risikogehalt einer Transaktion. Ein Kreditinstitut wie eine regionale Sparkasse wird aufgrund seines Geschäftsmodells generell weniger risikobereit sein, und daher auch auf eine geringere Renditeerwartung seitens des Kapitalmarktes treffen. Eine Investmentbank und noch mehr ein Hedge Fonds werden eine höhere Risikobereitschaft an den Tag legen, weil deren Investor/-innen eine höhere Rendite aus dem volatileren Provisionsgeschäft und dem Asset Management erwarten. Institute mit hoher Risikopräferenz bevorzugen daher Transaktionen mit höherem Risikogehalt, Institute mit geringerer Risikopräferenz präferieren Transaktionen mit niedrigerem Risikogehalt. Die Stochastik, die Entscheidungstheorie und die Versicherungslehre verwenden die Bezeichnungen Risikoscheu und Risikofreude, um Präferenzen zum Ausdruck zu bringen. Sie sind definiert als positive oder negative Abweichungen von einem Erwartungswert. Die Differenz zwischen Erwartungswert und den Abweichungen der Ergebnisse aufgrund der Risikopräferenz wird als Risikoprämie bezeichnet. Die Differenz zwischen Risikoprämie und Erwartungswert ist das Sicherheitsäquivalent (s. Kapitel 3.2.1.2).

Was sich in der Stochastik und der Entscheidungstheorie als rechnerisches Sicherheitsäquivalent ergibt, lässt sich im Rahmen einer komplexen Kreditentscheidung nicht leicht auf den Punkt bringen. Je höher die Komplexität einer Kreditentscheidung, desto schwerer fällt es, eine mathematische Entscheidungsregel zur Ermittlung eines eindeutigen Optimums zu erstellen. Im Entscheidungsprozess über komplexe Transaktionen fehlt es häufig an der Disziplin und der Bereitschaft, eine Entscheidungsregel mathematisch genau festzulegen. Der Umgang mit dem Risikonutzen und dem Sicherheitsäquivalent erfolgt in der Praxis daher notgedrungen intuitiv und erfahrungsgeleitet. Die Konsequenz ist, die Schätzung der Eintrittswahrscheinlichkeit über erwartete Rückflüsse aus einer komplexen Kredittransaktion muss anhand der Bewertung aller Transaktionsparameter und -kriterien gesamthaft und damit pauschal festgelegt werden. Die Rolle des Risikomanagements ist es sicherzustellen, dass der Entscheidungsprozess möglichst objektiv und rational, frei von Interessekonflikten, abläuft (s. Kapitel 3.2.1 zum Erwartungsnutzenprinzip und Intuition).

5.3.2.4 Finanzwirtschaftliche Operationalisierung des Risikonutzens

Banken unterscheiden sich von Industrieunternehmen, indem sie Einlagen annehmen, die aus Sicht der Anleger/-innen besonders sicher sein sollen. Diese werden von den Instituten in Darlehen und Finanzinstrumenten unter Einrechnung einer Handelsspanne angelegt. Banken verdienen auf zwei Seiten, sowohl am Einlagezins (Passivseite) als auch an Zinseinnahmen auf Kredite und Finanzinstrumente (Aktivseite). Das Risikoniveau eines Kreditinstituts wird durch die Investor/-innen mit der Wahl ihrer Erwartungsrendite vorgegeben. Risikopräferenzen eines Kreditinstituts können daher nicht beliebig nach den subjektiven Präferenzen einzelner Entscheider/-innen eines Instituts festgelegt werden, sie folgen dem Vorrang des Shareholder-Value. Ein Hilfsmittel, um das Risikoniveau eines Kreditinstituts abzuschätzen, besteht darin, ein externes Bonitätsrating heranzuziehen, um einen Anhaltspunkt für das anzustrebende Risikoniveau in Bezug auf das Portfolio der Kreditrisiken zu haben (vgl. z. B. Gleißner, Sassen u. Behrmann, 2019, S. 15 ff.). Bei Banken bestimmen die ungesicherten Sparer/-innen und Anleger/-innen das Risikoniveau und suchen sich ihr Institut mit einem „guten" Bonitätsrating aus. Dadurch erhalten Banken und Finanzinstitute eine günstige Fremdfinanzierungsquelle. Das externe Bonitätsrating kann als Substitut für das gesuchte Risikoniveau eines Kreditinstituts auch aus Anteilseignersicht näherungsweise herangezogen werden.

Der Risikonutzen einer Transaktion ermittelt sich aus der Risikoneigung eines Instituts und der Beurteilung der Erfolgswahrscheinlichkeit einer Transaktionsstruktur. Der Nutzen erweitert die Betrachtung des Ertrages aus einer Transaktion im Verhältnis zu ihrem Risiko um den Aspekt der Risikopräferenz. Es stellt sich die Frage, wieviel Risiko will bzw. muss ein Institut tragen, um die Investorenrendite zu erzielen? Die Risikonutzenfunktion im Sinne des entscheidungstheoretischen Bernoulli-Nutzens ist eine mathematische Funktion mit dem Ziel, die Risikopräferenz messbar zu machen. Im praktischen Entscheidungsprozess eines Kreditinstituts verzichtet man darauf, ein Entscheidungsmodell mit einer spezifischen mathematischen Risikopräferenzfunktion zu erstellen und begnügt sich mit qualitativen Bewertungen der Risikobereitschaft im

Verhältnis zu einer bestimmten Transaktion. Der Risikonutzen einer Transaktion ist umso höher, je höher die Erfolgswahrscheinlichkeit einer Transaktion von dem/der Entscheider/-in eingeschätzt wird.

Die Bestimmung der Ausfallwahrscheinlichkeit – ein stochastischer Erwartungswert – ist nur der erste Schritt der Risikoanalyse. Er repräsentiert die Ausfallkosten auf ein Portfolio gleichartiger Forderungen, heruntergebrochen auf eine einzelne Finanztransaktion. Die sich anschließende Risikoanalyse muss sämtliche zur Transaktion gehörenden Aspekte berücksichtigen. Dazu gehören die Sicherheitenvereinbarungen, die rechtlichen Strukturen als auch die wirtschaftlichen Auswirkungen einer Transaktion auf die Kreditnehmer/-innen und Rückwirkungen auf das Kreditinstitut (z. B. potenzielle Reputationsschäden). Mit der Beurteilung des Risikos ist explizit oder implizit eine Schätzung der Eintrittswahrscheinlichkeit für die künftigen Rückflüsse aus der Transaktion verbunden. Sind diese relativ unsicher oder ergeben sich möglicherweise seltene, aber hohe Verlustwahrscheinlichkeiten, ist der Kapitalwert der Transaktion vermutlich negativ. Es handelt sich um ein schlechtes Risiko, auf das vernünftigerweise verzichtet wird, weil es mit hoher Wahrscheinlichkeit Wert vernichtet.

Die finanzwirtschaftliche Operationalisierung des Risikonutzens in der Praxis geschieht durch die Ermittlung des Diskontfaktors für die Abzinsung der Rückflüsse aus einer Kredittransaktion (s. Kapitel 3.2). In kritischen Entscheidungssituationen mit sehr unterschiedlichen Einschätzungen der Entscheider/-innen über die intrinsischen Risiken einer Transaktion verzichtet man in der Regel auf die Festlegung eines Diskontfaktors und greift direkt auf das – zugegeben vage – Kriterium der Erfolgswahrscheinlichkeit zurück. Gute Risiken mit positivem Kapitalwert haben eine hohe Erfolgswahrscheinlichkeit. Schlechten Risiken attestiert man eine geringe Eintrittswahrscheinlichkeit der künftigen Rückflüsse. Die Mehrzahl der Kreditentscheidungen lassen sich durch Prüfroutinen und Standardkriterien treffen. Entscheidungsorientiertes Risikomanagement ist dagegen in Konfliktsituationen gefordert. Dann muss auf die Einhaltung der Rationalitätskriterien besonderer Wert gelegt werden und sichergestellt sein, dass keine interessegeleiteten Wahrnehmungen den Entscheidungsprozess über den Risikonutzen verzerren.

5.3.2.5 Entscheidung nach Dominanzkriterien

In vielen praktischen Entscheidungssituationen kann man davon absehen, ein vollständiges mathematisches Entscheidungsmodell zu erstellen, weil die Differenzen in einer transparenten Diskussion über die Einschätzung von Erfolgsaussichten einer Investition ausgetragen werden können. In einstufigen Entscheidungsprozessen mit einer festgelegten Anzahl von Kriterien und Handlungsalternativen werden Entscheidungen häufig aufgrund von Dominanzkriterien getroffen.

Der Dominanzbegriff der Entscheidungstheorie ist der Wahrscheinlichkeitslehre entlehnt. Nach Eisenführ, Weber und Langer (2010, S. 12 ff.) liegt Dominanz vor, wenn eine Handlungsalternative A gegenüber einer anderen Handlungsalternative B offenkundig überlegen ist, obwohl über die Erwartungen oder Präferenzen des Entscheiders keine vollständige Information vorliegt. Mit dieser Vorgehensweise ist es möglich, auf der Basis eines niedrigen Informationsniveaus die Anzahl der Alternativen einzuschränken. Eine beste Alternative kann in der Regel dann bestimmt werden, wenn die zu beurteilenden Alternativen verschieden genug oder das Dominanzkriterium trennscharf genug ist (s. Eisenführ/Weber/Langer, 2010, S. 12 ff., 97 ff., 376 f.). Ein solches Dominanzkriterium liegt beispielsweise vor, wenn eine Investition allein nach ihrem maximalen Kapitalwert beurteilt wird: die Kapitalwertdominanz (Eisenführ/Weber/Langer, 2010, S. 359 f.).

Ein Problem ist gelöst, wenn sich im Paarvergleich eine dominierende Aktion aus allen denkbaren Aktionen herauskristallisiert. Gibt es keine gleichmäßig „dominante" Lösung, muss man sich mit Entscheidungsregeln weiterhelfen, auf die man sich zunächst einigen muss (s. Bamberg/Coenenberg/Krapp, 2019, S. 110 f.) Die Vorgehensweise besteht darin, die Ansprüche an eine beste Aktion zu reduzieren, indem man spezielle Entscheidungsregeln einführt, die eine vollständige Vergleichbarkeit aller Aktionen erzwingt. Im unternehmerischen Kontext handelt es sich um Kriterien, die auch ohne Abwägung anderer denkbarer Alternativen oder selbst bei möglicher Vervollständigung der Informationsbasis die optimale Alternative unmittelbar vorgeben. Handelt es sich dabei um Kriterien, die gegen eine bestimme Alternative sprechen, spricht man von „Killer-Kriterien". Ist eine Alternative dagegen aus den genannten Dominanzüberlegungen offenkundig allen anderen Alternativen überlegen, handelt es sich um einen Selbstläufer oder im Bankenjargon „No brainer" (s. Deacon, 2004, S. 568).

Es kommt eher selten vor, dass in komplexen Risikosituationen solche eindeutig überlegenen, dominanten Ergebnisse oder Handlungsalternativen erkennbar sind. Die Diskussion darüber sollte offen ausgetragen werden, damit die Herleitung der Kriterien transparent wird. Die optimale Alternative sollte den Rationalitätspostulaten genügen, ihre Überlegenheit gegenüber anderen Alternativen klar hervortreten und argumentativ verteidigt werden können. Die Argumentation über Dominanzkriterien vereinfacht manche Entscheidung durch die ex ante Limitierung der Handlungsalternativen. Sie kann jedoch auch eine Diskussion beflügeln, indem die Kriterien hinterfragt und auf die Probe gestellt werden.

In kritischen und konfliktgeladenen Entscheidungssituationen ist nicht auszuschließen, dass Risikoerwägungen zu einem dominierenden Kriterium werden. Hat sich ein/e Entscheider/-in im Risikomanagement über die geringe Erfolgswahrscheinlichkeit ein hinreichend objektives Bild gemacht, so muss er/sie diese Wahrnehmung gegebenenfalls zum hauptsächlichen oder alleinigen Dominanzkriterium erheben und alle Handlungsalternativen ausschließen, die dem dominanten Kriterium nicht genügen. Ein der Objektivität verpflichtetes Risikomanagement müsste in solchen Fällen die subjektive Einschätzung der Erfolgswahrscheinlichkeit im Einzelfall sogar zum dominanten Ausschlusskriterium machen.

Entscheidungstheorie und -modelle beziehen sich in ihrer Grundform auf eine einzelne Person, die entscheidet. Die hier diskutierten Situationen implizieren zumeist die Teilnahme mehrerer Personen an einer Entscheidung. Dies kann prozesshaft zeitlich nacheinander oder gleichzeitig in einer oder mehreren Gruppenentscheidungen erfolgen. Entscheidungen in Gruppen, Kollektiven oder Gremien sind in großen Organisationen eher die Regel, um in komplexeren Fällen die Entscheidung durch die Einbindung zusätzlicher Experten zu verbessern. Der folgende Abschnitt geht auf einige Besonderheiten von Gruppenentscheidungsprozessen ein.

5.3.2.6 Rationalität von Gruppenentscheidungen

Die Modelle der Entscheidungstheorie gelten für Einzelentscheider/-innen und Entscheidungen durch Gruppen, Gremien, Kollektive oder Komitees gleichermaßen. Zwei Aspekte stehen bei Gruppenentscheidungen im Vordergrund: Um eine Entscheidungsregel erstellen zu können, müssen sich die Gruppenmitglieder auf ihre Zielvorstellungen einigen und Präferenzen festlegen (s. Bamberg/Coenenberg/Krapp, 2019, S. 211). Insbesondere die Beurteilung von Eintrittswahrscheinlichkeiten in Risikosituationen verlangt nach größtmöglicher Objektivität schon im Entscheidungsprozess, um egoistisch motivierten Einschätzungen Einzelner Einhalt zu gebieten (s. Eisenführ/Weber/Langer, 2010, S. 367). Stehen dann alle Komponenten der Entscheidung wie Ziele, Handlungsalternativen, Erwartungen und Wirkungsmodelle fest, lässt sich analog zu einer Individualentscheidung eine optimale Alternative finden.[80] Gelingt die Einigung über Ziele und Präferenzen nicht, läuft der Entscheidungsprozess ins Leere. Daher gilt im Gruppenentscheidungsprozess ein ganz besonderes Augenmerk darauf, Ziele und Präferenzen transparent zu machen und zu versuchen, diese Vorstellungen auf einen Nenner zu bringen, um ein Ergebnis zu finden.

Im Entscheidungsprozess einer Gruppe können Effekte auftreten, die seine Rationalität beeinträchtigen (s. Eisenführ/Weber/Langer, 2010, S. 363 ff). Andererseits können bei konstruktiver und strukturierter Vorgehensweise Gruppenentscheidungen einen höheren Grad an Rationalität aufweisen. Eine Möglichkeit dazu eröffnet die Technik der Dekomposition (s. Kapitel 3.2.2.1 sowie Eisenführ/Weber/Langer, 2010, S. 366). Bei konstruktivem Zusammenwirken der Gruppenmitglieder genügt es, wenn nur eine Person (z. B. im Risikomanagement) die entscheidungstheoretischen Verfahren kennt, solange die anderen bereit sind, sich an rationalen Kriterien zu orientieren.

Die Entscheidungstheorie bietet Kommunikationstechniken an, um diesen Prozess zu strukturieren. Für die Moderation von komplexen Entscheidungen werden gelegentlich externe Unternehmensberater/-innen hinzugezogen. Interne Expertise zum Thema Risikomanagement ist dennoch unersetzlich, weil der sich an die Entscheidungsfindung anschließende Prozess mit dem Ergebnis auseinandersetzen muss. Soll

---

80 Vgl. Hartmann-Wendels/Pfingsten/Weber (2019, S. 279): „Nun ist eine Bank zwar keine einzelne Person, sondern eine vielschichtige Institution. Dennoch ist vorstellbar, dass ihr Entscheidungsverhalten durch eine Art von Nutzenfunktion repräsentiert werden kann." und weiter auf S. 280: „Damit ist aber noch nicht gesagt, welche spezielle Zielfunktion denn nun für Banken ‚richtig' ist. Klar ist nur, dass Risiko eine Rolle spielen muss."

Risikomanagement nicht nur zur Schadensbegrenzung, sondern auch zur Risikosteuerung effektiv beitragen, ist es wesentlich, das interne Risikomanagement einzubeziehen. Dieses Verständnis muss das Risikomanagement notfalls für sich einfordern. Risiken können nicht sinnvoll und effektiv gesteuert werden, wenn ihr Ursprung vom Risikomanagement nicht mitbestimmt bzw. mitgestaltet wird.

Die Transparenz von Entscheidungsgrundlagen erleichtert ex post, Gründe für den Erfolg oder Misserfolg einer Entscheidung zu erkennen (s. Eisenführ/Weber/Langer, 2010, S. 367). Gruppenentscheidungen besitzen unter Umständen eine besondere Dynamik, die sich weniger an der Rationalität als an persönlichen legitimen oder illegitimen Interessen orientiert. Diese Dynamik ist nicht allein Gegenstand der Entscheidungstheorie, sondern auch der Psychologie und der Verhandlungstechnik. Um Rationalität und Transparenz im Auge zu behalten, ist es hilfreich, über einige Erkenntnisse der Entscheidungstheorie zu verfügen, die aus der Analyse von Gruppenentscheidungsprozessen hervorgegangen sind.

Für die Beobachtung des Risikoverhaltens und der Risikoeinstellung einzelner Beteiligter ist sowohl die Gruppenzusammensetzung als auch die Art des Entscheidungsproblems ausschlaggebend. Eisenführ, Weber und Langer (2010, S. 368 f.) führen vier Entscheidungssituationen an:

1. Unkritisch ist, wenn eine Gruppe gemeinsame Ziele teilt und nach der besten Lösung sucht. Kritisch ist jedoch das Phänomen des Group Think: Wenn alle in die gleiche Richtung denken, kann es im Einzelfall an der notwendigen Objektivität mangeln.
2. Bei differierenden Zielen ist es immerhin möglich, sich über Argumente auszutauschen und möglicherweise auf eine gemeinsame Vorgehensweise zu einigen.
3. Bei stärker divergierenden Interessen der Mitglieder ist die Bereitschaft, zu einer Einigung zu kommen, geringer. Es gibt bestenfalls den Versuch, im Wege der Verhandlung eine ausgleichende „faire" Lösung zu finden. Allerdings ist nicht auszuschließen, dass Drohungen, falsche Behauptungen oder „Kuhhandel"-Methoden angewendet werden, um eigene Interessen durchzusetzen. Rationalität ist dann zwar nicht durchweg zu erreichen, doch immerhin Transparenz über die divergierenden Interessen.
4. Brechen Interessenkonflikte in einer Gruppe offen aus, ohne dass ein Wille zu einer Einigung vorhanden ist, kann die Gruppe den Konflikt allein nicht lösen. Die Teilnehmer/-innen suchen sich unter Umständen Verbündete außerhalb der Gruppe.

Die große Mehrzahl der praktischen Entscheidungssituationen in Unternehmen ist von konstruktivem, an gemeinsamen Zielen orientiertem, Verhalten getragen. Die Rolle eines der Rationalität und Objektivität verpflichteten Risikomanagements kommt hauptsächlich in Konfliktfällen zum Tragen. Dann kann das prozessuale Risikomanagement versuchen, eine vermittelnde Rolle einzunehmen. Jedoch gibt es auch Fälle, in denen eine Vermittlung nicht möglich erscheint. Die Aufgabe des Risikomanagements sollte sich dann zunehmend von dem Postulat der Rationalität auf das der Transparenz verlagern.

Transparenz schafft Verantwortung bei denjenigen, denen die Rationalität im Prozess abhandengekommen ist. Interessegeleitetes und gegebenenfalls sogar illegitimes Verhalten wird offengelegt. Das reduziert die Möglichkeiten, dass Risiken verdeckt (zum Beispiel an den Entscheider/-innen vorbei) eingegangen werden.

Die Erkenntnisse der Entscheidungslehre zu den Gruppenentscheidungssituationen bilden eine solide theoretische Grundlage, um ökonomische Rationalität oder zumindest Transparenz in den Entscheidungsprozess zu bringen. Diese Einsichten unterstützen das Risikomanagement, um in Gruppenprozessen die Stimme zu erheben und steuernd einzugreifen. In beiden Fällen kann es sich auf hinreichend gesicherter theoretischer Grundlage Gehör verschaffen und auf Augenhöhe mit anderen Entscheider/-innen mitwirken. Bei Dissens in der Gruppe ist eine moderierende Beraterrolle fehl am Platz. Wenn Interessen massiv aufeinanderprallen, hat ein Risikomanagement die Verantwortung, dafür zu sorgen, dass die legitimen Interessen bevorzugt werden.

Die Steuerung von Risiken, die das Risikomanagement nicht mittragen kann, jedoch mitgetragen hat, ist zum Scheitern verurteilt: zum einen, weil es selbst Teil des fehlerhaften Entscheidungsprozesses war und deswegen kompromittiert ist, zum anderen, weil es sich nicht stark genug exponiert hat, um illegitime, dem Shareholder-Value zuwiderlaufende, Interessen offenzulegen. Risikomanagement sollte sich nicht auf Schadensbegrenzung einschränken lassen. Es besitzt eine Rolle auch bei der Wahl der Investitionsprojekte, um im Rahmen dieser Auswahlentscheidungen das angemessene Risikoniveau zu bestimmen, um die Voraussetzungen zu schaffen, die neu eingegangenen Risiken von Beginn an zu identifizieren und diese im angemessenen Rahmen zu halten und aktiv steuern zu können. Die möglichst objektive Beurteilung von Investitionsrisiken, gleich ob Sach- oder Finanzinvestitionen, ist eine Kernaufgabe eines prozessual verstandenen Risikomanagements.

In der Alltagspraxis werden viele Entscheidungen routinemäßig getroffen. Dabei sind die Ziele der Entscheider/-innen oft in Einklang. Es sind die konfliktreichen Investitionsentscheidungen im Kreditgeschäft, welche die Risikomanager/-innen herausfordern. Diese Situationen kündigen sich nicht notwendig an. Konflikte, die unternehmenspolitisch aufgeladen sind, werden häufig auch „über Bande" gespielt. Der eigentliche Kern des Problems wird manchmal erst spät im Prozess erkennbar. Gerade deswegen ist es so wichtig, schon bei sich anbahnenden Entscheidungen auf Ziele und Präferenzen von Entscheider/-innen zu achten und ihre expliziten oder impliziten Urteile auf Stichhaltigkeit und hinreichende Objektivität zu hinterfragen.

5.3.3 First-Line-Risikoprozesse

Das Drei-Linien-Modell der internen Revision (s. Kapitel 5.1.2) teilt die Kundenbetreuungs- und Vertriebsfunktionen der 1. Linie, die Koordinierungs- und Überwachungsfunktionen der 2. Linie und die interne Revision der 3. Linie zu. In diesem Bild gehört das Risikomanagement der 2. Linie an, weil Risikomanagement sowohl in

Form des Risikocontrollings als auch in Gestalt der „Marktfolge"-Organisation von den Kundenbetreuungs- und Vertriebsaufgaben funktionell getrennt ablaufen soll, um in der Beurteilung von Risiken nicht im Interessenkonflikt mit Vertriebszielen zu stehen. Gleichwohl agiert ein Risikomanagement nicht isoliert von der Kundenverbindung.

5.3.3.1 Umgang mit Kreditnehmer/-innen

Im Fall des prozessualen Risikomanagements ist die Linienzuordnung teils ambivalent. Risikomanagement hat zwar keine Vertriebsziele, indem es am Kundenerfolg gemessen wird. Dennoch ist der persönliche Umgang mit Kreditnehmern/-innen im Geschäft mit großen Unternehmenskunden oder speziellen Kundengruppen (z. B. im Leveraged- und Structured-Finance-Bereich) auch für das prozessuale Risikomanagement nicht ungewöhnlich. Gerade im Hinblick auf die qualitativen Kriterien der Kreditwürdigkeit wie Managementqualität und Finanzberichterstattung ist ein persönlicher Eindruck von den verantwortlichen Personen geboten. In den Bereichen der Spezialfinanzierung hilft der direkte Umgang mit den Kund/-innen dabei, die umfangreichen Informationen leichter und schneller zu beschaffen. Daher überschneiden sich die Linien des Modells an dieser Stelle. In all diesen Fällen achtet jedoch das Risikomanagement darauf, über die Risikoakzeptanz unabhängig und objektiv zu urteilen.

Das Bank-Risikomanagement besitzt in bestimmten bankgeschäftlichen Funktionen aufgrund seiner spezifischen Kompetenz eine alleinige Zuständigkeit in der direkten Betreuung von Kreditnehmern/-innen. Dies ist insbesondere der Fall, wenn Unternehmen aus der Krise geführt werden müssen. Darüber hinaus sind in Fällen der Bankenabwicklung Kenntnisse und Erfahrungen im Risikomanagement gefragt.

5.3.3.2 Unternehmenssanierung

Die Betreuung krisenbehafteter Unternehmen wird in Banken und Finanzinstituten von spezialisierten Abteilungen im Risikomanagement durchgeführt, das hier die volle Kundenverantwortung in der 1. Linie übernimmt. Entscheidungen in diesem Bereich werden nach dem Vier-Augen-Prinzip getroffen. Ein formelles Zweitvotum der „Marktabteilung" ist entbehrlich, weil der Produktvertrieb in dieser Phase sekundär ist. Die Erfahrungen mit spezialisierten Abwicklungsabteilungen hat die Aufsicht dazu bewogen, diese organisatorische Trennung von den Vertriebsfunktionen zur Pflicht zu machen, um einen objektiven und interessefreien Entscheidungsprozess zu gewährleisten. Effiziente und von der Kundenbetreuung unbelastete Sanierungs- und Abwicklungsabteilungen schonen Kapital und erzielen höhere Rückgewinnungsquoten, weil Vertriebsziele oder persönliche Befangenheiten nicht im Weg stehen.

In Krisensituationen sind die Skills des Risikomanagements besonders gefragt. Sanierungsexpert/-innen sind die Fachleute für Marktwerte notleidender Unternehmen. Außerhalb der Bankenwelt hat sich eine Gruppe von Finanzexperten/-innen herausgebildet, die das Skillset – und die Risikobereitschaft – für operative und finanzielle Unternehmensrestrukturierungen besitzen. Diese Turnaround-Spezialist/-innen verfügen über Erfahrung mit der sach- und marktgerechten Bewertung illiquider Vermögenswerte.

Die MaRisk (BTO 1.2.5) legen fest, dass Problemkredite in auf Sanierung und Abwicklung spezialisierten Abteilungen bearbeitet werden. Engagements, die wegen der krisenhaften Entwicklung eines Unternehmens eng betreut werden müssen, werden deshalb in die alleinige Verantwortung des Risikomanagements übertragen. Zur Bewältigung dieser Aufgabe sind Kenntnisse und Erfahrung in Insolvenzverfahren als auch in der Unternehmensbewertung unerlässlich. Sowohl die Begleitung der Sanierung des operativen Geschäfts eines Kreditnehmers als auch dessen finanzielle Sanierung erfordern besonderes Fingerspitzengefühl. Letztlich bedeutet die finanzielle Sanierung eines Unternehmens in erster Linie dessen Rekapitalisierung auf der Eigen- wie auf der Fremdkapitalseite. Die in diesen Situationen erforderlichen Verhandlungen mit den Kreditnehmer/-innen erfordern eine klare Positionierung, eine Optimierung der erwarteten künftigen Rückflüsse aus dem rekapitalisierten Unternehmen sowie eine Einflussnahme auf das Management, um es von der Notwendigkeit der Sanierungsmaßnahmen und deren Beitrag zur nachhaltigen Wertschöpfung zu überzeugen.

5.3.3.3 Bankenabwicklung

Seit Einführung der Bankenabwicklungsrichtlinie in der Europäischen Union[81] gelten einheitliche Regeln für den Abbau von Banken und Wertpapierfirmen (s. für einen Überblick Hartmann-Wendels/Pfingsten/Weber, 2019, S. 380 ff.). Diese Richtlinie wurde wegen der in der Finanzkrise aufgetretenen faktischen Bankeninsolvenzen notwendig, um das Risiko staatlicher Stützungsmaßnahmen für insolvente Banken zur Vermeidung von Krisen des Finanzsystems zu verringern. Das aufsichtsrechtliche Regime fordert konsequenteren Abbau faktisch insolventer Banken ein, der EU-weit nach einheitlichen Regeln vollzogen werden soll. Ein weiteres Ziel der Richtlinie ist es, dafür zu sorgen, dass beim Bankenabbau konsequent und zeitnah vorgegangen wird.[82] Für global systemrelevante Institute wird bereits im Vorfeld als Going Concern, also unter der Annahme der Unternehmensfortführung, dafür gesorgt, dass jederzeit ausreichende Mittel vorhanden sind, um Verluste zu absorbieren, die unter Umständen über die reinen Mindestanforderungen an die Eigenmittelausstattung hinausgehen, damit ein eventueller Abbau des Instituts in der Krise geordnet und ohne Staatshilfe vorgenommen werden kann.[83]

---

81 Siehe Richtlinie 2014/59/EU des Europäischen Parlaments und des Rates vom 15. Mai 2014 zur Festlegung eines Rahmens für die Sanierung und Abwicklung von Kreditinstituten und Wertpapierfirmen (Bank Recovery and Resolution Directive, BRRD).

82 Siehe ebda., Erwägungsgründe, Abs. 1.

83 Vgl. die Mindestanforderungen an Eigenmittel und berücksichtigungsfähige Verbindlichkeiten (Minimum Requirement for Own Funds and Eligible Liabilities, MREL); die Total Loss-Absorbing Capacity (TLAC) ist eine von global systemrelevanten Instituten (G-SIBs) einzuhaltende Kapitalanforderung zur Sicherstellung ihrer Verlustabsorptionsfähigkeit.

Zum Abbau bestimmte Banken sind nicht mehr werblich tätig. Weder vergeben sie neue Kredite noch bieten sie Bankprodukte an. Ihre Hauptaufgabe ist es, alle Geschäftsverbindungen und Finanztransaktionen zu beenden sowie alle Vermögensgegenstände zu veräußern. Dabei wird besonderer Wert auf die „wertschonende" Verwertung gelegt, womit gemeint ist, dass das vorhandene Institutsvermögen nicht mit Notverkäufen verschleudert wird. Wer Banken abbaut, muss daher ein gutes Gespür für den objektiven Wert der Vermögensgegenstände eines Hauses besitzen, die im Wesentlichen, aber nicht ausschließlich, aus notleidenden Forderungen und nicht selten auch aus Beteiligungen und Immobilien aus Rettungserwerben bestehen. Hierzu ist der Skillset von Risikomanagern/-innen hilfreich, besonders was die Sanierung oder Abwicklung von Kreditengagements angeht. Im Bankenabbau ist es notwendig, den noch vorhandenen Kund/-innen zu verdeutlichen, dass das Institut aufhören wird zu existieren. Dabei entstehen Situationen, in denen Kund/-innen versuchen, unbegründete Gegenansprüche zu stellen oder gar Schadenersatz zu fordern. Diese Konstellationen ähneln denen in einer Unternehmensrestrukturierung, weshalb Vertreter/-innen des Risikomanagements sich aufgrund ihrer Fachkenntnis anbieten, sie zu bewältigen.

Die Fertigkeiten in der Sanierung sind auch dabei hilfreich, die Vermögenswerte realistisch zu beurteilen. Eine wertschonende und zugleich realistische Bankenabwicklung erfordert ein Gespür für die tatsächlichen Marktwerte illiquider Assets. Diese liegen bisweilen fernab aller durch vereidigte Gutachter/-innen oder Wirtschaftsprüfer/-innen auf der Basis von entsprechenden Regeln der Immobilienbewertung oder der Rechnungslegung erstellten Bewertungen. Die Bewertungsregeln nach der internationalen Rechnungslegung sind geprägt vom „Highest-and-Best-Use"-Prinzip (IFRS 13). Nach den Regeln der IFRS-Rechnungslegung werden Bilanzwerte – meist unwillentlich – im Interesse der Anteilseigner/-innen tendenziell überbewertet („highest and best use"[84]), um dem Management keinen Anreiz zu bieten, Werte der Anteilseigner/-innen zu verschleudern, sondern der besten Verwendung zuzuführen. In Fällen, in denen eine „beste Verwendung" nicht mehr möglich ist, beispielsweise im Fall einer Bankenabwicklung, kann sich die hohe Bewertung als psychologisches Hindernis herausstellen mit der Folge, dass der Marktwert der Vermögenswerte infolge einer zögerlichen Verwertung weiter sinkt.[85] Darin äußert sich möglicherweise der aus der Verhaltensökonomik bekannte Besitztums-Effekt (endowment bias). Letzterer beschreibt die Neigung der Marktteilnehmenden, den Wert einer Anlage höher einzuschätzen, wenn sie diese

---

84 Siehe IFRS 13.27: "A fair value measurement of a non-financial asset takes into account a market participant's ability to generate economic benefits by using the asset in its *highest and best use* or by selling it to another market participant that would use the asset in its *highest and best use*." [Hervorhebung RJ.] https://www.ifrs.org/ (Abrufdatum: 26.02.2024); s. auch die European Valuation Standards der European Group of Valuers' Associations für die Immobilienbewertung, die sich auf IFRS 13 bezieht (TEGOVA, 2020, S. 113 ff.).

85 Vgl. zu den Herausforderungen des Bankenabbaus Jakubowski, 2017a, S. 18 ff.

erworben haben, als wenn sich die Anlage noch nicht in ihrem Besitz befindet (s. Daxhammer/Fascar, 2018, S. 251 f.).

Die Wertschöpfung des Risikomanagements im Bankenabbau besteht darin, wertschonend und dennoch konsequent Vermögenswerte zu verwerten, um einem weiteren Wertverfall vorzubeugen. Diese Verwertungsprozesse erfordern, wo möglich, einen offenen Bietprozess, um den jeweils besten Marktpreis innerhalb des Wettbewerbs zu erzielen. Wo kein Wettbewerb besteht, muss sich das auch im Preis widerspiegeln. Müssen im Bankenabbau Vermögenswerte veräußert werden, benötigt das Management realistische Preiserwartungen, d. h. solche Preise, die bei einem optimalem Verkaufsprozess tatsächlich erzielt werden können. Überhöhte Preisvorstellungen des Abbaumanagements können Verwertungsprozesse unnötig verzögern und dem physischen und finanziellen Werteverfall Vorschub leisten. Verwertungsentscheidungen sind Entscheidungen unter Risiko insofern, als unter der Ungewissheit der zu erwartenden Wertentwicklung Vermögenswerte im Markt angeboten werden, ohne im Zeitpunkt der Entscheidung zu wissen, ob der optimale Preis erzielt werden wird. Der bestmögliche Preis wird erreicht, wenn ein Bietprozess durchgeführt wird. Dann jedenfalls wird jedes vermeintliche oder tatsächliche Werterholungspotenzial im Preiswettbewerb vorweggenommen und damit vollständig ausgeschöpft.

5.3.4 Risikokultur

Die Bedeutung der Risikokultur eines Instituts für den Risikoentscheidungsprozess kann man nicht hoch genug schätzen, vor allem die Verantwortung der Institutsleitung dafür, eine Risikokultur einzuführen und zu pflegen. Dabei handelt es sich um die ungeschriebenen Gesetze und Verhaltensweisen eines Unternehmens. Die Integrität des Entscheidungsprozesses bildet dabei die Grundlage für eine solide Risikokultur. Sie entwickelt sich in der täglichen Praxis im Unternehmen und wird von den Leitungsfunktionen entscheidend geprägt.

Unternehmensführung und -kultur stehen in einer wechselseitigen Abhängigkeit. Während Führung Anleitung und Anweisung beinhaltet, basiert eine Unternehmenskultur auf gemeinsamen Werten, Überzeugungen und Gewohnheiten. Solche Kulturen sind im Allgemeinen nicht leicht zu ändern. Oft überdauern sie Generationen von Führungspersonal (vgl. Schreyögg, Koch, 2022, S. 177 ff. sowie Schreyögg u. Geiger, 2016, S. 317 ff.). Dasselbe trifft auch auf die Risikokultur zu. Hungenberg und Wulf kategorisieren (unter Hinweis auf Deal und Kennedy) die Unternehmenskultur nach dem Grad der Risikoneigung. Dies ist insofern bedeutsam, weil sich die mit einer Unternehmenskultur verknüpfte Risikokultur unmittelbar auf die Vorstellungen über die Risikobereitschaft und das damit verbundene Risikomanagement auswirkt. So kann man Unternehmenskulturen in zwei Gruppen einteilen: die einen sind bereit, hohe Risiken zu nehmen (Macho- und Bet-Your-Company-Kultur) und andere weisen eine geringere Risikoneigung auf (Work-Hard-Play-Hard- und Prozess-Kultur; vgl. die

Einteilung bei Hungenberg/Wulf, 2015, S. 87 ff.). Beide Kulturen können auch in einem einzigen Unternehmen auftreten. Wir können in einem weltweit tätigen Finanzinstitut sowohl eine moderate Risikokultur im klassischen Firmen- und Privatkundengeschäft vorfinden, während eine Hochrisikokultur im Bereich des Investment-Banking und des Eigenhandels vorherrscht. Außerdem wird es unterschiedliche Grade der Risikobereitschaft im klassischen Bankgeschäft geben, je nachdem, ob es sich um eine Sparkasse oder Genossenschaftsbank handelt oder um eine als börsennotierte Aktiengesellschaft organisierte Universalbank.

Risikomanagement ist demnach nicht allein eine Frage der bewussten Norm- und Entscheidungsfindung, sondern auch eine in der Unternehmenskultur verankerte Einstellung, die beim Umgang mit Risiken berücksichtigt werden muss. Dies kann zum Beispiel bedeuten, dass ein Kreditinstitut oberflächlich betrachtet eine konservative schriftlich niedergelegte Risikopolitik verabschiedet, unabhängig davon jedoch in den tatsächlichen Entscheidungsprozessen kulturbedingt eine höhere Risikobereitschaft an den Tag legt. Dies ist ein weiteres Anzeichen dafür, dass die Entscheidungsprozesse der Unternehmensführung unweigerlich Risikoeinstellungen beinhalten. Solch ein Sinneswandel kann beispielsweise eintreten, wenn neue Geschäftsfelder durch den Einkauf von ganzen Produktteams, die mit der existierenden Risikokultur nicht vertraut sind, erschlossen werden. Ein wirksames Risikomanagement muss daher, wie zuvor beschrieben, bereits im frühen Stadium an den Entscheidungs- und Investitionsprozessen mitwirken und sie gegebenenfalls beeinflussen.

Risikokulturen sind leicht verletzliche Strukturen. Um zu erkennen, ob eine Risikokultur intakt ist, muss man sich mit den Grundlagen des Risikomanagements vertraut machen. Die zahlreichen historischen Beispiele von Fehlspekulationen und Bankzusammenbrüchen, angefangen von Herstatt, Barings bis zur Société Générale, zeigen, wie anfällig eine Risikokultur ist. Aktuell seien hier nur die Credit Suisse und die Greensill Capital genannt. Schnell berufen sich die Verantwortlichen darauf, dass es sich um einzelne fehlgeleitete Mitarbeitende handelt, die hohe Verluste verursacht haben. Doch dann stellt sich häufig heraus, dass nicht nur der/die Einzelne, sondern das gesamte Umfeld die Augen vor den Risiken verschlossen hat. Eine Risikomanagementfunktion hat die Aufgabe, auf ein Bewusstsein für das Risikoverständnis im gesamten Institut hinzuwirken und es zu steuern. Sie muss über Abteilungen, Bereiche und über Konzernstrukturen hinauswirken und sich gegebenenfalls auch über künstliche Funktionsgrenzen und Aufgabenbeschränkungen hinwegsetzen.

Hier fällt dem Risikomanagement eine besondere Verantwortung zu. Es kann sich nicht auf die Ratgeberfunktion zurückziehen, wie das im Falle der Credit Suisse im Zusammenhang mit der Insolvenz von Greensill Capital im Jahr 2021 kolportiert wurde: „The whole risk culture was just: thanks for the heads-up but we beg to differ." (Financial Times, 21.04.2021, S. 7). Das Führungspersonal des Risikomanagements muss sich in die Entscheidungsprozesse einbringen und gegebenenfalls durchsetzen. Das erwartet auch die Öffentlichkeit von ihm. Die Financial Times zitiert einen ungenannten Mitarbeiter der Credit Suisse zur Greensill-Affaire: „If you're the head of risk and you don't ask what the hell is happening here, what are you doing?" (2021, S. 7). Dieser Fall zeigt anschaulich, wie eine Risikokultur im Laufe der Zeit durch Passivität erodieren kann. Er beweist auch, welche Folgen die Berufung unqualifizierter Personen zum CRO zeitigen kann.[86] Wenn das Risikomanagement als *Facilitator* (Förderer) des Geschäfts verstanden wird, läuft eine Institution schnell Gefahr, den Zusammenhang von Geschäft und Risiko zu verlieren, weil das Risikomanagement instrumentalisiert anstatt integriert wird. Es hat dann nicht mehr lange gedauert, bis das Kapitel Credit Suisse im Juni 2023 in der Zwangsfusion mit der UBS endgültig endete.

Ein historisches Anschauungsbeispiel war der interne „Kulturkampf" der deutschen Universalbanken beim Aufbau ihrer Investmentbankbereiche (s. anschaulich Oermann, 2018; Der Spiegel, 31.01.1999). Hierzu wurden Investmentbank-Teams abgeworben oder gleich ganze Banken übernommen, wie die Übernahme des britischen Bankhauses Morgan Grenfell & Co. (1989), die Übernahme des Investment Bankers Edson Mitchell und seiner Mitstreiter von Merill Lynch (1995) sowie der Kauf des Bankers Trust durch die Deutsche Bank (1999). Nach und nach wurden auch spezialisierte Risikomanagementteams eingestellt. Diese waren jedoch risikobereiter als die traditionellen Universalbank-Risikofunktionen. Ihre Expertise war wegen des Aufkommens einer Vielzahl neuer Kapitalmarktprodukte und Derivatestrukturen erforderlich. Ob sich diese erhöhte Risikobereitschaft langfristig bezahlt gemacht hat, mag man anhand der Wertentwicklung der Banken nach der Finanzkrise beurteilen. Risikoskalierung lässt sich nicht im Hau-Ruck-Verfahren betreiben. Es erfordert einen sensiblen Umgang mit den Risikopräferenzen und eine angemessene Kapitalausstattung. Man sollte eine Organisation mit der Umwälzung von Risikokulturen nicht überfordern. Eine Ausweitung des Risikoniveaus erfordert Umsicht und Unabhängigkeit von Fehlanreizen wie z. B. eine am Geschäftserfolg orientierte Vergütung für das Risikomanagement.

! Exkurs Vergütung

Vergütungen sind in deutschen Banken für außertarifliche Angestellte durch die Verordnung über die aufsichtsrechtlichen Anforderungen an Vergütungssysteme von Instituten (Institutsvergütungsverordnung – InstitutsVergV) geregelt. Die diesbezüglichen EU-weiten Anforderungen gehen aus der CRR hervor. Die variable Vergütung der Risikoträger/-innen ist gemäß der Verordnung an den eingegangenen gegenwärtigen und zukünftigen Risiken auszurichten (§ 18 Abs. 3 InstitutsVergV). Die Verordnung sieht strikte Vorgaben für die Entlohnung von sogenannten Risikoträger/-innen vor; das sind diejenigen Personen, die zu Entscheidungen über die Risikoübernahme ermächtigt sind. Die Verordnung will erreichen, dass diese Risk Taker keine unverhältnismäßig hohen Risiken eingehen (§ 5 Abs 1 InstitutsVergV). Danach sind zwar auch Mitarbeiter/-innen des Risikomanagements von der Beteiligung am Geschäftserfolg nicht völlig abgekoppelt, doch ist die Vergütung auf die Nachhaltigkeit eines Institutserfolges ausgerichtet. Der Schwerpunkt der Regelung liegt auf der Bemessung der variablen Vergütung nach Risikokriterien und deren Zurückbehaltung bzw. Auszahlung über mehrere Jahre, um zu sehen, ob sich unverhältnismäßig hohe Risi-

---

86 „Credit Suisse Chair Urs Rohner and [Tidjane] Thiam, came in with a mindset that you can appoint anyone clever into a job and they will be a success, even if they had no experience, [but] that was inappropriate for risk and compliance', the executive said" (Financial Times vom 21.04.2021, S. 7).

ken im Auszahlungszeitraum erkennen lassen. Besondere Anforderungen gelten für die Geschäftsleitung und die Mitarbeitenden von Kontrolleinheiten.

Mit der Institutsvergütungsverordnung greift der Staat in die privatrechtliche Vertragsfreiheit ein. Die Idee einer verzögerten Auszahlung leistungsabhängiger Vergütungsanteile und die vorgesehene Rückforderung im Falle eines Vergehens ist zwar nicht zu beanstanden, trägt aber zu einer guten Risikokultur nur bedingt bei. Zum einen steht die Kappung der variablen Vergütungsanteile auf 100 Prozent (im Ausnahmefall 200 Prozent) der Festvergütung (§ 25a Abs. 5 KWG) im Widerspruch zu der Absicht, einen nennenswerten Anteil der Vergütung einer Nachprüfung über mehrere Jahre zu unterziehen. Zum anderen wird der internationale Wettbewerb über die Zeit dafür sorgen, dass solche Beschränkungen nicht dauerhaft aufrechterhalten werden können. Ihr Einfluss auf das tatsächliche Entscheidungsverhalten maßgebender Risk Taker (Mäßigung bei der Akzeptanz von Risiken) ist in der Praxis jedenfalls nur schwer zu beobachten. Schlechte Vorbilder werden durch diese Vergütungsstruktur wohl kaum davon abgeschreckt, ihre Risikoeinstellung zu überdenken.

Weder eine Unternehmens- noch eine Risikokultur kann verordnet werden. Sie entsteht durch das Verhalten, das gute Vorbild und die integren Entscheidungsprozesse der Führungskräfte. Gleichwohl gibt es erfolgreiche Ansätze in Organisationen, eine Risikokultur zu „korrigieren". Das passiert genau dann, wenn Führungskräfte ihr Verhalten ändern oder neues Personal die notwendigen Werte vorleben. Jede Risikomanagementorganisation repräsentiert den Kern der Risikokultur in Finanzinstituten und muss daher ihr Augenmerk auf deren Authentizität und Ausstrahlung in die Gesamtorganisation richten.

5.3.5 Fehlermanagement in Risikosituationen

Ein Missverständnis der Wahrscheinlichkeitsbetrachtung ist es, ein Risikomanagement retrospektiv derart überprüfen zu wollen, indem man schaut, welche abgelehnten Finanzierungen ohne Ausfälle geblieben sind. Die Treffsicherheit einer Risikoentscheidung zeigt sich nicht daran, ob abgelehnte Transaktionen zu Ausfällen führen, da die Verteilung der Ausfälle auf ein Portfolio im Prinzip zufallsverteilt ist, solange die Risikoidentifikation, die -analyse und die -bewertung sachgerecht vorgenommen wurden. Umgekehrt ist es kein Beweis für eine gute Risikoentscheidung, wenn riskante Finanzierungen (zufällig) ohne Ausfall bleiben.[87] Sollte es dennoch zu handwerklichen Fehlern in der Risikobeurteilung kommen, ist es nötig, die Prozessfehler zu analysieren und korrigieren.

Eine relativ junge Wissenschaft, die sich ursprünglich aus dem Bereich der Flugsicherheit entwickelt hat, befasst sich mit den Fragen des Fehlermanagements (s. grundlegend Hagen, 2017). Hier werden Vorgänge transparent gemacht, wie durch falsch verstandene Hierarchien wichtige Sicherheitsregeln missachtet und fatale Fehler für Mensch und Organisation gemacht werden. Das sogenannte Error Management zeigt

---

[87] Stulz (2015, S. 16): „[...] loan outcomes by themselves are of limited use in evaluating a loan officer performance because expected defaults are not zero, and even 'good' loans can turn out badly."

Wege auf, wie trotz Hierarchie eine offene Kommunikation über offizielle Verantwortungen und Rollenverteilungen hinweg entstehen kann und in Angelegenheiten höchster Gefahr sich die richtige und rationale Entscheidung durchsetzt. Ziel ist es, den Entscheidungsprozess von unangemessener hierarchischer Kommunikation zu befreien. Stellt der Pfleger fest, dass sich nach der Operation die Schere noch im Körper des Patienten befindet, kann er sich nicht mit der Auskunft der Chirurgin abfinden lassen, es sei alles erledigt und beachtet. Auch die Chirurgin kann in so einem Falle sich nicht darauf berufen, die Protokolle seien korrekt sind und jeder habe sein Bestes gegeben. Hier müssen gegebenenfalls weitere Instanzen eingeschaltet werden, wenn Transparenz innerhalb des OP-Teams blockiert wird. Nicht anders ist die Rolle des Risikomanagements, das nicht immer hierarchisch oder fachlich auf derselben Stufe mit dem/der Entscheider/-in steht, mit der es gemeinsam entscheiden soll. Es muss, wenn es die Umstände erfordern, das Ruder selbst in die Hand nehmen, entweder durch Eskalation oder Intervention.

Dazu sind naturgemäß Führungsqualitäten erforderlich und ein hierarchiefreier Umgang miteinander. Auch Prinzipienfestigkeit ist unabdingbar. Damit sind die allgemeinen Grundsätze des Risikomanagements angesprochen. Darüber hinaus sind auch Charaktereigenschaften vonnöten, die man sich im Berufsalltag aneignen muss. Ähnlich wie Träger/-innen eines öffentlichen Amtes sollte der/die Risikomanager/-in sich daher auch an grundlegenden Prinzipien orientieren: Selbstlosigkeit, Integrität, Objektivität, Verantwortlichkeit, Offenheit, Aufrichtigkeit und Vorbildrolle.[88]

Jedem Fehler im Risikomanagement ist auch eine Chance zu lernen inhärent. Dieser Impuls muss in die Organisation getragen und in ständiger Bewegung gehalten werden, um nicht in Vergessenheit zu geraten. Manche Banken haben hierzu den Lessons-Learned-Prozess eingeführt. Dabei geht es nicht darum, Schuldige zu suchen, sondern Prozessschwächen aufzudecken. Verlustreiche Transaktionen werden aufgearbeitet und deren Ursachen untersucht, diskutiert und dokumentiert, damit sich vergleichbare Fälle möglichst nicht wiederholen. Nur eine lernende Organisation entwickelt sich weiter und stärkt so ihre Widerstandskraft.

5.3.6 Zusammenfassung zu den Prozess- und Entscheidungstechniken

Entscheidungsorientiertes Risikomanagement ist keine Qualitätskontrolle, sondern Rationalitätskontrolle. Der Prozess besteht nicht darin, Checklisten abzuarbeiten, sondern Erfolgschancen einer Investition abzuwägen. Sind diese ex ante nicht wahrscheinlich genug, führt die Bewertung eines Kredit- oder Investitionsrisikos zu einem negativen Kapitalwert. Dieses Wahrscheinlichkeitsurteil richtet sich nach der Risikopräferenz des Unternehmens

---

88 Zu den sog. Nolan-Prinzipien für öffentliche Ämter vgl. Hopkin/Thompson (2022, S. 343) sowie Kapitel 5.7.

oder Finanzinstituts, die sich am Kapitalmarkt orientiert. Das Risikomanagement trägt Sorge dafür, dass Eintrittswahrscheinlichkeiten unvoreingenommen und rational beurteilt werden. Die Argumente dazu liefert die normative Entscheidungstheorie auf der Grundlage des Erwartungsnutzens. Die Güte der Entscheidung unter Risiko misst sich daran, wie zutreffend die Eintrittswahrscheinlichkeit der Rückflüsse eingeschätzt wird und wie angemessen sie hinsichtlich der institutionellen Risikopräferenz ist, nicht am Erfolg oder Misserfolg der Investition.

Der Ausfall eines/-er Kreditnehmer/-in ist kein geeigneter Maßstab für die Qualität einer Kreditentscheidung. Maßgebend ist die Güte des Prozesses der Risikobeurteilung, d. h. Identifizierung, Analyse und Bewertung eines Risikos. Institutionelles Risikomanagement in Banken sollte sich als Garant eines objektiven, rationalen und interessefreien Entscheidungsprozesses über die Risikopräferenz verstehen. Nicht die Risikolimitierung, sondern die Abwägung des Risikos steht im Mittelpunkt. Gleichwohl ist es Aufgabe des Risikomanagements in Fällen wahrscheinlich wertvernichtender Investitionen, d. h. solchen mit absehbarem negativem Kapitalwert, auf das Risiko (und damit auch die Chance) zu verzichten. Dabei hat es nicht die Rolle des Ratgebers, sondern des Entscheiders. Einen Investitionsverzicht durchzusetzen gehört ebenso zu den Aufgaben wie die Rationalitätssicherung im Entscheidungsprozess.

Was jedoch tun im Falle von kriminellen Unternehmensorganen wie etwa bei Wirecard? Das Risikomanagement darf weder intransparente Prozesse dulden noch sich auf eine beratende Rolle zurückziehen. Auch das Verschließen der Augen vor der Realität hilft nicht weiter. Weshalb selbst haarsträubendes Unrecht im eigenen Unternehmen nicht rechtzeitig intern aufgedeckt wird, bleibt ein Rätsel. Ein Risikomanagement, das seine Entscheiderrolle ernst nimmt, sollte sich aber in einer besseren Ausgangssituation befinden, um Unredlichkeiten aufdecken zu können, als eines, das sich in einer Berater- oder Hilfsfunktion sieht. Selbstbewusstsein, Entscheidungsfreude und Rationalität sind die Markenzeichen eines entscheidungsorientierten Risikomanagements.

Ein institutionelles Risikomanagement kann nicht ohne ethische Grundprinzipien agieren. Eine opportunistische Haltung gegenüber jedweder geschäftspolitischen Vorgabe verbietet sich schon aus der bereits aufsichtsrechtlich gebotenen Funktionstrennung (s. Kapitel 6.2). Darüber hinaus sollte Unvoreingenommenheit in Bezug auf die Festlegung eines adäquaten Risikoniveaus eine Grundvoraussetzung für ein rationales Risikomanagement sein. Rechtschaffenheit kann man nicht von außen erzwingen, auch nicht durch die aufsichtsrechtliche Verpflichtung eines Instituts auf eine „gute" Risikokultur. Die Risikokultur wird in erster Linie vorgelebt. Nicht ohne Grund verlangen die MaRisk im Hinblick auf die Risikokultur eine strenge Beobachtung des „Tone from the top", also das Verhalten des Top Managements bzw. der Geschäftsleitung.[89] Persönliche Integrität und Integrität des Entscheidungsprozesses müssen damit einhergehen. Zwei-

---

89 S. Financial Stability Board (2014), Guidance on Supervisory Interaction with Financial Institutions on Risk Culture, Kapitel 3.1.

fel an persönlicher Integrität eines/er Entscheider/-in muss als Risikofaktor in die Beurteilung von Transaktionsrisiken einfließen.

5.4 Planungstechniken

Antizipatives Risikomanagement vollzieht sich im strategischen und operativen Finanz- und Risikocontrolling sowie in der Risikofrüherkennung (s. Kapitel 6.3.3). Dazu gehören auch die Sicherungsgeschäfte an den Terminmärkten, denn die Impulse zum Abschluss von Sicherungsgeschäften ergeben sich aus der Finanzplanung. Das antizipative Risikomanagement beinhaltet damit ein Chancen- oder Opportunitätsmanagement, in welchem Chancen (bzw. Opportunitäten) und Risiken getrennt voneinander abgewogen werden können.

5.4.1 Zielformulierung und Abweichungsanalyse

Bei dem Versuch, eine allgemeine Definition für Risiko zu finden, beschreibt Braun (1983, S. 23) Risiko als Möglichkeit der Zielverfehlung oder Planabweichung. Diese Definition legt er seiner Arbeit zum Risikomanagement als „spezifische Controllingaufgabe" zugrunde. Risiko als Möglichkeit der Zielverfehlung wird in den unterschiedlichsten Kontexten der Literatur immer wieder aufgegriffen. So z. B. im ISO-Standard 31000 in Punkt 3.1, wo Risiko als die Auswirkung von Unsicherheit auf gesetzte Ziele definiert wird. Als Auswirkung werden alle Abweichungen von Zielen angesehen, sowohl positive als auch negative.

Braun sieht einen Zielkonflikt zwischen „Gewinnerzielung durch Ausnutzung von Chancen" und der Unternehmenssicherung durch „Verringerung der Risiken".[90] Im Rahmen der Risikoakzeptanzentscheidung sind jedoch beide Ziele untrennbar miteinander verbunden. Ich kann das eine nicht ohne das andere eingehen. Anders verhält es sich im strategischen Planungsprozess, hier geht es nicht darum, Risiken einzugehen, sondern Einflüsse, die die Zielerfüllung beeinträchtigen oder gegebenenfalls beflügeln könnten, zu beurteilen. Im neueren Sprachgebrauch heißt dies entsprechend Downside-Risiken und Upside-Potenzial.

---

90 Die Lösung dieses Konfliktes kann und darf nach seiner Meinung nicht Gegenstand der Risikomanagementfunktion sein, eine Position, der hier vehement widersprochen wird. Braun sieht in der Funktion des Risikomanagements einseitig die Risikolimitierung („bremsende Kräfte"), nicht die Akzeptanzentscheidung. Ergänzend bemerkt er dazu: „Der Kompromiß der bei jeder Entscheidung getroffen werden muß, ist abhängig von der Risikoneigung, Charakterfestigkeit, Verantwortungsfreude und Professionalität der obersten Managementebene eines Unternehmens" (1983, S. 44 f.), was man als Hinweis darauf deuten kann, dass der Entscheidungsprozess über die Akzeptanz von Risiken rationalen und wohl auch ethischen Kriterien folgen sollte.

Mit dem Planungsprozess wird das Ziel verfolgt, den Informationsstand von Entscheider/-innen derart zu verbessern, dass sie in der Lage sind, zwischen Handlungsalternativen auf gefestigter Grundlage zu entscheiden, um die Wahrscheinlichkeitsverteilung künftiger Ergebnisse zu optimieren. In diesem Prozess lassen sich Chancen und Risiken isoliert voneinander identifizieren und bewerten. Erst wenn sie auf konkrete Investitionsprojekte bezogen werden, muss eine Risikoakzeptanzentscheidung getroffen werden, die dann beide Pole vereint und bezüglich der Risikoakzeptanz beschlossen werden muss.

Die Literatur diskutiert hinsichtlich der organisatorischen Einordnung die Nähe und die Überschneidungen von Risikomanagement und Finanzcontrolling (s. z. B. Vanini/Rieg, 2021). Im Finanzcontrolling werden Informationen zur Plan- und Ist-Performance erfasst und dem Management als Entscheidungsgrundlage zur Verfügung gestellt. Schon in der Gesetzesbegründung zum KonTraG wird angedeutet, dass das Controlling einer der Träger der Unternehmensüberwachung und damit des Risikomanagementsystems sein kann.[91] Die Literatur folgt diesem Ansatz, da im Controllingbereich die Finanzpläne an den strategischen Unternehmenszielen ausgerichtet werden. Abweichungen von den Planzahlen sind Anlass, entsprechende Maßnahmen zu ergreifen und gegenzusteuern.

5.4.2 Risikofrüherkennung in der strategischen Planung

Die Literatur zum Enterprise Risk Management und dem internen Kontrollsystem ist umfangreich und befasst sich hauptsächlich mit dem Gefahrenrisikomanagement und der Risikofrüherkennung. Der Investitionsentscheidungsprozess wird nur selten als wesentliche Risikoquelle ausdrücklich erwähnt.[92] Mit seiner Funktion, Informationen zu erheben und bereitzustellen, wirkt das Finanzcontrolling in einem verhütenden Sinne. Es zeigt im wesentlichen Planabweichungen auf und stößt damit frühzeitig Überlegungen über Gegenmaßnahmen an. Im Rahmen der Planerstellung wird Controlling zukunftsgerichtet tätig, indem es die finanzielle Entwicklung des Unternehmens durch eine fundierte Prognose der künftigen Ertragslage einschätzt. Der verhütende Aspekt des Risikomanagements ist dabei in dem Vorgang der Plankontrolle zu sehen.

Risikomanagement-Aufgaben, die sich aus der Corporate Governance ergeben, wie insbesondere die Risikofrüherkennung, können in die Planung integriert werden. Zu diesen Aufgaben zählen z. B., Risikoziele festzulegen und in das Zielsystem zu integrieren, Risikoziele durch geeignete Kennzahlen und Indikatoren zu operationalisieren, die Unternehmensplanung um stochastische Komponenten zu erweitern und

---

91 Siehe die Gesetzesbegründung im Entwurf eines Gesetzes zur Kontrolle und Transparenz im Unternehmensbereich (KonTraG), Deutscher Bundestag Drucksache 19/26966, 19. Wahlperiode vom 24. Februar 2021, S. 11. Siehe auch Kapitel 5.1.1 f.
92 Vgl. jedoch Gleißner/Sassen/Behrmann (2019, S. 5) unter Hinweis auf DIIR Revisionsstandard Nr. 2: Prüfung des Risikomanagementsystems durch die Interne Revision, Version 2.1, DIIR – Deutsches Institut für Interne Revision e.V., Februar 2022, RZ. 19.

Risikokennzahlen in die Performance-Messung sowie das Berichtswesen einfließen zu lassen (vgl. Vanini/Rieg, 2021, S. 374). Auch die Zuteilung von Risikokapital lässt sich hier einordnen (s. Kapitel 6.3.3), wodurch die Risikotragfähigkeit und die daraus hervorgehende Risikobereitschaft anteilig auf designierte Geschäftseinheiten verteilt werden kann.

In der Form der Corporate Governance werden damit drei Zielrichtungen des Risikomanagementsystems zusammengeführt:
– Gefahrenrisikomanagement durch die Forderung nach Notfallplänen,
– Integrität der Finanzberichterstattung durch die Aufstellung des internen Kontrollsystems und
– die Risikofrüherkennung im Rahmen der strategischen Planung.

Auffällig ist dabei, dass der eigentliche Akt der Risikoakzeptanz durch Investitionsauswahl im Gesetz keine ausdrückliche Berücksichtigung findet.[93] Es ist aber vorstellbar, dass sich in der Praxis eine solche Übung herausbildet, zumal der Standard DIIR Nr. 2 zum Umgang mit dem Risikomanagementsystem in der Abschlussprüfung darauf hindeutet.[94]

Ursprünglich hatten die gesetzlichen Vorschriften zum Risikomanagement im Wege der Corporate Governance zum Ziel, die Integrität der externen Finanzberichterstattung, die effektivere Überwachung des Vorstandes und die Schadensverhütung durch Aufdeckung von Schwachstellen im Unternehmen zu sichern. Die konkrete Ausgestaltung wird dabei den Unternehmen überlassen. Das Institut der Wirtschaftsprüfer empfiehlt Maßnahmen, wie die Prüfung des Risikomanagementsystems ablaufen sollte (vgl. Welge/Eulerich, 2021, S. 123). Hier wird das Muster der internationalen Risikomanagementstandards deutlich:
– die Risikofelder sind zu bestimmen,
– eine Risikoerkennung, -analyse und -kommunikation ist durchzuführen,
– Aufgaben und Zuständigkeiten sind zuzuordnen,
– ein Überwachungssystem ist zu implementieren und
– die eingeleiteten Schritte sind zu dokumentieren.

---

93 Vgl. hierzu auch Gleißner/Sassen/Behrmann (2019, S. 5) sowie DIIR Nr. 2 RZ 19, Satz 3 (Stand: Februar 2022): „Neben bereits vorhandenen Risiken sind damit durch das Risikomanagement insbesondere auch *geplante Maßnahmen und Entscheidungen* zu betrachten, speziell im Hinblick auf durch diese möglicherweise verursachten zukünftigen Risiken." [Hervorhebung RJ.] Hier wird im Wege erweiternder Auslegung die Einbindung des Risikomanagements in den Investitionsauswahlprozess als Prüfschritt der Abschlussprüfung nahegelegt.
94 Prüfung des Risikomanagementsystems durch die Interne Revision, Version 2.1, DIIR – Deutsches Institut für Interne Revision E V., Februar 2022, RZ 19, Satz 2: „Es gehört auch zu den Aufgaben des Risikomanagements sicherzustellen, dass schon bei der Vorbereitung wesentlicher unternehmerischer Entscheidungen deren Implikationen für den zukünftigen Risikoumfang nachvollziehbar aufgezeigt werden, um zumindest eine *mit solchen Entscheidungen möglicherweise einhergehende bestandsgefährdende Entwicklung* früh zu erkennen" [Hervorhebung RJ.].

Mit diesem Aufgabenkatalog ist das Verständnis verbunden, dass die Risikofrüherkennung weit im Vorfeld einer Gefährdung ansetzen muss.[95] Es besteht außerhalb des Finanzwesens keine Pflicht, eine spezifische institutionelle Risikomanagementeinheit einzurichten (s. Kapitel 4.1.1 zu den Gestaltungsmöglichkeiten). Daher ist esdenkbar, dass die Aufgaben des Risikomanagements dezentral und arbeitsteilig vorgenommen werden. Sie können von Fachleuten des Risikomanagements, der Revision oder des Controllings übernommen werden (vgl. Vanini/Rieg, 2021, S. 363). Gleichwohl sind zentralisierte Risikomanagementeinheiten in großen Unternehmen vereinzelt zu finden.[96] Anders als bei regulierten Finanzinstituten, wird von realwirtschaftlichen Unternehmen von Rechts wegen keine Funktionstrennung von Risikomanagement und Geschäftsabteilungen gefordert.

5.4.3 Risikofrüherkennung im Kreditüberwachungsprozess

Im Gegensatz zur Risikofrüherkennung in der Corporate Governance handelt es sich bei der Risikofrüherkennung im Kreditprozess um bankspezifische Prozesse zur Überwachung der Performance der Kreditnehmer/-innen. Kreditverträge sind unvollständig im ökonomischen Sinne, da sie ihrer Natur nach nicht die ganze Komplexität einer Kreditbeziehung im Vorhinein regeln können. Daher sind Überwachungsprozesse seit eh und je Teil eines geordneten Kreditportfoliomanagements.

Das Risikocontrolling stellt zahlreiche Daten zur Risikofrüherkennung zur Verfügung. Dazu gehören u. a. die Entwicklung leistungsgestörter und ausfallgefährdeter Kredite, Anzahl und Dauer überfälliger Forderungen, Trends in der Ratingmigration und die Häufigkeit der Verletzungen von Finanzkennzahlen und anderer Covenants (Nebenpflichten aus dem Kreditvertrag). In der Gesamtsteuerung müssen hier u. U. die Kreditbereitschaft reduziert, Sicherheiten nachgefordert oder Restrukturierungen von Kreditengagements initiiert werden. Je nach Situation muss auch die Portfoliostrategie angepasst werden.

Besonderes Augenmerk gilt der Entwicklung der Wertberichtigungen. Hier ist auf Seiten des Risikomanagements auf eine streng objektive und marktbezogene Sicht zu achten (s. Jakubowski, 2017b, Abschnitt „Orientierung am ökonomischen Marktwert"). Dem sinnvollen Einsatz der Wertberichtigungspolitik zur Ergebnissteuerung sind enge Grenzen gesetzt. Der Versuch, die Bewertung leistungsgestörter Kredite nach einem „Budget" vorzunehmen, wird früher oder später darin enden, dass sich die Entwicklung nicht mehr kontrollieren lässt. Nur in „guten" Zeiten lassen sich Wertberichtigungen nach einem Budget steuern, wenn sich Neubildungen und Auflösungen

---

[95] Vanini/Rieg (2021, S. 375): „Früherkennungsindikatoren messen die Ursachen potenzieller Risiken und Chancen" und „Durch die Ursachenanalysen können kritische Planungsprämissen (Risikofaktoren) identifiziert und [...] analysiert werden."
[96] Siehe das Beispiel Volkswagen AG bei Vanini/Rieg (2021, S. 358).

naturgemäß die Waage halten. Bei plötzlich auftretenden Ereignissen, wie die Corona-Pandemie, ist es sinnvoll, auch latente Verluste zu zeigen (z. B. durch ein Management Overlay nach IFRS 9, s. Kapitel 5.2.1). Der Wert von Kreditforderungen ist keine Ermessensfrage und noch weniger eine der Willkür, sondern folgt der Logik des Kapitalmarktes. Um die Steuerbarkeit des Risikoportfolios zu erhalten, ist der Wert jeder Forderung an ihrem Marktpreis zu messen, was im Vorgehen einem virtuellen Mark-to-Market von Wertpapieren entspricht (s. Jakubowski, 2017a, S. 20 f.).

5.4.4 Sicherungsgeschäfte

Die Finanzplanung leitet aus den Zielen und der Entwicklung des Unternehmens sowie den allgemeinen Wirtschafts- und Branchendaten die Prognose der Unternehmensentwicklung ab. Aus dieser Planung ergeben sich u. a. Impulse zum Abschluss von Sicherungsgeschäften in Bezug auf die Preissicherung bei Rohstoffen oder beim Güterabsatz, um Kalkulationssicherheit zu gewinnen. Die betriebswirtschaftliche Grundlagenliteratur diskutiert und analysiert den Abschluss von Sicherungsgeschäften (Hedging) unter dem Gesichtspunkt des Managements von Preisrisiken (s. Perridon/Steiner/Rathgeber, 2016, S. 358 f., Mondello, 2017, S. 695 ff.). Die Bedeutung der Sicherungsgeschäfte liegt in der Verringerung der Volatilität von betrieblichen Cashflows. Dabei werden Sicherungsgeschäfte typischerweise zur Absicherung bereits kontrahierter, also vertraglich bindender, Geschäfte abgeschlossen; das Risikomanagement hat hier also einen verhütenden Charakter. Sicherungsgeschäfte gelten als die eigentliche betriebswirtschaftliche ("marktinduzierte") Form des Risikomanagements, weshalb die Begriffe Risikomanagement und Hedging in der Literatur stellenweise als Synonyme betrachtet werden.[97]

Auch die Rechnungslegung misst den Sicherungsgeschäften einen besonderen Stellenwert zu, indem sie verlangt, dass der im Jahresabschluss enthaltene Lagebericht auf folgende Aspekte des Risikomanagements einzugehen hat: Ziele und Methoden zur Absicherung aller wichtigen Transaktionsarten, die im Rahmen der Bilanzierung von Sicherungsgeschäften erfasst werden, Preisänderungs-, Ausfall- und Liquiditätsrisiken sowie Risiken aus Zahlungsstromschwankungen, denen die Gesellschaft ausgesetzt ist (§ 289 HGB).

Mit der Absicherung werden zugleich neue Risiken eingegangen, weil Preis- und Währungsbewegungen, die sich zugunsten des Unternehmens hätten auswirken kön-

---

[97] Siehe Kürsten (2006, S. 179–204); Stier (2017, S. 27): „Dieses Verständnis ist im Rahmen der Literatur, die eine Wertrelevanz des Risikomanagements diskutiert, gebräuchlich. Hedging wird dabei als konkrete Maßnahme des Risikomanagements verstanden und [...] als Überbegriff für Tätigkeiten verwendet, die Risiko verringern oder eliminieren. Eine Hedging-Maßnahme ist dabei eine Aktivität, die darauf abzielt, das Risikomaß der Standardabweichung von einer oder mehrerer risikobehafteter Komponenten des Cashflows zu verringern."

nen, aufgegeben werden. Jede Form der Währungssicherung enthält daher auch ein Element der Spekulation, das jedoch akzeptiert wird, um die Volatilität des Cashflows zu reduzieren. Die Eliminierung von Preisschwankungen durch Termingeschäfte setzt voraus, dass die Volatilität der abzusichernden Preisbewegungen gemessen werden kann. Messendes und verhütendes Risikomanagement sind beim Einsatz von Hedgegeschäften gemeinsam am Werk. Diese Aufgabe wird dem Finanzbereich zugeordnet, der das Ausmaß und die geeigneten Zeitpunkte für den Abschluss von Hedgegeschäften ermittelt. Der Sicherungscharakter steht im Zentrum des betriebswirtschaftlichen Hedgings, auch wenn die unterschiedlichen Techniken der Absicherung ihrerseits zu neuen Risiken führen. Dies illustriert das Beispiel der Metallgesellschaft, die wegen Hedgegeschäften im Rohölsektor infolge von Verwerfungen an den Rohölterminmärkten allein durch die erforderlichen Sicherheitenleistungen (Margin Calls) in Liquiditätsnot gerät und schlussendlich in die Insolvenz geht (s. Kapitel 5.2.3).

Um Hedging als Risikomanagement einordnen zu können, muss das Ziel der Hedgegeschäfte allein darin bestehen, Preisrisiken abzusichern. Es muss sichergestellt sein, dass keine neuen, unbeherrschbaren Risiken eingegangen werden. Nur wenn der Sicherungscharakter der Hedgegeschäfte eindeutig gegeben ist, handelt es sich um Risikomanagement. In Finanzinstituten findet das Geschäft mit Absicherungsinstrumenten auch im Kundengeschäft und Eigenhandel statt. Im Kundengeschäft stellt sich dies als Verkauf von Finanzinstrumenten dar; der Ertrag wird über die Geld-Brief-Spanne (Bid-Ask-Spread) verdient. Der Eigenhandel ist dagegen auf Preisarbitrage oder die gezielte Eingehung begrenzter Risiken ausgerichtet, um Marktopportunitäten zu nutzen. Sowohl Arbitragegeschäfte als auch die Eingehung offener Positionen im Eigenhandel tragen der Sache nach einen spekulativen Charakter und werden deswegen im Marktpreisrisikomanagement auf einen vertretbaren Umfang limitiert und hinsichtlich ihres Erfolges streng überwacht.

Weil die Unterscheidung zwischen Sicherungscharakter und spekulativem Einsatz von Sicherungsinstrumenten nicht immer zweifelsfrei auf der Hand liegt, hat die Rechnungslegung darauf ein besonderes Augenmerk gelegt. Das institutionelle und entscheidungsorientierte Risikomanagement wird hier ebenfalls wachsam sein wollen, da das vermeintliche Risikomanagement durch Hedging eben auch in sein Gegenteil – die spekulative Risikonahme – umschlagen kann. Das gilt z. B. auch im Falle des Einsatzes von Hedgegeschäften, um Kreditengagements vermeintlich abzusichern. Große Einzelengagements werden vereinzelt durch den Abschluss von Credit-Default-Swaps gehedged. Solche Hedges ersetzen jedoch keine Sicherheiten oder eine Reduzierung der Kreditforderung. Credit-Default-Swaps erzeugen neue Risiken in Form des Gegenparteirisikos und der Volatilität der Ausgleichszahlung im Falle des Credit Event, also wenn das Unternehmen, auf das sich der Credit Default Swap bezieht, bestimmte in der entsprechenden Vereinbarung definierte Ausfallkriterien erfüllt (zu Ausfallkriterien allgemein s. Kapitel 5.2.2).

Betriebswirtschaftliche Sicherungsgeschäfte können also aus Sicht des Risikomanagements selbst eine Risikoquelle darstellen. Ihr Ausmaß und ihr Sicherungscharakter müssen zwangsläufig überwacht werden. Dies gilt auch aus Sicht der Corporate Governance, weil die Regeln der Rechnungslegung dies erfordern, aber ebenso aus der Sicht des verhütenden Risikomanagements, um die Gefahren aus potenziell spekulativen Hedgegeschäften zu begrenzen.

5.4.5 Zusammenfassung Planungstechniken

Strategische Planungsprozesse führen aus praktischer Sicht mehrere Stränge des Risikomanagements zusammen: Hier werden Risiken antizipiert und in den Steuerungsprozess integriert. Antizipierte Risiken sind keine akuten Risiken, können aber im Verlauf allein oder mit anderen Risiken zusammen zu einem bestandsgefährdenden Risiko kumulieren. Sie sind nicht notwendig akzeptierte Risiken. Im Planungsprozess werden auch Risiken evaluiert, die ohne Einflussnahme oder ohne Entscheidung auf Seiten des Unternehmens eintreten, wie beispielsweise der Eintritt neuer Wettbewerber in den Markt oder das Auftreten eines disruptiven Produkts.

Andererseits dient der strategische Planungsprozess dazu, den Ertrag aus dem Investitions- und Innovationsprozess zu prognostizieren. Die sich daraus ableitenden Ertragspotenziale können als Chancen oder Opportunitäten betrachtet werden, die – anders als in den übrigen Risikomanagementprozessen – isoliert identifiziert, analysiert und bewertet werden können. Hier stellt sich das Risikomanagement als Chancenmanagement dar. Man wird abwechselnd Chancen und Risiken abwägen, bis die jeweiligen erforderlichen Investitionsprojekte zur Entscheidung anstehen. Dieser Prozess wird in der Literatur zum Risikomanagement u. a. unter dem Titel Planungs- und Kreativitätstechniken erörtert (s. Kapitel 4.2.1.2 sowie Romeike, 2018, S. 53 ff.).

Mit dem Planungsprozess ist die unternehmensweite Risikofrüherkennung untrennbar verwoben. Die systematische Erfassung, Bewertung und Überwachung bestandsgefährdender Risiken ergibt sich quasi als Nebenprodukt aus dem gesamten Finanzplanungsprozess. Bei der Risikoinventur (s. Kapitel 6.2.3.4) wird der Ausgangspunkt bestimmt und von dort aus jedes denkbare Einzelrisiko nach Relevanz und Eintrittswahrscheinlichkeit regelmäßig bewertet. Allmählich aufkommende Risiken werden sukzessive mit höheren Eintrittswahrscheinlichkeiten oder Schadenshöhen eingeschätzt. Lässt sich aus ihrer Kumulation oder der aktualisierten potentiellen Schadenshöhe eine mögliche Bestandsgefährdung ableiten, besteht strategischer oder operativer Handlungsbedarf.

Absicherungsgeschäfte sind häufig normales Geschäftsgebaren in Unternehmen. Sie werden betriebswirtschaftlich als Kern eines wertorientierten Risikomanagements angesehen, da durch die Absicherungsgeschäfte die Volatilität in den Cashflows vermindert wird, was bei unveränderter Höhe der Cashflows den Marktwert eines Unternehmens steigert. Hedgegeschäfte werden hier dem antizipativen Risikomanagement zugeordnet, weil Impulse, Sicherungsgeschäfte abzuschließen, häufig aus der Planung hervorgehen, die Zeit und Höhe der künftigen Rückflüsse bzw. den künftigen Rohstoffeinsatz prognostiziert. Solange die Hedgegeschäfte einzig dem Ziel der Absicherung dienen, kann hier von Risikomanagement gesprochen werden. Sobald aber aus den Hedgegeschäften neue Risiken hervorgehen, die mit dem zu sichernden Grundgeschäft nichts zu tun haben, kann von Risikomanagement nicht mehr die Rede sein; dann handelt es sich um Spekulation. Der ambivalente Charakter der Sicherungsgeschäfte macht das Absicherungsgeschäft daher selbst zum Gegenstand der Risikoüberwachung im Sinne des verhütenden Risikomanagements, wie dies die Rechnungslegung und das KonTraG letztlich vorsehen.

5.5 Zusammenfassung Techniken des Risikomanagements

Abschließend zu dem Kapitel Techniken des Risikomanagements werden die dargestellten Rollenbilder in der Übersicht zusammengefasst. Mit Tab. 2 wird weder eine lupenreine Trennschärfe noch die Vollständigkeit der Rollenbilder angestrebt: Es geht darum, die wesentlichen Akzente der Tätigkeitsfelder und Rollenbilder hervorzuheben.

Ungeachtet der Überschneidungen in der Praxis zeigt Tab. 2 deutlich, welche Position das Risikomanagement in bestimmten Prozessen und Situationen einzunehmen hat. Als verhütendes Risikomanagement wird die Rolle durch vielfältige Kontrollen, Prüfvorgänge und Überwachungsfunktionen bestimmt. Aufsichtsräte, interne Revision und Compliance sind derlei Aufgabenträger/-innen. In der messenden Rolle wird das Ausmaß von Risiken bestimmt, einzeln oder in Aggregation mit unterschiedlichen Risikoarten. Ziel ist die Limitierung, laufende Überwachung und Steuerung der Risikoaggregate (z. B. des Value at Risk), wozu auch zählt, übergreifend Aktivitäten zu koordinieren und Informationen zu beschaffen. Insoweit berät das messende Risikomanagement die Unternehmensleitung. Im Rahmen des Monitoring der Limiteinhaltung überschneiden sich der messende und der verhütende Ansatz.

Prozessuales Risikomanagement ist entscheidungsorientiert und bringt sich maßgeblich in die Vorbereitung und Verabschiedung von Investitionsprojekten ein. Ein solcher Investitionsprozess stellt der Kreditentscheidungsprozess in Banken und Finanzinstituten dar. Leitend ist das Prinzip des Erwartungs- oder Risikonutzens bei der Auswahl von Projekten. Die Aufgabe liegt darin, neue Risiken einzugehen, die das Risikoniveau, d. h. den am Kapitalmarkt orientierten Risikoappetit, widerspiegeln. Mit der Akzeptanz dieser neuen Risiken ist untrennbar die Ertragschance verbunden. Eine getrennte Betrachtung von Risiko und Chance ist hier nicht möglich: Das Risiko *ist* die Chance.

Im planenden Bereich wird das Risikomanagement in seiner antizipativen Rolle tätig. Anders als beim prozessualen Risikomanagement lassen sich hier Risiken von den Chancen getrennt bewerten, weil es nicht um unmittelbare Festlegungen geht, sondern darum, Risiken im Planungsprozess früh zu erkennen und bei Planabweichungen gegenzusteuern. Wesentlicher Träger des planenden Risikomanagements ist das Finanzcontrolling in Unternehmen.

Tab. 2: Übersicht Rollenverständnis des Risikomanagements.

	Verhütend	Messend	Prozessual	Antizipativ
Rolle	Kontrolle, Prüfung und Überwachung	Messung, Monitoring, Koordinierung und Beratung	Prozessbeteiligung, Entscheidung und Durchsetzung in der Investitions- und Risikoauswahl	Planung, Informationsaufbereitung, Risikofrüherkennung, Abwägung von Chancen und Risiken
Zuordnung zum Risikobegriff	Risiko ist Gefahr, Schaden oder Nachteil	Risiko ist ein Risikomaß, wie z. B. das Erwartungswert-Varianz-Prinzip	Risiko ist synonym zur Eintrittswahrscheinlichkeit eines Ereignisses, die auch subjektiv geschätzt werden kann	Risiko ist negative Abweichung von Planwerten, negative Einflussgröße auf den erwarteten Erfolg, ein Downside-Potenzial
Verhältnis von Risiko und Chance	Chance besteht in der Reduzierung des Schadenspotenzials	Chance besteht in der positiven Abweichung vom Mittelwert von zufälligen Ergebnissen	Chance besteht in der Ergreifung des (gewollten) Risikos	Chancen können individuell gegen antizipierte Risiken abgewogen und unabhängig voneinander gewürdigt werden
Träger der Rollen	Unternehmensorgane (Vorstand und Aufsichtsrat), Interne Revision, Compliance, externe/-r Abschlussprüfer/-in, staatliche Aufsicht	Risikocontrolling	Geschäftsleitung, Risikomanager/-innen, Entscheidungs- und Kompetenzträger/-innen, Risk-Taker, Kreditanalysten	Finanzcontrolling
theoretische Grundlagen	Corporate Governance, Enterprise Risk Management, Industrie-Standards	Stochastik, Erwartungswert-Varianz-Regel, Portfolioauswahl-Theorie,	normative Entscheidungstheorie, Erwartungsnutzenprinzip, Bestimmung des Risikonutzens	strategische und operative Finanzplanung, internes Kontrollsystem, Risikofrüherkennung

Branchen	alle Branchen und Organisationen	Versicherungen Banken und Finanzinstitute sicherheitsempfindliche Branchen (Energiewirtschaft)	Banken und Finanzinstitute mit strenger Funktionstrennung, unterschiedliche Entscheidungseinbindung des Risikomanagements in anderen Branchen	alle Branchen und Organisationen
Erfolgsmessung	Nachhaltigkeit des Unternehmenserfolgs	umfassende Auswertung der Risikoaggregate, Einhaltung vorgegebener Risikolimitierungen	Rationalität im Entscheidungsprozess	Zuverlässigkeit der Prognosen, enger Soll-/Ist-Vergleich
rechtliche Grundlagen	KonTraG, § 91 AktG	CRR, CRD, EBA-Richtlinien, KWG, MaRisk, Solvabilität II: Richtlinie 2009/138/EG vom 25. November 2009 betreffend die Aufnahme und Ausübung der Versicherungs- und der Rückversicherungstätigkeit, Versicherungsaufsichtsgesetz (VAG)	KWG, MaRisk	Regeln der Rechnungslegung: HGB, AktG, IFRS

Fragen und Aufgaben zu Kapitel 5

1. Grenzen Sie die Aufgaben der Corporate Governance von der des Bank-Risikomanagements ab.

2. Beschreiben Sie das Risikomanagementsystem im Sinne der Corporate Governance.

3. Welches Verständnis von Risikomanagement liegt der externen Jahresabschlussprüfung zugrunde?

4. „Risikomanagement ist Compliance mit den MaRisk und Basel III." Diskutieren Sie diese Feststellung vor dem Hintergrund des entscheidungsorientierten Risikomanagements.

5. „Das Risikomanagement ist die Second-Line-Aufgabe im Three Lines-Modell der internen Revision." Stimmt das?

6. „Durch Risikomanagement entsteht Doppelarbeit, weil zwei organisatorische Einheiten die gleiche Transaktion beurteilen." Können Sie dieser Behauptung auf der Basis des entscheidungsorientierten Risikomanagements zustimmen?

7. Welche Bedeutung hat die Portfolioauswahl-Theorie für das Risikomanagement in Banken und worin liegen ihre Grenzen?

8. „Die Ausfallwahrscheinlichkeit und der Expected Loss eines Kreditnehmers oder einer Kredittransaktion reicht als Entscheidungskriterium für die Risikoakzeptanz völlig aus." Wenn ja, was hätte das zur Folge, wenn nein, welche zusätzlichen Kriterien wären erforderlich um die Transaktion zu beurteilen?

9. Welche Nutzenfunktion liegt der Portfolioauswahl-Theorie zugrunde?

10. Welches sind die grundlegenden Parameter der Portfolioauswahl-Theorie und wie kann man diese auf eine Kredittransaktion anwenden?

11. Was ist unter Rationalität im Entscheidungsprozess zu verstehen?

12. Nennen Sie Gründe, weshalb subjektive Wahrscheinlichkeitsaussagen im Entscheidungsprozess berücksichtigt werden können.

13. Risikomanagement ist Hedging mit Termingeschäften. Wie ist das zu verstehen und welcher Ausprägung des Risikomanagements würden Sie diesen Vorgang zuordnen?

14. „Risikomanagement ist eine spezifische Controllingaufgabe." Wie ist diese Vorstellung zu verstehen und welcher Bezug besteht zum betrieblichen Risikomanagement?

6 Risikomanagement und Bankregulierung

Lernziele   ❗

Regulierungsinduziertes Risikomanagement
Organisatorischer Rahmen des Risikomanagements in Banken und Finanzinstituten
Wertschöpfendes Risikomanagement versus Bankenaufsicht
Europäischer Rahmen der Bankregulierung
Ökonomisches und außerökonomisches Risikomanagement
Bankregulierung und Corporate Governance der Banken

Die Bankregulierung in Deutschland ist in das Projekt der europäischen Bankenunion eingebettet. Dieses Projekt wurde im Jahr 2012 als Konsequenz aus der globalen Finanz- und Wirtschaftskrise auf den Weg gebracht.[98] Es besteht aus drei Säulen: dem einheitlichen Aufsichtsmechanismus (Single Supervisory Mechanism, SSM), dem einheitlichen Abwicklungsmechanismus (Single Resolution Mechanism, SRM) und der gemeinsamen Einlagensicherung (Deposit Guarantee Scheme). Die wesentlichen Regelungen für das Kreditgeschäft großer systemrelevanter Institute finden sich im einheitlichen Aufsichtsmechanismus. Für notleidende Kreditinstitute gilt europaweit der einheitliche Abwicklungsmechanismus, der ihre finanzmarktschonende Abwicklung gewährleisten soll. Beide Mechanismen sind relevant für das entscheidungsorientierte Risikomanagement, im ersten Falle hinsichtlich der Risikoakzeptanz, im zweiten für die objektive Bewertung beim Abbau von finanziellen Vermögenswerten.

Auf dem Projekt der Bankenunion beruht auch die Vorstellung eines Single Rulebook, das das europäische Bankenaufsichtsrecht harmonisieren soll.[99] Es besteht aus mehreren Rechtsakten, die für Finanzinstitute verbindlich sind. Zu den wesentlichen Rechtsakten gehören neben der CRR, der CRD, dem SSM und dem SRM auch die technischen Regulierungs- und Durchführungsstandards, die die Europäische Kommission auf diesen Grundlagen erlassen hat oder noch erlassen wird sowie die Leitlinien beziehungsweise Empfehlungen der EBA (Europäische Bankenaufsichtsbehörde). Die CRR ist unmittelbar geltendes Recht in der EU. Die CRD richtet sich an die Regierungen der Mitgliedsstaaten, die diese Regelungen in nationales Recht überführt haben. Beim Single Rulebook handelt es sich also nicht um ein einheitliches Regelwerk, son-

---

98 Siehe Europäische Kommission, Mitteilung der Kommission an das Europäische Parlament und den Rat, Fahrplan für eine Bankenunion, vom 12. September 2012.
99 Commission of the European Communities, Communication from the Commission of 27 May 2009 – European financial supervision (COM, 2009, 252 final, S. 3 und 14). Siehe auch European Central Bank, Legal Working Paper Series, The Single Rulebook: legal issues and relevance in the SSM context, Nr. 15, Oktober 2015, S. 4 f.

https://doi.org/10.1515/9783110596571-006

dern um eine Sammelbezeichnung für eine Vielzahl von Rechtsakten in der EU, die
der Idee folgen, einen einheitlichen Aufsichtsmechanismus über Banken und Finanzinstitute zu ermöglichen.

Der einheitliche europäische Bankenaufsichtsmechanismus stellt bedeutende
Großbanken der teilnehmenden Länder unter die direkte Aufsicht der Europäischen
Zentralbank (EZB), die diese gemeinsam mit den nationalen Aufsichtsbehörden beauf-
sichtigt. Wesentliche Rechtsakte zur Begründung dieses Aufsichtsmechanismus sind
die EU-Verordnung zur Übertragung besonderer Aufgaben der Aufsicht über Kreditinstitute auf die Europäische Zentralbank[100] sowie die EU-Verordnung zur Errichtung
der Europäischen Bankenaufsichtsbehörde.[101] Auf Basis dieser Rechtsakte setzt die
EZB gemeinsam mit den nationalen Aufsichtsbehörden sogenannte Joint Supervisory
Teams[102] zur Beaufsichtigung der Institute ein.

6.1 Der Basel-Reformprozess

Der Begriff „Basel" (Basler Akkord, Basel II und Basel III) steht für ein Reformpaket, das
die Mindesteigenkapitalvorschriften für Banken und Finanzinstitute regelt (s. dazu
auch den Überblick bei Haves, 2015, S. 25 ff.). Die Stadt Basel ist der Sitz der Bank für
Internationalen Zahlungsausgleich (BIZ). Die Anteile der BIZ werden von rund 60 europäischen und außereuropäischen Zentralbanken gehalten. Sie verwaltet die Währungsreserven der angeschlossenen Zentralbanken, unternimmt Finanzmarktforschung und
unterstützt die Zentralbanken in der Bankenaufsicht. Für Fragen der Bankenaufsicht
wurde im Jahr 1974 ein ständiger Ausschuss eingerichtet, der Baseler Ausschuss für
Bankenaufsicht (Basel Committee on Banking Supervision, BCBS), der die Reformpakete
erarbeitet und beschlossen hat.

6.1.1 Risikoklassifizierungsverfahren

Erste Vorschläge des Ausschusses wurden 1988 im Basler Akkord niedergelegt und
den nationalen Gesetzgebern zur Umsetzung in inländisches Bankenaufsichtsrecht
empfohlen. Kern der Empfehlungen war, eine einheitliche Eigenkapitalquote von
8 Prozent auf die kreditrisikogewichteten Aktiva vorzusehen.

---

100 Verordnung (EU) Nr. 1024/2013 des Rates vom 15. Oktober 2013 zur Übertragung besonderer Aufgaben im Zusammenhang mit der Aufsicht über Kreditinstitute auf die Europäische Zentralbank.
101 Verordnung (EU) Nr. 1022/2013 des Europäischen Parlaments und des Rates vom 22. Oktober 2013
zur Änderung der Verordnung (EU) Nr. 1093/2010 zur Errichtung einer Europäischen Aufsichtsbehörde (Europäische Bankenaufsichtsbehörde) hinsichtlich der Übertragung besonderer Aufgaben auf
die Europäische Zentralbank gemäß der Verordnung (EU) Nr. 1024/2013.
102 Verordnung (EU) Nr. 1024/2013 des Rates vom 15. Oktober 2013, Erwägungsgründe Nr. 79.

Dem ersten Basler Akkord folgte 2004 eine Reform durch das Basel-II-Reformpaket, das im Januar 2007 in Kraft trat. Dem gingen umfangreiche Auswirkungsstudien und Konsultationen voraus, unterstützt durch großzügige Übergangs- und Einführungsfristen. Basel II veränderte die 8 Prozent-Schwelle nicht, differenzierte jedoch die Anrechnung von Risikopositionen weiter, sodass weniger riskante Positionen mit einem geringeren „Gewicht", d. h. Multiplikator, in die Anrechnung auf die Mindesteigenkapitalanrechnung einfließen. Niedrige Ausfallrisiken erfordern eine niedrigere, höhere Ausfallrisiken eine höhere Eigenkapitalunterlegung. Außerdem wurde den Banken gestattet, institutseigene Ratingsysteme einzuführen. Der Risikoklassifizierungsprozess wurde nach dem Muster der externen Ratingagenturen differenziert und statistisch verifiziert. Dieses Verfahren, der „Internal Ratings-Based Approach" (IRBA), wurde von vielen Banken mit zum Teil erheblichen Reduzierungen der Risikoanrechnung eingeführt.

Mit diesem Prozess wurde die Rationalität des Risikoentscheidungsprozesses wesentlich verbessert, weil deutlich mehr Merkmale eines Kreditengagements in einem detaillierten Analyseprozess abgewogen wurden als zuvor. Die Rolle des Risikomanagements in diesem Prozess liegt nicht nur darin, diese Ratingsysteme umzusetzen, sondern die Risikoklassifizierung als Erkenntnismethode für die Risikoeinschätzung zu nutzen.

6.1.2 Mindesteigenkapitalanforderungen

Die Basel II/III-Empfehlungen werden in einem Drei-Säulen-Modell veranschaulicht (s. Abb. 18). Die erste Säule betrifft die Eigenkapitalanforderungen an Banken und somit den Puffer zur Verlustabsorption. Die zweite Säule befasst sich mit der Ausgestaltung der Bankenaufsicht in den EU-Staaten. Die dritte fordert erhöhte Transparenz gegenüber dem Kapitalmarkt in Bezug auf die Risikoberichterstattung, insbesondere die angemessene Kapital- und Liquiditätsausstattung (Internal Capital Adequacy Assessment Process, ICAAP, und Internal Liquidity Adequacy Assessment Process, ILAAP[103]).

Mit der Finanzkrise im Jahr 2008 haben sich die Risiken in den Bilanzen der Banken schlagartig erhöht. Mit der Sensitivierung der Ratings nach der Risikohöhe waren die Institute in Folge gezwungen, deutlich mehr Eigenkapital vorzuhalten als bislang erwartet. Die Aufsicht stellte fest, dass Banken die Risiken in ihren Bilanzen systematisch unterschätzt haben. Das Reformpaket Basel III wurde über den Zeitraum von 2010

---

103 S. Hartmann-Wendels/Pfingsten/Weber (2019, S. 312 ff., 374 ff.); siehe hierzu den Leitfaden der EZB für den bankinternen Prozess zur Sicherstellung einer angemessenen Kapitalausstattung (2018) und den Leitfaden der EZB für den bankinternen Prozess zur Sicherstellung einer angemessenen Liquiditätsausstattung (2018).

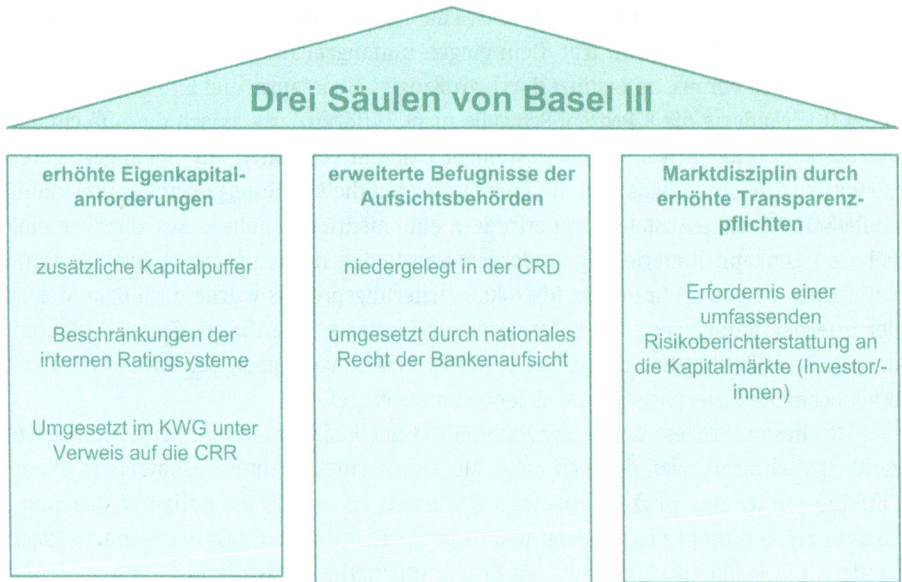

Abb. 18: Drei Säulen nach Basel III. In Anlehnung an www.bis.org/bcbs/basel3/b3summarytable_de.pdf. (Abrufdatum 16.01.2024), eigene Darstellung.

bis 2017 mit Übergangsfristen (bis mindestens 2027) vorgelegt.[104] Die Anforderungen an die Eigenmittel systemrelevanter Banken wurden durch Basel III massiv angehoben, sodass sie nunmehr statt bei 8 Prozent im mittleren zweistelligen Bereich liegen, mit weiter steigender Tendenz. Durch die Einführung zusätzlicher Eigenkapitalelemente wie den Kapitalerhaltungspuffer, den Systemrisikopuffer und den antizyklischen Kapitalpuffer wird versucht, die Fähigkeit der Banken und vor allem der international vernetzten Finanzinstitute, Verluste zu absorbieren, zu erhöhen.

Basel III wurde in drei Stufen eingeführt. Erstens wurden für das Marktpreisrisiko des Derivategeschäfts im Jahr 2010 deutlich erhöhte Eigenmittelanforderungen aufgestellt.[105] Zweitens wurden im Jahr 2013 an die Qualität der Eigenmittel, das Kernkapital, ebenfalls höhere Anforderungen gestellt und zusätzliche Kapitalpuffer eingeführt.[106] Drittens wurde im Jahr 2017 der Spielraum der internen Ratingsysteme

---

104 Siehe Basel Committee on Banking Supervision, Basel III: A global regulatory framework for more resilient banks and banking systems, Bank for International Settlements, Dezember 2010, überarbeitet 2011.

105 Basel Committee on Banking Supervision, Revisions to the Basel II market risk framework (aktualisiert im Dezember 2010), Februar 2011, www.bis.org/publ/bcbs193.pdf (Abrufdatum: 26.03.2024), auch bezeichnet als „Basel 2.5".

106 Richtlinie 2013/36/EU über den Zugang zur Tätigkeit von Kreditinstituten und die Beaufsichtigung von Kreditinstituten und Wertpapierfirmen (CRR) gilt als die erste Stufe von Basel II.

deutlich eingeengt, indem die Reduzierung der Risikopositionen durch eine Untergrenze beschränkt wurde.[107]

Die Umsetzung aufsichtsrechtlicher Regeln zum Risikomanagement ist herausfordernd. Die umfangreichen und komplexen technischen Regeln erfordern hohe fachliche und bisweilen technologische Expertise. Die Regeln zur Bestimmung des Mindesteigenkapitalniveaus sind in der CRR so detailliert verfasst, dass sie mathematisch-statistische Kenntnisse voraussetzen. Die Mindesteigenkapitalbestimmung besteht weitgehend in der Messung von Risiken auf der Basis der Wahrscheinlichkeitslehre. Auch die Umsetzung der aufbau- und ablauforganisatorischen Regeln zum Risikomanagement, die sich auf die Erkenntnisse der Organisationslehre stützt, ist anspruchsvoll. Größere Institute beauftragen dazu mitunter externe Beratung und müssen für ein effektives Change-Management sorgen.

Das Risikomanagement muss sich mit diesem Regelwerk vertraut machen und es als rechtliche Anforderungen, die nicht zwingend ökonomisch ausgerichtet sind, richtig einordnen. Keines der aufsichtsrechtlichen Regelwerke leistet Unterstützung oder „Ausbildungshilfe" bei der Entscheidung über die Risikoakzeptanz. Wertschöpfendes Risikomanagement beginnt bei der ökonomischen Fundierung der Entscheidung, nicht mit den Basel-Regeln. Sie setzen den rationalen und wertschöpfenden Risikoentscheidungsprozess voraus, während der Wertschöpfungsaspekt bankenaufsichtsrechtlicher Regulierung der Theorie der Insolvenzkostenvermeidung folgt (s. Kapitel 3.1.1 u. 3.1.2).

6.2 MaRisk

Sinn der staatlichen Aufsicht über Banken und Finanzinstitute ist die Gewährleistung einer funktionierenden Kreditversorgung der Wirtschaft und des Geldverkehrs sowie die Verhinderung systemischer Risiken. Zu diesem Zweck hat die Bankenaufsicht ein Interesse an der Stabilität einzelner Institute, soweit von ihnen im Falle einer Insolvenz eine Ansteckungsgefahr für das Finanzsystem ausgeht. Durch die Bankenabwicklungsrichtlinie im Rahmen der Bankenunion wird die Möglichkeit des geordneten Ausscheidens einzelner systemrelevanter Institute ohne Beeinträchtigung der Finanzmarktstabilität wesentlich verbessert.

Die Bundesanstalt für Finanzdienstleistungsaufsicht stellt seit Mitte der 1990er-Jahre per Rechtsverordnung zwingende aufbau- und ablauforganisatorische Anforderungen an Banken und Finanzinstitute auf (Mindestanforderungen an das Risikomanagement, MaRisk).[108] Sie konkretisieren die Pflichten der Geschäftsleiter/-innen, für

---

107 Die Einigung zu Basel III von 2017 (output floor) befindet sich noch im EU-Rechtssetzungsverfahren.
108 Bundesanstalt für Finanzdienstleistungsaufsicht, Rundschreiben 05/2023 (BA) an alle Kreditinstitute und Finanzdienstleistungsinstitute in der Bundesrepublik Deutschland, Mindestanforderungen an das Risikomanagement – MaRisk – in der Fassung vom 18. Oktober 2023; s. auch die Übersicht und Erläuterung bei Kurfels (2015, S. 55 ff.).

eine ordnungsgemäße Geschäftsorganisation des Kreditinstituts nach § 25a Abs. 1 des Kreditwesengesetzes (KWG) zu sorgen, insbesondere für die Einrichtung eines angemessenen und wirksamen Risikomanagements. Der Schwerpunkt liegt auf den internen Kontrollverfahren.

Die Regelungen der MaRisk greifen den umfassenden Risikomanagementprozess der Corporate Governance auf, der sich über die Marktfolgefunktion und das Risikocontrolling auf alle weiteren Träger/-innen des Risikomanagements erstreckt (s. Kapitel 5.1.1). Das interne Kontrollsystem regelt demnach insbesondere die Aufbau- und Ablauforganisation, Prozesse zur Identifizierung, Beurteilung, Steuerung, Überwachung sowie Kommunikation der Risiken und fordert das Vorhandensein einer funktionsfähigen Risikocontrolling- und Compliance-Funktion. Der institutsinterne Risikomanagementprozess schafft eine Grundlage für die sachgerechte Wahrnehmung der Überwachungsfunktionen des Aufsichtsorgans und bindet das Aufsichtsorgan angemessen ein (MaRisk AT 1 Abs. 1).

Die Prozesse des Bank-Risikomanagements sind üblicherweise in einer Organisationseinheit zusammengefasst, der meist auch die von den MaRisk geforderte Risikocontrollingfunktion angehört. Ablauforganisatorisch sind die Prozesse auf das Prinzip der Funktionstrennung[109] ausgerichtet. Eine Funktionstrennung wird auch für die Einheiten Risikocontrolling und „Marktfolge" verlangt (s. MaRisk AT 4.4.1 Tz. 5, Satz 2). Die MaRisk verlangen außerdem eine ausreichend hohe Führungsebene für die Leitung des Risikocontrollings und ihre Einbindung in wichtige risikopolitische Entscheidungen der Geschäftsleitung.

Inhaltlich werden die Prozesse der Risikoidentifikation, -beurteilung und -bewertung nicht näher bestimmt. Es besteht aber die Pflicht, in Kreditentscheidungen ein „Zweitvotum" einzuholen[110], zu dessen Ausgestaltung ebenfalls keine inhaltlichen Vorgaben gemacht werden. Die beiden zur Votierung autorisierten Stellen werden in den MaRisk als „Markt" einerseits und „Marktfolge" andererseits bezeichnet. Diese Formulierung ist unglücklich gewählt, denn sie erweckt den Eindruck einer Rangfolge und steht mit der Bedeutung der Funktion für die eigentliche Entscheidung in keinem Verhältnis. Die besondere Bedeutung der Marktfolge-Funktion kommt in der weiteren Bestimmung zum Ausdruck, wonach bei Gremienentscheidungen (z. B. Kreditkomitee, -ausschuss) die Mehrheitsverhältnisse so festzulegen sind, dass der Bereich Marktfolge nicht überstimmt werden kann. Auch die Transparenzpflicht im Risikobericht in Bezug auf abweichende Voten, insbesondere wenn von dem Votum des/der für die Marktfolge zuständigen Geschäftsleiter/-in abgewichen wird (MaRisk BTO 1.1 Abs. 5), zeigt den

---

109 Siehe MaRisk AT 4.3.1: „Bei der Ausgestaltung der Aufbau- und Ablauforganisation ist sicherzustellen, dass miteinander unvereinbare Tätigkeiten durch unterschiedliche Mitarbeiter durchgeführt und auch bei Arbeitsplatzwechseln Interessenkonflikte vermieden werden."
110 MaRisk Besonderer Teil Organisation BTO 1.1 Abs. 2: „Abhängig von Art, Umfang, Komplexität und Risikogehalt des Kreditengagements erfordert eine Kreditentscheidung zwei zustimmende Voten der Bereiche Markt und Marktfolge."

hohen Stellenwert des Zweitvotums. Er kommt auch in den Anforderungen der Banken-kaufsicht an die Qualifikation als Geschäftsleiter/-in eines Kreditinstituts zum Ausdruck, die umfassende Erfahrung im Kreditentscheidungsprozess voraussetzt. Insofern sind die MaRisk wenig konsequent, wenn sie durch die Begriffswahl „Marktfolge" und „Zweitvotum" eine Nachordnung des Risikoakzeptanzprozesses implizieren. Auch in diesem Zusammenhang muss sich das Risikomanagement seiner grundlegenden Rolle bewusst sein und sich im Hinblick auf die Risikoakzeptanzentscheidungen, auch im recht verstandenen Sinne der MaRisk, klar als Entscheider positionieren.

Aufsichtsrechtlich verordnetes Risikomanagement agiert verhütend. Die Umset-zung aufsichtsrechtlicher Vorschriften ist nicht in der ökonomischen Wertschöpfung, sondern durch die These der Insolvenzkostenvermeidung begründet (s. Kürsten, 2006, S. 179 ff.). Auf der Einhaltung der aufsichtsrechtlichen Mindestanforderungen darf sich das entscheidungsorientierte Risikomanagement nicht ausruhen. Wer sich damit begnügt, verkennt seinen wertschöpfenden Charakter. Institute, die in der Funktion des Risikomanagements nur den verlängerten Arm der Bankenaufsicht oder gar den Sündenbock für die Nichteinhaltung aufsichtsrechtlicher Vorgaben sehen, werden dieses Defizit früher oder später in der Marktbewertung spüren.

6.2.1 Regulierungsinduziertes Risikomanagement

Der große Wert, den die Bankenaufsicht auf das interne Risikomanagement von Ban-ken und Versicherungen legt, sollte eine Geschäftsleitung nicht dazu verleiten, es als eine rein aufsichtsrechtliche Maßnahme zu betrachten. Der ökonomische Anlass für die Einrichtung eines prozessualen Risikomanagements in Banken und Finanzinstitu-ten ist der Kapitalmarkt, nicht die Bankenaufsicht. Der Markt ist die Messlatte für das von den Investor/-innen ausgewählte Risikoniveau. Die MaRisk stellen dafür nur die Mindestanforderungen auf. Man kann in der Umsetzung der MaRisk auch von einem regulierungsinduzierten Risikomanagement sprechen (Kürsten, 2006), weil es über-wiegend durch Kontrollprozesse bestimmt ist. Unbeschadet der vielen Kontrollfunk-tionen liegt sein primär wertschöpfender Charakter in der Risikoakzeptanz.

6.2.2 Kontrollprozesse der MaRisk

Die MaRisk befassen sich mit dem institutsweiten Kontrollsystem, insb. die Bearbei-tungskontrolle von Kreditgewährungen, das Risikocontrolling, die interne Revision, die Compliance-Funktion und das Auslagerungsmanagement betreffend. Basis der Kontroll-prozesse ist häufig das Vier-Augen-Prinzip und die Funktionstrennung (zur Begründung des Vier-Augen-Prinzips, s. z.B. Kunz, 2017, S. 165–172). Kennzeichnend sind die zahllo-sen Überwachungs- und Kontrollvorgänge im Sinne einer Qualitätskontrolle. Hinzu kommt die Regulierung der Anreizsysteme in Banken durch die Institutsvergütungsverordnung, die die Angemessenheit der Vergütungssysteme und die Unabhängigkeit der Risikofunktion von am Vertriebserfolg gemessenen Handlungsanreizen gewährleisten soll. Sowohl Funktionstrennung als auch das Vier-Augen-Prinzip sind in realwirtschaftlichen Unternehmen ebenfalls verbreitet (s. z. B. BASF-Bericht 2022, S. 160). Im Unterschied zu Finanzinstituten sind diese Maßnahmen aufsichtsrechtlich nicht vorgeschrieben, sondern gelten als betriebswirtschaftlich vernünftig.

Das Risikomanagement muss über die Zusammenhänge sämtlicher Risikomanagementdisziplinen die Übersicht behalten. Die MaRisk enthalten beispielsweise klare Anforderungen an das Notfallmanagement, insbesondere bei Problemen der IT (MaRisk AT 7.2 und 7.3) und Auslagerungsprozessen aller Art (MaRisk AT 9). Für IT-Risiken sind angemessene Überwachungs- und Steuerungsprozesse einzurichten, die insbesondere Risikokriterien, Schutzbedarf und die Identifikation von Risiken festlegen. Daraus werden Schutzmaßnahmen für den IT-Betrieb abgeleitet sowie entsprechende Maßnahmen zur Risikobehandlung und -minderung aufgestellt (MaRisk A 7.2 Abs. 4).

Angesichts der unterschiedlichen Fachdisziplinen für die Behandlung von Sicherheitsrisiken besteht die Rolle des Bank-Risikomanagements in der formellen Zusammenführung und Koordination dieser Funktionen und der Kenntnis ihrer Anwendungsgebiete. Das Risikomanagement hat z. B. unabhängig von der jeweiligen Disziplin auch darauf zu achten, dass es in die Behandlung wesentlicher fachbezogener Risiken eingebunden ist, z. B. im Hinblick auf die Erkenntnisse der internen Revision (s. auch Kapitel 5.1.2), Compliancevorgänge (s. Kapitel 513) und die betriebliche Auslagerung oder IT-Sicherheit.

6.2.3 Kredit- und Marktpreisrisikomanagement

Die MaRisk sehen die Einrichtung einer Risikocontrollingeinheit in jedem Finanzinstitut vor. Deren Hauptaufgabe besteht in der Risikoberichterstattung auf Basis der Risikomodelle. Dazu gehören die Berechnung des internen ökonomischen Kapitals, der Risikotragfähigkeit und der Anforderungen an das regulatorische Mindesteigenkapital, ferner die Aufbereitung der Risikoarten, die Risikofrüherkennung, die Analyse des leistungsgestörten Portfolios, die Risikosteuerungsprozesse und die Risikoinventur (s. MaRisk 4.4.1). Sie sollen hier in einem kurzen Überblick dargestellt werden. Weitere Details dazu finden sich in den Lehrbüchern zur Bankbetriebslehre (z. B. Hartmann-Wendels/Pfingsten/Weber, 2019) und der Fachliteratur zur Gesamtbanksteuerung (s. u. a. Reuse, 2020; Schierenbeck/Lister/Kirmße, 2008), die sich neben den ökonomischen Grundlagen eng an die regulatorischen Vorgaben anlehnen.

6.2.3.1 Risikofrüherkennung
Die MaRisk verlangen ausdrücklich die Einrichtung eines Risikofrüherkennungssystems für Kreditrisiken. Dies begründet sich mit der Erfahrung, dass sich die Qualität

der Kreditnehmer/-innen im Laufe der Zeit eher verschlechtert als verbessert. Ein Verzicht auf eine Risikofrüherkennung beraubt ein Kreditinstitut der Möglichkeit, im Vorfeld einer Leistungsstörung rechtzeitig einzugreifen. Bei manifesten Risikosignalen können Kreditengagements zügig der Abteilung für Sanierungsfälle vorgestellt und dort mit der entsprechenden Expertise – insbesondere im Hinblick auf die Gesundungsaussichten und die nachhaltige Existenzsicherung – betreut werden (s. Kapitel 5.3.3). Bei notleidenden Kreditnehmer/-innen ist die weitere Kreditvergabe an ein Sanierungsgutachten mit positiver Prognose gebunden.[111] Damit soll die Weiterfinanzierung nicht überlebensfähiger Unternehmen verhindert und somit das Eigenkapital von Banken geschont werden.

Wie sich leistungsgestörte Kredite entwickeln, ist ein wichtiges Indiz für die Portfolioqualität. Als Indikatoren dienen die Höhe der Wertberichtigungen im Verhältnis zum Kreditvolumen sowie diejenigen Forderungen, die mehr als 90 Tage überfällig sind. Auch der Umfang der eingeräumten Konzessionen (Zinsverbilligungen, Tilgungsstreckungen, Covenanterleichterungen), mittels derer die Kreditnehmer/-innen ihren Verpflichtungen nachkommen sollen, zählt zu diesen Indikatoren.

Das Management der Wertberichtigungen ist kein Instrument der Ertragssteuerung. Der Wert von Kreditforderungen wird durch den Kapitalmarkt bestimmt – nicht anders als bei börsennotierten Wertpapieren. Der Versuch, im Rahmen zulässiger Ermessensausübung die Wertberichtigungen zeitlich zu verschieben oder über einen längeren Zeitraum zu strecken, ist nur in Einzelfällen erfolgreich. Nur in wenigen Fällen ist es berechtigt, von Werterholungen der Kreditforderungen im Zeitablauf auszugehen. Jedes Werterholungspotenzial ist im Marktwert eines Finanzinstruments bereits vorweggenommen. Die Kunst des Managements leistungsgestörter Forderungen besteht darin, das Portfolio marktgerecht zu bewerten. Nur in „guten" Zeiten ist es in Grenzen möglich, die Höhe der Wertberichtigungen innerhalb eines geplanten oder budgetierten Korridors zu steuern. Maßgebend zur Orientierung sollten aber die tatsächlichen Marktwerte der Forderungen (s. Kapitel 5.3.3, Abschnitt Unternehmenssanierung) sein.

Die Bewertung illiquider oder ausfallgefährdeter Forderungen folgt der Discounted-Cashflow-Methode. Hier können sich Spannungen mit der Rechnungslegung ergeben. Die strenge Logik von IFRS 9[112] führt nicht in allen Fällen zu einem marktnahen

---

111 MaRisk Besonderer Teil BTO 1.2.5 Abs. 4: „Zieht ein Institut die Begleitung einer Sanierung in Betracht, hat es sich ein Sanierungskonzept zur Beurteilung der Sanierungsfähigkeit des Kreditnehmers vorlegen zu lassen und auf dieser Grundlage ein eigenständiges Urteil darüber zu treffen, ob eine Sanierung erreicht werden kann."

112 Der Rechnungslegungsstandard IFRS 9 regelt die Bildung von Wertberichtigungen auf Forderungen. Dabei stehen die Banken im Fokus. Auf dieses Portfolio ist u. a. für den Expected Loss eines Zwölf-Monats-Zeitraums und auch den Lifetime Expected Loss (Expected Loss bis zum Laufzeitende eines Kredites) eine bilanzielle Vorsorge bilden, auch wenn eine Forderung noch nicht ausgefallen ist. Es handelt sich um eine risikosensitive Form einer Pauschalwertberichtigung.

Bewertungsergebnis (s. dazu auch die Ausführungen zur Bankenabwicklung in Kapitel 5.3.3). Es steht zwar außer Frage, dass auch nach IFRS 9 der „faire Wert" bzw. der Marktpreis einer Forderung ermittelt werden soll. Die Strenge der IFRS-Vorschriften führt jedoch in Einzelfällen auch zu unterschiedlichen Wahrnehmungen. Die Aufgabe des Risikomanagements liegt darin, diese Spannungen mit dem Ziel zu überbrücken, der Marktbewertung Vorrang vor der formalen Bewertung zu geben. Dies ist in der Regel durch gründliche Analyse, schlüssige Argumentation und ausreichende Dokumentation der Bewertungsprozesse und des Bewertungsergebnisses möglich.

6.2.3.2 Risikoarten
Die MaRisk verpflichten dazu, die einzelnen Risikoarten in der Berichterstattung ausführlich zu messen und zu würdigen. Ausdrücklich erwähnt werden das Kreditrisiko (MaRisk BTR 1), das Marktpreisrisiko (MaRisk BTR 2), das operationelle Risiko (MaRisk BTR 4) und das Liquiditätsrisiko (MaRisk BTR 3).

6.2.3.2.1 Kreditrisiko
Die Vorschriften der MaRisk zum Kreditrisiko beziehen sich vor allem darauf, Kreditnehmerrisiken zu limitieren. Dazu zählen auch die Kontrahentenlimite aus den Derivategeschäften sowie Handels- und Emittentenlimite. Die Steuerung dieser Limite hat gesamthaft zu erfolgen, deren Auslastung ist zeitnah zu bestimmen. Die Einrichtung von Kreditnehmerlimiten kann nur durch einen Kreditbeschluss unter Mitwirkung des Risikomanagements („Zweitvotum") erfolgen.

6.2.3.2.2 Marktpreisrisiko
Hinsichtlich des Marktpreisrisikos sind Finanzinstitute angehalten, für alle mit Marktpreisrisiken behaftete Geschäfte entsprechende Limite einzurichten und deren Ausnutzung jederzeit aktuell zu bestimmen. Die Steuerung geschieht unter Berücksichtigung von Risikokonzentrationen. Ohne Marktpreisrisikolimit darf kein mit Marktpreisrisiken behaftetes Geschäft abgeschlossen werden. Zu den Marktpreisrisiken wird auch das Zinsänderungsrisiko des Anlagebuches gezählt, für das ein Eigenkapitalpuffer vorgesehen werden muss, wenn es sich auf die Risikotragfähigkeit auswirkt (s. Kapitel 4.2.2).

6.2.3.2.3 Operationelles Risiko
Die operationellen Risiken eines Finanzinstituts lassen sich im Gegensatz zu den Kredit- und Marktpreisrisiken nicht limitieren. Sie sind aber zu erfassen, zu kommunizieren und zu minimieren. Für ihr Auftreten ist auch ein Kapitalpuffer vorzusehen. Zu den wesentlichen operationellen Risiken zählen vor allem Fehlbearbeitungen, Betrug, IT-Sicherheit und sonstige Störfälle. Basel III hat den komplexeren, „fortschrittlichen" Ansatz von Basel II wieder abgeschafft zugunsten einer pauschalierten Berechnung des Kapitalpuffers für operative Risiken.

6.2.3.2.4 Liquiditätsrisiko

Die MaRisk schreiben vor, dass ein Institut die jederzeitige Erfüllung seiner Zahlungs-verpflichtungen sicherstellen muss. Dafür wird die Einrichtung eines Liquiditätspuf-fers verlangt, der nach Zeit, Höhe und Qualität bestimmte Mindestvoraussetzungen erfüllen muss, um die Liquidität der vorhandenen Vermögenswerte zu garantieren. Der Liquiditätspuffer muss so gestaltet sein, dass er auch in einem Stressszenario aus-reicht, um die Verpflichtungen zu erfüllen. Außerdem sind Notfallpläne für Liqui-ditätsengpässe auszuarbeiten.

6.2.3.3 Risikokapitalallokation

Ein wesentlicher Teil des Risikocontrollings besteht in der Zuteilung von ökonomi-schem Eigenkapital an bestimmte Geschäftszweige (s. z. B. Scherpereel, 2006). Die Risikokapitalallokation verteilt das vorhandene Risikodeckungspotenzial auf die je-weils rentabelsten Geschäftszweige nach ihrem optimalen Risiko-Ertrags-Verhältnis. Die Methoden der Allokation erfordern, die Höhe des Risikos der jeweiligen Geschäfts-arten zu bestimmen. Die Risikokapitalallokation ist keine Anforderung der MaRisk, wird aber über das Risikocontrolling gesteuert.

Risikokapital ist für alle bankrelevanten Risiken zu hinterlegen. Dazu zählen auch die schwer messbaren Reputationsrisiken und die Geschäftsrisiken, d. h. Verluste aus dem operativen Geschäftsbetrieb. Hier kann nur pauschal vorgegangen werden, indem ein Risikopuffer im Eigenkapital letztlich geschätzt oder für entsprechende Freiräume unter den eingerichteten Limiten gesorgt wird.

6.2.3.4 Risikoinventur

Ein Institut muss sich im Rahmen einer Risikoinventur (MaRisk AT 2.2 Tz. 1 Satz 2) einen Überblick über alle wesentlichen Risiken verschaffen, um festzustellen, welche Risiken die Vermögens- (inklusive Kapitalausstattung), Ertrags- oder Liquiditätslage wesentlich beeinträchtigen könnten. Ob diese formalisierte und allumfassende „Risi-kosuche" ihren Zweck erfüllt, sei dahingestellt. Für das Risikomanagement gilt es, das Gespür vor allem für die informellen Risikoquellen, etwa schleichende Veränderun-gen in der Risikokultur, zu schärfen.

6.2.3.5 Szenarioanalysen und Stresstests

Das Risikocontrolling liefert die Instrumente, das ökonomische und regulatorische Mindesteigenkapital eines Instituts zu berechnen. Da die Informationsbasis der Risi-komodelle aus Vergangenheitsdaten entstammt, verlangen die MaRisk, zukunftsge-richtete Downside-Szenarien zu analysieren. Daraus ergeben sich Indizien, ob die Eigenkapitaldecke auch im Stresstest (MaRisk AT 4.3.3) ausreicht. Bei der Analyse der Extremszenarien geht es nicht nur um ihre Integrität und Realitätsnähe. Kritisch re-flektiert wird auch die Ernsthaftigkeit, mit der diese Analysen durchgeführt werden und erforderlichenfalls zu Konsequenzen hinsichtlich der Erhöhung des Eigenkapitals führen (vgl. Fiege, 2006, S. 151). Szenarioanalysen werden bisweilen als rein aufsichtsgetriebene Aufgaben angesehen, tatsächlich sind sie jedoch elementarer Bestandteil eines Risikomanagements. Aus ihnen lassen sich Anhaltspunkte für die Risikotragfähigkeit gewinnen, die z. B. für die Risikoakzeptanz von Neugeschäften leitend sein sollten.

6.2.4 Außerökonomisches Risikomanagement

Nicht alle aufsichtsrechtlichen Regeln sind finanzmarktorientiert. Ein typisches Beispiel ist die Anti-Geldwäsche-Gesetzgebung.[113] Wie ein Blick in das Gesetz offenbart, handelt es sich hier um eine Instrumentalisierung des Bankenapparats, um die Strafverfolgung zu erleichtern. Dabei werden die Banken faktisch zum verlängerten Arm der Staatsanwaltschaft. Das bedeutet wiederum, dass wirtschaftliche Überlegungen bei der Ausstattung der Compliance-Abteilungen auf diesem Gebiet fehl am Platze sind. Die Anti-Geldwäsche-Regeln sind strikt im Sinne einer Rule-of-Law umzusetzen, Kosten-Nutzen-Erwägungen sind der Rechtsverfolgung unterzuordnen. Daher gibt es keinen Spielraum für ein „skalierendes" Risikomanagement.

Auch in Bezug auf die in den MaRisk niedergelegten ESG-induzierten Risikokriterien[114] kann man die Frage stellen, ob hier außerökonomische Zielsetzungen eingeflossen sind. ESG (Environment, Social und Governance) vereint drei sehr unterschiedliche Aspekte unternehmerischer Verantwortung. Bei Environment geht es um die Sicherung der Umwelt vor physischen Gefahren, die von einem Unternehmen ausgehen. Darunter fällt auch die Sorge um den Beitrag der Industrie zum Klimawandel. Der Begriff „Soziales" richtet sich an die gesellschaftliche Verantwortung eines Unternehmens, einschließlich der für nachhaltiges Wirtschaften. Die Governance spricht wiederum die effektive Unternehmensleitung und -kontrolle an. Die Kriterien appellieren an das Unternehmensmanagement hinsichtlich seiner strategischen Ausrichtung und an den Kapitalmarkt, der sich bei der Anlageentscheidung an diesen Kriterien orientiert. Sie haben ihre Wirkung nicht verfehlt, da ESG-Kriterien bei der Wertpapierauswahl institutionel-

---

113 Siehe u. a. Gesetz über das Aufspüren von Gewinnen aus schweren Straftaten (Geldwäschegesetz, GwG) vom 23. Juni 2017; Richtlinie (EU) 2018/843 des Europäischen Parlaments und des Rates vom 30. Mai 2018 zur Änderung der Richtlinie (EU) 2015/849 zur Verhinderung der Nutzung des Finanzsystems zum Zwecke der Geldwäsche und der Terrorismusfinanzierung und zur Änderung der Richtlinien 2009/138/EG und 2013/36/EU.
114 Siehe MaRisk BTO 1.2 Tz. 5: „Die für das Adressenausfallrisiko eines Kreditengagements bedeutsamen Aspekte sind herauszuarbeiten und zu beurteilen, wobei die Intensität dieser Tätigkeiten vom Risikogehalt des Engagements abhängt. Branchen- und ggf. Länderrisiken sowie die Auswirkungen von ESG-Risiken sind in angemessener Weise zu berücksichtigen. Bei der Beurteilung der Auswirkungen von ESG-Risiken ist ein angemessen langer Zeitraum zu wählen" (s. dazu auch Klein, 2015, S. 257 ff).

ler Investoren und bei Finanzierungsentscheidungen von Kreditinstituten vermehrt und verbindlich berücksichtigt werden. Mittlerweile ist auch die Produktpalette der Finanzinstitute entsprechend erweitert worden. Man denke an Green Bonds oder ESG-fokussierte Investmentfonds. Einen Risikofaktor in der 12-Monats-Ausfallbetrachtung stellen sie jedoch nur bei Anstrengung von viel Phantasie dar. Das Risikomanagement sollte einen klaren Blick behalten, auf welchem Feld es sich bewegt: auf dem der ökonomischen Wertschöpfung oder dem der Umsetzung aufsichtsrechtlicher Regeln? In Zukunft werden ESG-Kriterien zwar allein wegen der aufsichtsrechtlichen Vorgabe eine immer größere Rolle in der Kreditanalyse spielen. Ihre unmittelbare Relevanz für den ökonomischen Risikonutzen ist jedoch erst noch unter Beweis zu stellen.

6.3 Zusammenfassung Verhältnis Risikomanagement und Bankregulierung

Die regulatorischen Anforderungen sind vom Risikomanagement strikt zu befolgen. Ihre Umsetzung ist vergleichbar mit einer Compliance-Aufgabe. Verstöße gegen aufsichtsrechtliche Regeln werden selbst zum Risiko insofern, als deren Nichtbefolgung mit Bußgeldern, Institutsschließungen und individuellen Berufsverboten sanktioniert werden kann. Die Bankregulierung verlangt die Einhaltung von Rechtsvorschriften, kein wirtschaftliches oder gar wertschöpfendes Verhalten. Für einen Regulator kann man im Allgemeinen nie konservativ[115] genug sein: Risikoscheu als Prinzip. Es gilt, das Risiko um (fast) jeden Preis zu minimieren. Konservatismus hinsichtlich der Risiken ist jedoch nicht der Kern des entscheidungsorientierten Risikomanagements: Dies ist vielmehr der Entscheidungsprozess hinsichtlich der Risikoakzeptanz. Das wird selbstverständlich auch in der Bankenaufsicht wahrgenommen, denn schließlich sieht auch sie die Notwendigkeit für ein Institut, Gewinne zu erwirtschaften, um den Kapitalpuffer zu erhalten und zu mehren. Die Regulierung gibt allerdings keine Anleitung für die Risikoakzeptanzentscheidung; die Ausgestaltung des Entscheidungsprozesses überlässt sie zu Recht den wirtschaftenden Instituten. Gerade deswegen sollte ein ökonomisch ausgerichtetes Risikomanagement primär vom Wertschöpfungsgedanken her operieren und die Aufsichtsregeln als Minimalanforderungen darin integrieren.

Risikomanagement ist eine ökonomische Aufgabe: Es geht weder darum, das Risiko einseitig zu minimieren noch als verlängerter Arm der Bankenaufsicht zu agieren. In erster Linie ist es der Wertschöpfung im Unternehmen verpflichtet und in zweiter Linie dem ebenso wichtigen Gesetzesvollzug gegenüber einer Bankenaufsicht. Diese hat ihrerseits ein elementares Interesse an der ökonomischen Ausrichtung des

---

115 S. z. B. den Leitfaden der EZB für den bankinternen Prozess zur Sicherstellung einer angemessenen Kapitalausstattung, Grundsat 5 Abs. ii: „Das interne Kapital sollte von solider Qualität sein und umsichtig und *konservativ* bestimmt werden" [Hervorhebung RJ.].

innerbetrieblichen Risikomanagements, damit die Kapitalmarktfähigkeit der börsen-notierten Institute erhalten bleibt und sie jederzeit Zugang zum Kapitalmarkt besit-zen, um den Kapitalerhalt zu sichern. Soweit Banken oder Finanzinstitute nicht an einer Wertpapierbörse gehandelt werden, wie genossenschaftlich organisierte oder öffentlich-rechtliche Institute, gilt auch für sie der Primat eines ökonomisch wert-schöpfenden Risikomanagements, weil nur so die Kapitalbasis nachhaltig gestärkt werden kann. Ein Institut, das sein „Risikomanagement" darauf reduziert, lediglich die Bankenaufsicht zufriedenzustellen, ignoriert seinen wertschöpfenden Charakter.

Wer sich ausschließlich mit den aufsichtsrechtlichen Fragestellungen beschäftigt, verliert den Blick für die eigentlich riskanten Entscheidungsprozesse. In der nahezu un-übersehbaren Regelungsdichte der Bankenaufsicht findet sich nur wenig Anleitung, über die Risiken „richtig" zu entscheiden. Die Verfahrensweise wird den Instituten überlassen. Für angehende Risikomanager/-innen geben die Aufsichtsregeln wenig Hin-weise zur Auswahl der „guten" Risiken und der Vermeidung „schlechter" Risiken. Ebenso wenig ist dem aufsichtsrechtlichen Regelwerk zu entnehmen, wie man die schleichende Erosion einer Risikokultur entdeckt. Die Verschriftlichung vieler Vor-gänge, die das Aufsichtsrecht vorschreibt (die schriftlich fixierte Ordnung gemäß AT 5 Tz. 2 MaRisk), bildet zwar eine wichtige Grundlage für die Qualitätskontrolle von Kre-ditentscheidungen; in der Praxis geht es jedoch um die glaubwürdige Festlegung und Durchsetzung von Risikopräferenzen im Einzelfall. Auch müssen Tendenzen zur grenz-wertigen Risikoakzeptanz im Zeitablauf wahrgenommen werden.

Das Aufsichtsrecht verkörpert das verhütende Risikomanagement und verbindet es mit dem messenden. Das entscheidungsorientierte Risikomanagement bildet dage-gen die Basis für die künftig zu steuernden Risiken. Es bleibt daher eine ständige Auf-gabe, bei der Neuaufnahme von Risiken rational und unvoreingenommen über deren Eingehung zu entscheiden und das in einem rationalen Entscheidungsprozess getroff-fene Ergebnis im Institut durchzusetzen. Dabei muss das Risikomanagement seinem Führungsanspruch gerecht werden.

Fragen und Aufgaben zu Kapitel 6
1. Was versteht man unter der Funktionstrennung im Bank-Risikomanagement?
2. Nennen Sie die bedeutendsten Regulierungswerke für das prozessuale Bank-Risikomanagement.
3. Welchen Status hat die Bank für Internationalen Zahlungsausgleich und welche Aufgaben hat sie?
4. Welchen Rechtscharakter besitzen die MaRisk?
5. Was ist mit der Bezeichnung „Basel III" gemeint?
6. Wo sind die Details zu den internen Ratingsystemen der Banken geregelt und welche Bedeutung haben sie?
7. Welche Bedeutung hat die Anti-Geldwäsche-Gesetzgebung für das prozessuale Risikomanagement?
8. Welches sind die Ziele und Schwerpunkte der MaRisk?
9. Welche zusätzlichen Risiken entstehen durch die Bank-Regulierung?

7 Fazit: Modernes Rollenverständnis des Bank-Risikomanagements

Risikomanager/-innen sollte klar sein, dass die Erfüllung der aufsichtsrechtlichen Erwartungen nur eine Nebenbedingung des Risikomanagements ist. Das Risikomanagement ist aufgefordert, über die angemessene Risikoakzeptanz zu entscheiden und im Übrigen Unheil zu verhüten, sei es mit den Mitteln des Controllings, der internen Revision, der Compliance oder der übrigen Überwachungsaufgaben – sie alle stehen auf ihre Weise im Zeichen der Wertschöpfung. Die Gefahren- und Schadensverhütung verringert die Volatilität der Cashflows und führt so zur Wertschöpfung. Allerdings müssen Risiken erst eingegangen werden, um sie in der Folge steuern zu können. Entscheidungsorientiertes Risikomanagement beteiligt sich daher maßgeblich an der Risikoauswahl, d. h. der Auswahl kapitalwertpositiver, wertschöpfender Investitionen in Kredittransaktionen.

Das theoretische Rüstzeug dazu hält die betriebswirtschaftliche Entscheidungstheorie bereit. Sie liefert das Argumentarium, das dem Entscheidungsprozess zu mehr Rationalität, Objektivität und Unvoreingenommenheit verhilft. Sie begründet die Voraussetzungen für einen Entscheidungsprozess, der sich an der Wertschöpfung orientiert, indem neue Risiken daraufhin geprüft werden, ob sie in der Gesamtschau zu einem positiven Kapitalwert führen. Subjektive Einschätzungen von Erfolgswahrscheinlichkeiten sind dabei unvermeidlich. Im Vertrauen auf die geschulte Intuition und Expertise des Risikomanagements lässt sich damit ein höheres Maß an Objektivität erreichen.

Risikomanagement hat sich von der Beraterrolle zur Entscheiderrolle emanzipiert. Es geht nicht allein um das Prüfen, Limitieren und Minimieren von Risiken. Entscheider/-innen im Risikomanagement können Selbstvertrauen in ihrer wertschöpfenden Rolle für das Unternehmen finden. Im entscheidungsorientierten Risikomanagement sind sie kein Kostenfaktor, sondern gehören zu den Werttreibern. Sie können für sich beanspruchen, im Entscheidungsprozess nicht nur gehört zu werden, sondern auf Augenhöhe mitzuentscheiden. Dabei ist das Vetorecht des Risikomanagements kein Geschäftshindernis, sondern das letzte mögliche Mittel, läuft ein Entscheidungsprozess Gefahr, den Rahmen der selbstgewählten und angemessenen Risikopräferenz zu verlassen. Der unvermeidlich subjektive Charakter solcher Entscheidungen unter Unsicherheit steht der beherzten Intervention einer der Objektivität und Rationalität verpflichteten Risikomanagementfunktion nicht entgegen.

Das Risikomanagement gehört zum Teil sehr unterschiedlichen Berufsgruppen an. Daher lässt sich auf den ersten Blick kein einheitliches Berufsbild ermitteln. Prüfende, kontrollierende, messende und überwachende Berufe verlangen eigene Ausbildungsstränge, Fachwissen und Skillsets. Wirtschaftsprüfer/-innen haben ein eigenes Berufsbild, dasselbe gilt für Sicherheitsingenieur/-innen mit technischer Ausbildung und Bank-Risikomanager/-innen mit Fokus auf der Beurteilung von Finanzrisiken. Trotz der Unterschiede ist ihnen gemein, dass alle, die an Risikomanagemententscheidungen be-

https://doi.org/10.1515/9783110596571-007

teiligt sind, die Ereignisse und ihre Eintrittswahrscheinlichkeiten unvoreingenommen, rational und objektiv beurteilen sollten. Mit einem Grundverständnis der präskriptiven Entscheidungstheorie und der Lehre vom Erwartungsnutzen können die mit Entscheidungsbefugnis ausgestatteten Personen ihrer Risikoeinschätzung im Entscheidungsprozess mit überzeugender Argumentation Geltung verschaffen. Ebenso sollten sie neben Verantwortungsbewusstsein und Integrität auch Durchsetzungsfähigkeit an den Tag legen, sind sie von ihrer Sache einmal überzeugt.

Sollte der Eindruck entstanden sein, die Risikomanagementorganisationen in Banken und Finanzinstituten seien in der Praxis nicht entscheidungsfreudig, so trügt das. Jedes gute Risikomanagement handelt in dem hier beschriebenen ökonomischen Sinne, entweder ausdrücklich oder durch schlüssiges Handeln. Für das wirtschaftliche Denken in den Risikomanagementorganisationen möchte dieses Lehrbuch lediglich eine zusammenhängende theoretische Ausgangsbasis schaffen und die gegenwärtigen und künftigen Anwärter/-innen für dieses weite Feld ermutigen, Risikomanagement nicht nur als Beruf, sondern vielleicht auch als Berufung zu erleben.

8 Anhang

8.1 Empirische Ermittlung des Risikonutzens

Um den Risikonutzen empirisch zu ermitteln, nutzt man die sogenannte Indifferenzwahrscheinlichkeit zwischen einem sicheren Ergebnis („Sicherheitsäquivalent") und einer Wahlsituation mit unsicherem Ausgang („Lotterie").

Diese hypothetische Wahlsituation lässt sich in der Form eines Entscheidungsbaums darstellen (s. Abb. 19). Gesucht ist die Indifferenzwahrscheinlichkeit w, bei der die/der Entscheider/-in statt der sicheren Zahlung von 50 Euro (Alternative a_1 = Sicherheitsäquivalent) die Lotterie wählt (Alternative a_2). Diese führt mit einer Wahrscheinlichkeit von 0,5 (w_1 = 0,5 bzw. 50 Prozent) zu einem Gewinn von 100 Euro oder mit einer Wahrscheinlichkeit w_2 von 0,5 (50 Prozent) zu einem Ergebnis von Null.

Die Angaben für die Wahrscheinlichkeit können nur Werte von 0 bis 1 annehmen. Die beiden Wahrscheinlichkeiten in dem Entscheidungsbaum müssen sich also zu 1 addieren bzw. zu 100 Prozent. Beide Wahrscheinlichkeiten stehen in einem direkten Verhältnis. w_1 ist die „Gegenwahrscheinlichkeit" von w_2, d. h. $w_1 = 1 - w_2$ (s. Abb. 17, Lotterie 1).

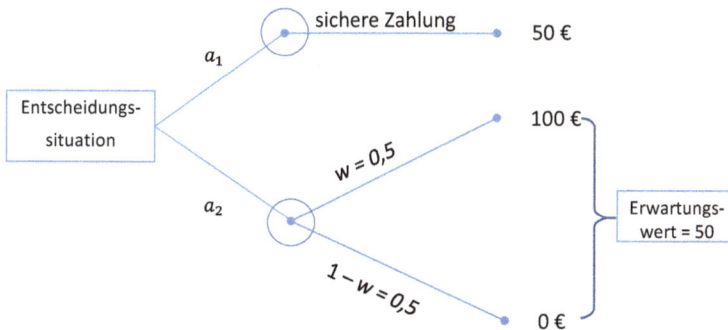

Abb. 19: Empirische Ermittlung des Risikonutzens. In Anlehnung an Bamberg/Coenenberg/ Krapp, 2019, S. 81 ff. und Laux/Gillenkirch/Schenk-Mathes, 2018, S. 131 ff., eigene Darstellung.

Der Erwartungswert der Lotterie beträgt 50. Dies errechnet sich aus der Wahrscheinlichkeit 0,5 multipliziert mit 100 und 0,5 multipliziert mit Null. Der/Die Entscheider/-in wird gefragt, ob die sichere Zahlung von 50 Euro vorgezogen wird oder die Person lieber an der Lotterie teilnimmt, um die Chance auf 100 Euro zu erhalten oder aber das Risiko, leer auszugehen.

Entscheidet sich die befragte Person für die sichere Zahlung von 50 Euro und lehnt die Teilnahme an der Lotterie ab, gilt sie als risikoavers, weil sie ein höheres Sicherheitsäquivalent verlangt als der Erwartungswert der Lotterie. Nimmt sie lieber

https://doi.org/10.1515/9783110596571-008

an der Lotterie teil, gilt die Person als risikofreudig, weil ihr Sicherheitsäquivalent kleiner ist als der Erwartungswert der Lotterie.

– Variierung der Indifferenzwahrscheinlichkeit
Um diese Risikopräferenzen konkreter zu ermitteln, wird die Wahlsituation variiert. Die befragte Person, die sich für die sichere Zahlung entschieden hat, wird nun vor die Wahl gestellt, entweder 50 Euro sicher zu erhalten oder an einer Lotterie teilzunehmen, in der sie mit einer Wahrscheinlichkeit von 0,75 (75 Prozent) einen Betrag von 100 Euro gewinnt oder mit einer Wahrscheinlichkeit von 0,25 (25 Prozent) leer ausgeht (s. Abb. 20).

Ändert sie jetzt ihre Meinung und möchte lieber an der Lotterie teilnehmen, liegt ihr Sicherheitsäquivalent jedenfalls zwischen 50 und 75 Euro. Durch weitere Paarvergleiche kann dieser Wert noch näher eingegrenzt werden. Gesucht ist die Indifferenzwahrscheinlichkeit (vgl. den Begriff bei Laux/Gillenkirch/Schenk-Mathes, 2018, S. 138; Eisenführ/Weber/Langer, 2010, S. 277 ff.), bei der die entscheidende Person indifferent ist zwischen dem sicheren Ergebnis und der Teilnahme an der Lotterie, sie also die Teilnahme an der Lotterie und das sichere Ergebnis als gleichwertig erachtet.

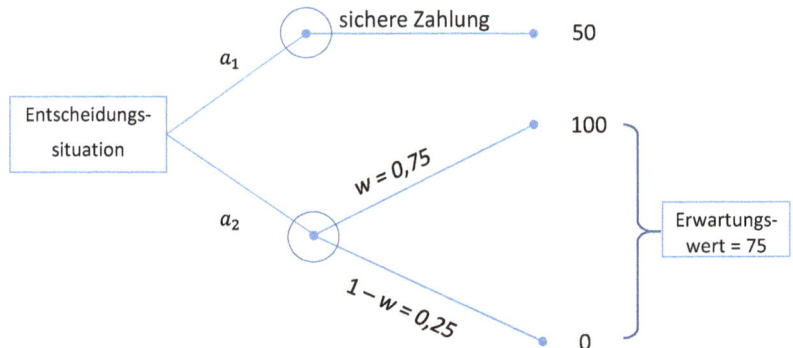

Abb. 20: Erhöhung der Indifferenzwahrscheinlichkeit.

Mit der Erhöhung der Eintrittswahrscheinlichkeit für den Gewinn, hat sich die Präferenz des/der Entscheider/-in zugunsten des unsicheren Ergebnisses geändert. Er bzw. sie verlangt zur Eingehung eines Risikos, bei einer Lotterie leer auszugehen, eine Eintrittswahrscheinlichkeit von 0,75 (75 Prozent) für den Gewinn.

Diese Eintrittswahrscheinlichkeit repräsentiert die persönliche Risikopräferenz für die Inkaufnahme von Unsicherheit. Wäre der/die Entscheider/-in bei der Eintrittswahrscheinlichkeit von 0,75 für den Gewinn indifferent zwischen der sicheren Zahlung und der Lotterie, so stellt die Wahrscheinlichkeit von 0,75 (75 Prozent) den Risikonutzen dar. Dieser ist umso höher, je höher die Eintrittswahrscheinlichkeit für den Gewinn liegt. Der Risikonutzen wird entsprechend geringer eingeschätzt, wenn die Eintrittswahrscheinlichkeit sinkt.

Es ist aber auch denkbar, dass die entscheidende Person einer niedrigen Eintrittswahrscheinlichkeit einen höheren Nutzen zubilligt. Dies wäre in einer Situation denkbar, wo sie einen Verlust, sagen wir 80 Euro, erlitten hat, und nun vor der Entscheidung steht, entweder 50 Euro sicher zu erhalten oder mit einer Wahrscheinlichkeit von 0,25 (25 Prozent) einen Gewinn von 100 Euro zu erzielen oder mit einer Wahrscheinlichkeit von 0,75 (75 Prozent) leer auszugehen (s. Abb. 21). Ist der Verlust sehr schmerzhaft (vielleicht will die Person diesen Verlust nicht offenlegen), dann könnte sie versucht sein, den Verlust durch die Teilnahme an der Lotterie wieder wettzumachen.

Mit der Entscheidung für die 0,25- oder 25 Prozent-Chance auf den Gewinn misst der/die Entscheider/-in einer geringen (Indifferenz-)Wahrscheinlichkeit einen hohen Nutzenwert bei. Sie/Er schätzt die geringe Eintrittswahrscheinlichkeit für den Gewinn von 100 Euro höher als eine sichere Zahlung von 50 Euro. Der Erwartungswert der Lotterie liegt unter der sicheren Zahlung. Die Entscheidung für das höhere Verlustrisiko indiziert entsprechend Risikofreude.

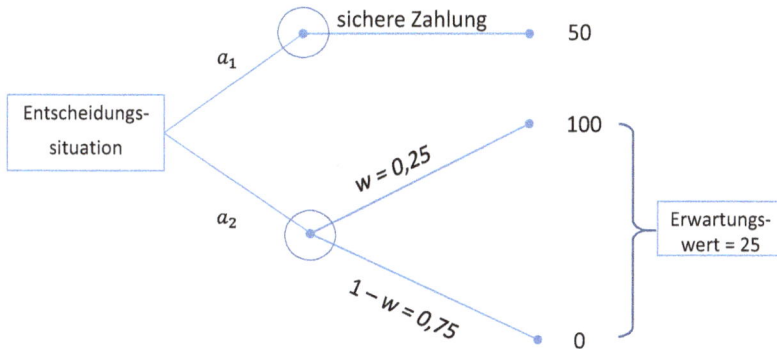

Abb. 21: Verringerung der Indifferenzwahrscheinlichkeit.

– Allgemeine Formulierung des Risikonutzens

Bei der Fixierung der Indifferenzwahrscheinlichkeit finden die subjektiven Risiko- und Präferenzvorstellungen der entscheidenden Person ihren Niederschlag. Sie muss überlegen, welche Vorteile bzw. Nachteile sich für sie ergeben, wenn statt des sicheren Ergebnisses x das Ergebnis y (weniger präferiert) bzw. v (höher präferiert) eintritt. Je kleiner die Vorteile bzw. je größer die Nachteile sind, wenn statt des Ergebnisses x das Ergebnis y bzw. v eintritt, desto größer ist die Indifferenzwahrscheinlichkeit und demnach auch der Nutzenwert $u(x)$ (s. Abb. 22).

Gilt für zwei beliebige Ergebnisse y und v die Präferenzrelation ‚v wird y vorgezogen‘, so muss dem Ergebnis v eine höhere Indifferenzwahrscheinlichkeit und mithin auch ein höherer Nutzenwert entsprechen als dem Ergebnis y. Je günstiger (höher) das Ergebnis v im Vergleich zu y ist, umso weiter liegt die Indifferenzwahrscheinlichkeit für v über der Indifferenzwahrscheinlichkeit von y und damit der Risikonutzen für v über dem von y.

Wahlsituation allgemein formuliert:

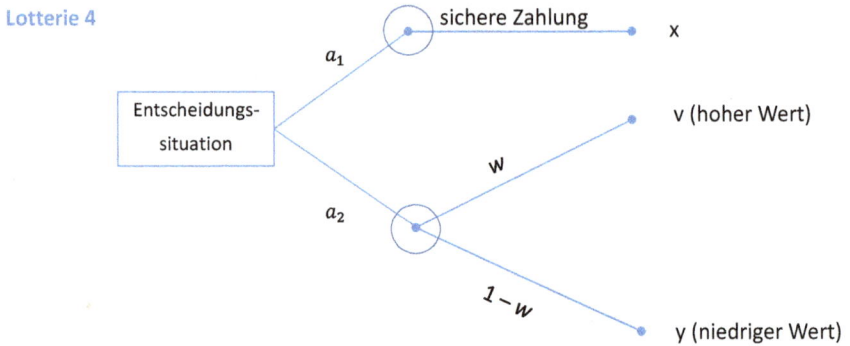

Abb. 22: Empirische Ermittlung des Risikonutzens.
Legende:
Reihenfolge der Präferenzen (relational ausgedrückt):
v (hoher Wert) ≻ x (Sicherheitsäquivalent) ≻ y (niedriger Wert), d.h.
v wird gegenüber x und x wird gegenüber y bevorzugt.
In Anlehnung an Laux/Gillenkirch/Schenk-Mathes, 2018, eigene Darstellung.

Die Präferenz zwischen den Lotterien stellt sich folgendermaßen als Funktion ausgedrückt dar:

$$u(x) = u(y) \cdot w + u(v) \cdot (1 - w)$$

Wenn

$$u(y) = 0 \;\; und \;\; u(v) = 1$$

dann

$$u(x) = 1 - w(x)$$

Damit ist der Verlauf der Nutzenfunktion u für alle Konsequenzen x ermittelt, d. h. die Risikonutzenfunktion ist eine Variable der Eintrittswahrscheinlichkeit $w(x)$.

Bei der empirischen Ermittlung der Indifferenzwahrscheinlichkeit bietet sich folgendes Verfahren an: Zunächst wird w gleich null gesetzt, sodass die entscheidende Person das sichere Ergebnis x der Lotterie vorzieht. Nun wird w sukzessive erhöht und sie gefragt, ob sie immer noch das sichere Ergebnis x vorzieht. Der Wert für w, bei dem die Person das Ergebnis x und die Lotterie als gleichwertig einstuft, bei dessen Überschreitung sie also vom sicheren Ergebnis x zur Lotterie wechselt, ist die gesuchte Indifferenzwahrscheinlichkeit.

Bei der Fixierung der Indifferenzwahrscheinlichkeit manifestieren sich die subjektiven Risiko- und Präferenzvorstellungen des/der Entscheiders/-in. Er/Sie muss überlegen, welche Vorteile bzw. Nachteile sich ergeben, wenn statt des sicheren Ergebnisses x das Ergebnis y (weniger präferiert) bzw. v (höher präferiert) eintritt (vgl. Laux/Gillenkirch/Schenk-Mathes (2018), S. 138, Bamberg/Coenenberg/Krapp, 2019, S. 80).

Je kleiner die Vorteile sind, wenn statt des Ergebnisses x (Sicherheitsäquivalent) das Ergebnis v (höher präferiert als x) eintritt, desto größer ist die Indifferenzwahrscheinlichkeit und demnach auch der Nutzenwert u(x), d. h. der Nutzenwert des Sicherheitsäquivalents. Umgekehrt gilt: Je größer die Vorteile sind, wenn statt des Ergebnisses x das Ergebnis v eintritt, desto kleiner ist die Indifferenzwahrscheinlichkeit zur Teilnahme an der Lotterie und dementsprechend klein ist auch der Nutzenwert u(x), d. h. der Nutzenwert des Sicherheitsäquivalents. Kurz: Der Nutzenwert der Lotterie wird dann höher eingeschätzt als der des Sicherheitsäquivalents, wenn schon eine geringe Wahrscheinlichkeit auf das vorteilhafte Ergebnis v ausreicht, um von der sicheren Zahlung x zur Lotterie zu wechseln.

– Zusammenfassung

Je geringer die Indifferenzwahrscheinlichkeit für die Wahl der Lotterie, desto höher der Nutzen einer unsicheren Situation, also der Nutzen des Risikos gegenüber einer Situation unter Sicherheit, welche bei der Lotteriewahl der sicheren Zahlung statt der Teilnahme an der Lotterie entspricht. Die Inhalte des Risikonutzens spielen für die Erstellung einer Nutzenfunktion keine Rolle, solange die entscheidende Person konsistente Angaben über ihre Präferenzfolge macht. Sie entsteht aus der Abwägung von Vor- und Nachteilen unter Einbeziehung aller relevanten Kriterien und Informationen. In praktischen Entscheidungssituationen unter Risiko werden die Präferenzen häufig pauschaliert in Form von Erfolgswahrscheinlichkeiten oder Erfolgsaussichten diskutiert. Risikomanagement hat hier die Rolle, Präferenzen transparent zu machen und ihre rationale Herleitung sicherzustellen. Werden kleine Erfolgsaussichten für hohe, aber unsichere Ergebnisse bevorzugt, ist dies ein Zeichen von hoher Risikobereitschaft und gibt Anlass, den Entscheidungsprozesses im Lichte einer rationalen Risikoakzeptanz zu hinterfragen.

8.2 Stetigkeitsaxiom, Substitutionsaxiom und Reduktionsaxiom

Das Stetigkeits-, das Substitutions- und das Reduktionsaxiom sind Voraussetzungen, um eine mathematische Nutzenfunktion zu erstellen. Sie verlangen eine konsistente Darstellung von Präferenzen.

8.2.1 Stetigkeitsaxiom

Mittels des Stetigkeitsaxioms lassen sich durchgehende (monotone) mathematische Funktionen erstellen, was voraussetzt, dass theoretisch auch noch so minimale Präferenzfolgen unterschieden werden können. In der Praxis wird dies durch Interpolation von noch wahrnehmbaren Präferenzen erreicht.

Das Substitutions- und das Reduktionsaxiom beruhen auf sogenannten bedingten und gemeinsamen Wahrscheinlichkeiten (s. Eisenführ/Weber/Langer, 2010, S. 26 ff.). Ihre Erfüllung ist Voraussetzung für die Kombination von Lotterien bzw. unsicherer Situationen. Sie ergeben sich aus den Erfordernissen der Wahrscheinlichkeitsrechnung und bilden die Grundlage für die Analyse mehrstufiger Entscheidungsprozesse.

Gesucht ist die Indifferenzwahrscheinlichkeit w, bei der der/die Entscheider/-in statt der sicheren Zahlung von 50 die Lotterie wählt. w ist die Wahrscheinlichkeit, angegeben in Dezimalstellen (statt Prozent), d. h. w kann nur die Werte zwischen 0 und 1 annehmen. Das Stetigkeitsaxiom unterstellt, dass die Person in der Lage ist, jede noch so kleine Verschiebung der Wahrscheinlichkeit zwischen 0 und 1 wahrnehmen zu können. Kann sie das im Einzelfall nicht, bietet die Entscheidungstheorie Methoden an, um diese Stetigkeit durch Hilfsgrößen näherungsweise zu ermitteln (Kardinalität der Nutzenfunktion). Die Gültigkeit des Stetigkeitsaxioms ist Voraussetzung für die Möglichkeit, ein mathematisch schlüssiges Entscheidungsmodell, eine Rechenregel, zu erstellen und die Wahrscheinlichkeiten bis zum endgültigen Ergebnis auch in komplexen Fällen „durchzurechnen".

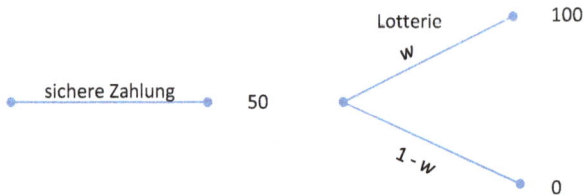

Abb. 23: Stetigkeitsanxiom. In Anlehnung an Laux/Gillenkirch/Schenk-Mathes, 2018, S. 126 f. und Bamberg/Coenenberg/Krapp, 2019, S. 89 f., eigene Darstellung.

8.2.2 Subsitutionsaxiom

Das Substitutionsaxiom besagt: Wird in einer Wahrscheinlichkeitsverteilung ein Ergebnis x durch die äquivalente Lotterie substituiert, so ergibt sich eine Wahrscheinlichkeitsverteilung, die der ursprünglichen Verteilung gleichwertig ist. Erweitern wir also die Lotterie 1 mit dem sicheren Gewinn von 50 um eine weitere Lotterie 2. Für die Lotterie 2 nehmen wir einen (zu 40 Prozent) wahrscheinlichen Gewinn von 500 an. Der/Die Entscheider/-in wäre also bei einer Chance von 40 Prozent auf den Gewinn von 500 indifferent zwischen der Lotterie 2 und dem sicheren Gewinn von 100. Wird die zweite Lotterie 2 für den (zu 75 Prozent) wahrscheinlichen Gewinn der Lotterie 1 eingesetzt, so bleibt die Wahrscheinlichkeitsverteilung der Ergebnisse unverändert. Durchgerechnet ergibt sich eine Wahrscheinlichkeit für das Ergebnis 500 von 0,75 mal 0,4 gleich 0,3, also 30%, für das Ergebnis 0 eine solche von 0,7 (= 0,75 mal 0,6 plus 0,25, s. Abb. 24).

Lotterie 2   500
0,4
100
Lotterie 1
0,75
50
0,6
0
0,25
0

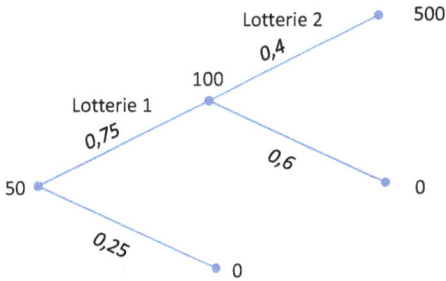

Abb. 24: Subsitutionsaxiom. In Anlehnung an Laux/Gillenkirch/Schenk-Mathes, 2018, S. 143 f. und Bamberg/Coenenberg/Krapp, 2019, S. 90 f., eigene Darstellung.

8.2.3 Reduktionsaxiom

Gemäß dem Reduktionsaxiom ist eine „zusammengesetzte" Wahrscheinlichkeitsverteilung über die Ergebnisse äquivalent einer „einfachen" Wahrscheinlichkeitsverteilung, sofern jedes Ergebnis bei beiden Verteilungen jeweils dieselbe Eintrittswahrscheinlichkeit aufweist (s. Abb. 25).

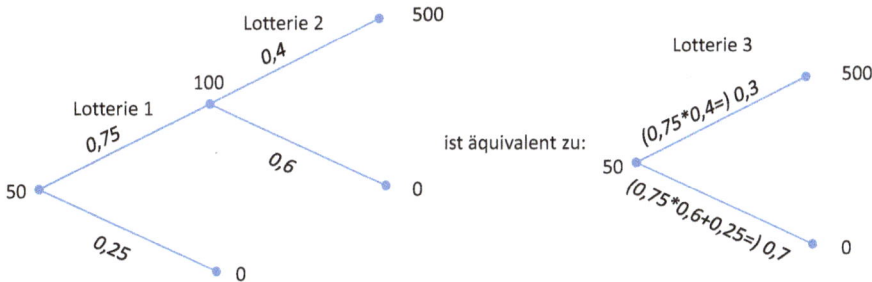

Lotterie 2   500
0,4
100
Lotterie 1
0,75
50
0,6
0
0,25
0

ist äquivalent zu:

Lotterie 3
500
$(0{,}75*0{,}4=)\ 0{,}3$
50
$(0{,}75*0{,}6+0{,}25=)\ 0{,}7$
0

Abb. 25: Reduktionsaxiom. In Anlehnung an Laux/Gillenkirch/Schenk-Mathes, 2018, S. 144 f., und Bamberg/Coenenberg/Krapp, 2019, S. 88, eigene Darstellung.

8.3 Lösungen

8.3.1 Fragen und Aufgaben zu Kapitel 2: Erscheinungsformen des Risikomanagements

1. Unterscheiden Sie die Begriffe Risiko und Gefahr.
Gefahr bezieht sich auf einen unmittelbaren Schaden oder Nachteil. Beides kann zufällig eintreten oder durch eine Handlung entstehen. Risiko im betriebswirtschaftlichen

und entscheidungstheoretischen Sinne bezeichnet demgegenüber die Unsicherheit über den Ausgang von Wahlhandlungen. Die Konsequenzen aus Wahlhandlungen können positiv wie negativ ausgehen oder empfunden werden.

2. Sind Risiko und Chance Gegensätze oder nur unterschiedliche Perspektiven auf denselben Vorgang?
Versteht man Risiko als Eintrittswahrscheinlichkeit für ein bestimmtes Ereignis, sind Risiko und Chance in demselben Vorgang verwoben, während Analysen künftiger Entwicklungen bei Planungsprozessen die getrennte Betrachtung von Chancen und Risiken im Rahmen eines antizipativen Risikomanagements erlauben. Beispiel: Die Chance, mit dem Zug pünktlich anzukommen, ist nicht zu trennen von dem Risiko, dass sich derselbe Zug verspätet. Die Teilnahme oder Nichtteilnahme an der Zugfahrt entscheidet, ob man das Risiko der Verspätung für die Chance, überhaupt anzukommen, eingehen möchte. Dagegen hat man im Planungsprozess die Möglichkeit, sämtliche positiven Auswirkungen auf ein künftiges Projekt (Absatzchancen) und dessen potenziellen Gefahren (Produktionsrisiken) getrennt voneinander zu beurteilen und in der Aggregation zu bewerten.

3. Welchen Stellenwert besitzt die Entscheidungsorientierung im Risikomanagement?
Risiken lassen sich nur managen, wenn sie im Entstehungszeitpunkt mitentschieden wurden. Risikomanagement ist nicht Schadensbegrenzung, sondern die Annahme von Risiken, die sich bewerten und steuern lassen. Zur Steuerung der Risiken gehört auch die Einschätzung der Risikoeinstellung der Entscheidungsbeteiligten und deren Bereitschaft, in unplanmäßig verlaufenden Transaktionen zur Risikosteuerung beizutragen.

4. Worum geht es bei der Festlegung der Risikobereitschaft?
Das Antizipieren und Messen von Risiken reicht nicht aus, um die Rationalität im Entscheidungsprozess zu gewährleisten. Im praktischen Risikomanagement geht es meist weniger um die Frage, wie hoch ein Risiko einzuschätzen ist, sondern darum, wie hoch die Risikobereitschaft sein sollte. Das Risikomanagement sollte in Konfliktfällen das Recht für sich beanspruchen, die letzte Entscheidungsinstanz in dieser Frage zu sein.

8.3.2 Fragen und Aufgaben zu Kapitel 3: Wertschöpfung durch Risikomanagement

1. Erläutern Sie den traditionellen Ansatz zur Wertschöpfung im Risikomanagement.
Die betriebswirtschaftliche Begründung für das innerbetriebliche Risikomanagement stützt sich auf das Argument, Insolvenzkosten vermeiden oder minimieren zu wollen. Insolvenzkosten entstehen durch zusätzlichen Aufwand im Falle einer Insolvenz, der den Anteilseignern zur Last fällt. Mit der Minimierung dieser Kosten bzw. ihrer Eintrittswahrscheinlichkeit erhöht sich der erwartete Free Cashflow, genauer dessen Volatilität, der damit zu einem höheren Marktwert eines Unternehmens führt.

2. Wie lautet die Kritik an diesem Ansatz?

Am Insolvenzkostenansatz wird kritisiert, dass er im Widerspruch zum Optionscharakter des Eigenkapitals steht: Die Eigentümer/-innen partizipieren unbegrenzt an den Gewinnen; ihr Verlustrisiko besteht nur in Höhe der Investition in ihren Anteil, d. h. heißt sie können maximal den Kaufpreis des Wertpapiers verlieren. Damit kann die Insolvenz den Anteilseigner/-innen keinen größeren Schaden mehr zufügen. Die Minimierung der Insolvenzkosten ist für sie nicht von Belang.

Zum Stichwort Optionscharakter weiterführende Literatur: Kürsten, 2006, S. 179–204.

3. Welche Bedeutung besitzt das unternehmensinterne Risikomanagement im Modell des vollkommenen Kapitalmarktes?

Die interne Risikominimierung mindert die Erwartungsrendite der Investor/-innen. Im Capital Asset Pricing-Modell suchen sich Investoren ihre Wertpapiere nach der Erwartungsrendite und dem dazugehörigen Risiko aus. Weniger Risiko durch interne Risikobegrenzung bedeutet weniger Volatilität, was modellbedingt wiederum weniger Rendite impliziert.

4. Wie unterscheiden sich Erwartungswert und Erwartungsnutzen?

Erwartungswerte sind Mittelwerte einer Zufallsverteilung. Im Alltag wird das arithmetische Mittel als Erwartungswert angesehen. In der Finanzwirtschaft werden aus den Mittelwerten der Jahresüberschüsse vergangener Perioden Erwartungswerte für künftige Gewinne abgeleitet. Im Kreditgeschäft ist der Expected Loss ein Verlusterwartungswert, der sich aus der Verteilung der Ausfallkosten eines Kreditportfolios ergibt.

Der Erwartungsnutzen stellt dagegen den subjektiv empfundenen Wert eines Zufallsergebnisses bzw. unsicheren Ergebnisses für die entscheidende Person dar. Dieser Nutzenwert wird in einer Zahl zum Ausdruck gebracht, die die Präferenz der Person zu einem Zufallsergebnis widerspiegelt, d. h. ob und in welchem Ausmaß sie ein Zufallsergebnis einem anderen vorziehen würde. Der Nutzenwert ist nicht an einen bestimmten Inhalt oder gar an einen Gebrauchswert geknüpft, sondern stellt einen relativen Vorzug oder Nachteil dar, ein Mehr oder ein Weniger.

Zum Stichwort Erwartungsnutzen und Erwartungswert weiterführende Literatur: z. B. Bamberg/Coenenberg/Krapp, 2019; Laux/Gillenkirch/Schenk-Mathes, 2018; Eisenführ/Weber/Langer, 2010.

5. Wie findet das Erwartungsnutzenprinzip Eingang in den von der allgemeinen Investitionstheorie angewendeten Kapitalkostensatz, um ein Investitionsrisiko abzubilden?

Die Investitionstheorie stützt sich zumeist auf das Erwartungswert-Varianz-Prinzip und leitet aus dem Zusammenhang von Erwartungswert und Standardabweichung auf der Basis des Capital Asset Pricing-Modells das vom Kapitalmarkt geforderte Risikoniveau einer Investition ab. Bei gegebener Erwartungsrendite für ein Unternehmen muss eine Investition diese Rendite übertreffen, um den Unternehmenswert zu steigern.

Will man das Erwartungsnutzenprinzip anwenden, ist für jede Investition der spezifische Risikonutzen zu bestimmen. Im Regelfall, wenn sich die Erstellung einer mathematischen Nutzenfunktion nicht anbietet, lässt sich der Risikonutzen als Erfolgswahrscheinlichkeit einer Investition für die Erzielung der erwarteten Überschüsse angeben. Diese ergibt sich dann aus der Gesamtbeurteilung eines Vorhabens. Die Verwendung unvermeidlich subjektiver Einschätzungen rechtfertigt sich aus dem Bestreben der Entscheider/-innen, auf einem spezifischen Wissens- und Erfahrungshintergrund eine möglichst rationale und unvoreingenommene Entscheidung zu treffen, die im Einklang mit dem vom Kapitalmarkt erwarteten Risikoniveau steht.

Für eine Investitionsentscheidung bei Kredittransaktionen ist nicht allein der erwartete Verlust oder der RAROC ausschlaggebend, die lediglich durchschnittliche Erwartungswerte repräsentieren. Erst die Gesamtschau aller Kriterien eines Kreditgeschäfts führt zu einer angemessenen Bewertung ihres Risikonutzens. Zum Stichwort Erfolgswahrscheinlichkeit weiterführende Literatur: Laux/Gillenkirch/Schenk-Mathes, 2018, S. 103 f.

6. Was ist eine Risikosituation in der Entscheidungstheorie?

In der Entscheidungstheorie hat sich ein spezifischer Begriff der Risikosituation herausgebildet. Danach besteht sie aus zwei wesentlichen Elementen: Zum einen handelt es sich um eine Situation unter Unsicherheit. Unsicherheit bedeutet, dass die Konsequenzen einer Wahlhandlung nicht sicher prognostiziert werden können. Zum anderen müssen die Entscheider/-innen den Konsequenzen alternativer Wahlhandlungen Eintrittswahrscheinlichkeiten zuordnen können. Haben sie keine Vorstellungen von den Konsequenzen, wird dies in der Entscheidungstheorie als Ungewissheitssituation bezeichnet.

Die Investitionsauswahl in Unternehmen stellt sich als typische Risikosituation dar, da alternativen Investitionsprojekten Eintrittswahrscheinlichkeiten zumindest intuitiv zugeordnet werden. Investitionsprojekte mit hoher Erfolgsaussicht werden vorgezogen, auf solche mit geringer Erfolgsaussicht wird eher verzichtet.

7. Welcher Zusammenhang besteht zwischen der Kreditvergabe eines Finanzinstituts und dem Investitionsauswahlprozess nach der Investitions- und Finanzierungstheorie?

Der Investitionsprozess eines Kreditinstituts besteht in der Vergabe von Darlehen und allgemeiner in der Eingehung von Kreditrisiken. Die Umsetzung der Investition geschieht im vertraglichen Abschluss und in der anschließenden Abbildung eines Kreditrisikos oder einer Finanztransaktion in der Bilanz. Investitionen in Kreditrisken machen in Bankbilanzen den bei Weitem größten Teil der Investitionen aus. Die herkömmliche Beurteilung der Profitabilität oder Rentabilität einer Kredittransaktion geschieht über den RAROC, der die durchschnittliche Rendite einer Transaktion auf das ökonomische Kapital widerspiegelt.

8. Worin besteht die Wertschöpfung im Entscheidungsprozess über Risiken?
Die Wertschöpfung entsteht durch die Auswahl von Kreditrisiken mit positivem Kapitalwert. In deren Berechnung muss der spezifische Risikogehalt einer Transaktion einfließen, indem der angemessene Diskontsatz bestimmt wird. Bei seiner Ermittlung ist nicht nur die Erwartungsrendite auf das ökonomische Kapital zu berücksichtigen (RAROC), sondern auch der spezifische Erwartungsnutzen aus einer Transaktion.

8.3.3 Fragen und Aufgaben zu Kapitel 4: Aufgabengebiete des Risikomanagements

1. Beschreiben Sie die unterschiedlichen organisatorischen Funktionsverständnisse des Managements.
Management kann als Funktion beschrieben werden. Damit sind die Prozesse und Aufgaben, die zur Planung, Organisation, Kontrolle, Mitarbeiterführung und Koordination innerhalb des Unternehmens gehören, gemeint. Risikomanagement als Prozess und Aufgabenpaket durchzieht das gesamte Unternehmen und erfordert erhebliche Koordinationsanstrengungen.

Management als Institution betrifft die Personengruppen und Instanzen, die Leitungsaufgaben wahrnehmen. Wird Risikomanagement als Institution verstanden, dann wird es typischerweise zu einer Organisationseinheit zusammengefasst. In Produktionsunternehmen ist es üblich, Organisationseinheiten wie z. B. Einkauf, Produktion und Vertrieb vorzusehen. In Finanzinstituten ist zusätzlich eine Organisationseinheit zu bilden, die für das Risikomanagement zuständig ist.

2. Was spricht für die Hilfs- und was für die Managementfunktion des Risikomanagements?
In seiner verhütenden, messenden und antizipativen Rolle ist das Risikomanagement eine unterstützende Funktion, um Informationen über Einzelrisiken und die Gesamtrisikolage aufzubereiten. In seiner koordinierenden Funktion und im Entscheidungsprozess über die Risikoakzeptanz wird es zwangsläufig zu einer Entscheidungs- und Steuerungsinstanz und damit unmittelbar zu einer verantwortlichen Managementfunktion.

3. Grenzen Sie die Funktionen eines Risikovorstands von denen des/der Vorstandsvorsitzenden ab.
Im Konfliktfalle trägt der/die CRO die Letztverantwortung für die Risikoakzeptanz und für die Angemessenheit und Einhaltung des Risikoniveaus. Der/die Vorstandsvorsitzende besitzt die strategische Grundsatzkompetenz in Geschäftsangelegenheiten. Unabhängig davon gilt auch in Risikoangelegenheiten die aktienrechtliche und aufsichtsrechtliche Gesamtverantwortung der Geschäftsleitung uneingeschränkt.

8.3.4 Fragen und Aufgaben zu Kapitel 5: Techniken des Risikomanagements

1. Grenzen Sie die Aufgaben der Corporate Governance von der des Bank-Risikomanagements ab.

Corporate Governance beschreibt die gute Unternehmensführung und ist in ihren Grundsätzen im Aktienrecht (§ 91 AktG) angelegt. Sie hat die Aufgabe, die Unternehmensleitung zu überwachen, für eine wahrheitsgemäße Finanzberichterstattung Sorge zu tragen und darüber hinaus ein internes Kontroll- und Risikomanagementsystem einzurichten und zu überwachen, um bestandsgefährdende Risiken frühzeitig zu erkennen. Träger der Corporate Governance sind – neben den Unternehmensorganen Vorstand und Aufsichtsrat – das Finanzcontrolling, die interne Revision und der externe Jahresabschlussprüfer.

Das Bank-Risikomanagement ist dagegen spezifisch mit den Aufgaben des Risikocontrollings, der Einhaltung der Mindesteigenkapitalbestimmungen, den Kreditbearbeitungs- und Genehmigungsprozessen und der Handelsüberwachung befasst.

2. Beschreiben Sie das Risikomanagementsystem im Sinne der Corporate Governance.

Das Risikomanagementsystem der Corporate Governance nimmt sich das Enterprise Risk Management zum Vorbild. Ausgehend vom Aktienrecht, der Rechnungslegung und dem Deutschen Corporate Governance Kodex werden die Elemente des Enterprise Risk Management in jedem Unternehmen individuell umgesetzt. Hierzu geben die Risikomanagement-Standards wie ISO 31000 und das COSO Enterprise Risk Management Framework ausführliche Anleitungen.

Für das Risikomanagementsystem nach der Corporate Governance gibt es keinen zertifizierbaren Soll-Standard. Die Prüfkriterien, die an dieses System angelegt werden, wurden vom Deutschen Institut für Interne Revision aufgestellt. Dazu müssen die folgenden Anforderungen erfüllt werden: Die Risikofelder sind zu bestimmen, eine Risikoerkennung, -analyse und -kommunikation ist durchzuführen, Aufgaben und Zuständigkeiten sind zuzuordnen, ein Überwachungssystem ist zu implementieren und die eingeleiteten Schritte müssen dokumentiert werden.

Daneben gibt es eine Fülle von (weiterführender) Literatur, die sich mit den Anforderungen an ein unternehmensweites Risikomanagementsystem aus betriebswirtschaftlicher und juristischer Sicht befasst, die für die operative Umsetzung herangezogen werden kann, z. B. Welge/Eulerich, 2021 oder Vanini/Rieg, 2021.

3. Welches Verständnis von Risikomanagement liegt der externen Jahresabschussprüfung zugrunde?

Die/Der Jahresabschlussprüfer/-in wird als eine/-r der „Träger/-innen" der Risikomanagement- und Überwachungsaufgaben zur Unterstützung des Vorstandes und des Aufsichtsrates angesehen. Ihre/Seine Aufgabe ist es, die Einhaltung der Regeln der Rechnungslegung im Jahresabschluss zu prüfen. Als klassische Kontrollaufgabe ist diese Form des Risikomanagements der Schadensverhütung zuzuordnen.

4. „Risikomanagement ist Compliance mit den MaRisk und Basel III." Diskutieren Sie diese Feststellung vor dem Hintergrund des entscheidungsorientierten Risikomanagements.

Die MaRisk geben Auskunft über die Mindestanforderungen an die aufbau- und ablauforganisatorischen Prozesse des Risikomanagements. Basel III legt die Anforderungen an die Risikogewichtung von Bankaktiva und die Mindesthöhe des regulatorischen Eigenkapitals fest. Reine Compliance mit diesen Vorschriften, also die reine Umsetzung der regulatorischen Bestimmungen, liefert keine Grundlage für die materielle Entscheidung über die Risikoakzeptanz. Regulatorische Vorgaben sind auf Schadensverhütung und Bestandsschutz ausgelegt, nicht auf die wertschöpfende Rolle des Risikomanagements. Ein Risikomanagement, das sich als verlängerter Arm der Bankenaufsicht versteht, läuft Gefahr, als reine Kontrollinstanz wahrgenommen zu werden und nicht als wertschöpfende Ressource des Unternehmens.

5. „Das Risikomanagement ist die Second-Line-Aufgabe im Three-Lines-Modell der internen Revision." Stimmt das?

Im Rahmen der MaRisk ist das Risikomanagement mit der Betreuung leistungsgestörter Kredite befasst. Das erfordert direkte Verhandlungen mit Kund/-innen in konfliktbeladenen Situationen. Diese Aufgabe ist dann als First-Line-Funktion zu verstehen, wenn man mit der First Line die kundenbezogenen Aufgaben assoziiert.

Außerdem gilt die Bankenabwicklung als ein typisches Betätigungsfeld erprobter Risikomanager/-innen, zum einen wegen ihrer Expertise in Sanierungsfällen, zum anderen, weil vertriebs- und akquisitionsbezogene Aufgaben dort nicht mehr anfallen.

6. „Durch Risikomanagement entsteht Doppelarbeit, weil zwei organisatorische Einheiten die gleiche Transaktion beurteilen." Können Sie dieser Behauptung auf der Basis des entscheidungsorientierten Risikomanagements zustimmen?

Das Risikomanagement dient u. a. dazu, für Rationalität in Entscheidungsprozessen zu sorgen. Es nimmt insofern am Wertschöpfungsprozess teil, als Investitionsvorhaben auf ihren Risikonutzen hin überprüft werden. Dabei geht es um die Vereinbarkeit einer Transaktion mit dem kapitalmarktadäquaten Risikoniveau eines Instituts. Für diese Funktion wird deshalb das Anreizsystem vom direkten Vertriebs- und Wachstumsziel entkoppelt und dadurch eine größere Unvoreingenommenheit bei der Beurteilung von Investitionsrisiken erreicht. Darüber hinaus bietet die Erfahrung im Risikomanagement eine bessere Grundlage für die Vergleichbarkeit unterschiedlicher Risikostrukturen, da in diesem Organisationsbereich die ausfallgefährdeten Transaktionen behandelt werden. Auf Basis dieser Erfahrung lässt sich zuverlässiger bestimmen, welcher Risikonutzen aus einer neuen Transaktion hervorgeht.

7. Welche Bedeutung hat die Portfolioauswahl-Theorie für das Risikomanagement und worin liegen ihre Grenzen?

Die Portfolioauswahl-Theorie ist die Grundlage der Risikoaggregation zur Gesamtbanksteuerung. Sie erlaubt es, die Höhe unterschiedlicher Risiken zu messen und damit
deren Vergleichbarkeit und Aggregation. Auf ihrer Grundlage werden u. a. die ökonomischen und regulatorischen Mindesteigenkapitalanforderungen eines Instituts berechnet.
Auf der Portfolioauswahl-Theorie beruht die Möglichkeit, die Diversifikationseffekte der
unterschiedlichen Risiken eines Instituts risikomindernd zur Geltung zu bringen.

Die Grenzen der Anwendung der Theorie bestehen u. a. in der Annahme, dass
Portfoliorisiken normalverteilt seien. Diese Schwäche lässt sich durch Verwendung an-
gepasster Verteilungsfunktionen beheben. Gleichwohl bleibt ein Fokus auf Daten aus
der Vergangenheit. Die Vergangenheitsbezogenheit von Verteilungsfunktionen lässt
sich in der Praxis zumindest entschärfen, indem man zukunftsbezogene Szenarioanalysen und Stresstests anwendet.

Im Auswahlprozess von Investitionen jedoch kann die Portfolioauswahltheorie keinen Input leisten, weil sie dafür nicht vorgesehen ist. Markowitz (1952) selbst stellt klar,
dass seine Portfolioauswahltheorie den Entscheidungsprozess über das angemessene
Risiko-Ertragsverhältnis nicht vorwegnimmt. Dieses erfolgt auf Basis des Erwartungsnutzens der Investor/-innen. Für seine Portfolioauswahl-Theorie unterstellt er der
Einfachheit halber eine Zufallsverteilung der Erwartungsrenditen und trennt damit
gedanklich die Optimierung der Wertpapiergewichte im Portfolio von der Auswahl des
einzelnen Wertpapiers nach der Erwartungsrendite. Es geht ihm um die optimale Gewichtung von Wertpapieren im Portfolio, d. h. die Asset-Allokation, in Kenntnis ihrer
Korrelationen, nicht um die Einzelauswahl von Wertpapieren nach den individuellen
Rendite- und Risikoerwartungen eines/r Investor/in.

8. „Die Ausfallwahrscheinlichkeit und der Expected Loss eines Kreditnehmers oder
einer Kredittransaktion reicht als Entscheidungskriterium für die Risikoakzeptanz
völlig aus." Wenn ja, was hätte das zur Folge, wenn nein, welche zusätzlichen Kriterien wären erforderlich, um die Transaktion zu beurteilen?
Die Portfoliozusammenstellung nach der geringsten Ausfallwahrscheinlichkeit und
dem niedrigsten Expected Loss würde die Diversifikationsmöglichkeiten erheblich
einschränken. Die Folge wären geringere Erträge und höhere Konzentrationsrisiken.
Daher ist es erforderlich, Kredittransaktionen nach ihrem Risikonutzen, also nach der
für das Institut angemessenen Risikopräferenz, zu beurteilen. Darüber hinaus müssen
alle Elemente einer Transaktion analysiert und bewertet werden. Risikomanagement
kann nicht auf die Rolle einer „Rating-Polizei" reduziert werden, ohne dass die Rationalität des Risikoakzeptanzprozesses darunter leidet.

9. Welche Nutzenfunktion liegt der Portfolioauswahl-Theorie zugrunde?
Die Portfolioauswahl-Theorie ist dann im Einklang mit der Theorie vom Erwartungsnutzen, wenn für die Investor/-innen eine quadratische Nutzenfunktion gilt und nur der
aufsteigende Ast als gültig angesehen wird. Anderenfalls würde unterstellt, dass mit grö-
ßerem Ausgangsvermögen der Entscheider/-innen die Risikobereitschaft permanent zu-

nimmt. Diese Einschränkung der Portfolioauswahl-Theorie ist für die Zwecke der Asset-Allokation in vielen praktischen Situationen ausreichend, soweit eine Zufallsverteilung der Erwartungsrenditen und eine Normalverteilung des Risikos angenommen werden kann.

Zum Stichwort „quadratische Nutzenfunktion" weiterführende Literatur: z. B. Laux/Gillenkirch/Schenk-Mathes, 2018, S. 161 ff.

10. Welches sind die grundlegenden Parameter der Portfolioauswahl-Theorie und wie kann man diese auf eine Kredittransaktion anwenden?
Die Portfolioauswahl-Theorie verwendet Erwartungswert, Varianz und Kovarianz. Trotz der Bezeichnung Portfolioauswahl-Theorie befasst sie sich nicht mit der Einzelauswahl von Wertpapieren, sondern mit deren Gewichtung oder der ganzer Assetklassen in einem Portfolio. Es geht um Mengenanteile, Erwartungsrenditen, Standardabweichungen und Korrelationen bereits vorhandener Wertpapiere. Die Auswahl einzelner Papiere nach deren Erwartungsnutzen für einen individuellen Investor ist nicht Gegenstand der Theorie.

Auf das Kreditgeschäft übertragen, finden sich der Erwartungswert zusammen mit der Varianz bzw. der Standardabweichung im Expected Loss wieder. Die Kovarianzen werden überwiegend auf aggregierter Ebene im Value at Risk berücksichtigt. Der Expected Loss stellt als Erwartungsverlust einen Teil der Betriebskosten dar. Der Value at Risk bestimmt den Verlustpuffer für den „Unexpected Loss" und mittelbar das ökonomische Kapital bzw. die Mindesteigenkapitalanforderungen.

11. Was ist unter Rationalität im Entscheidungsprozess zu verstehen?
Rationalität im ökonomischen Sinne beschreibt das ideale Nutzendenken eines Individuums. In der Entscheidungstheorie wird vorausgesetzt, dass ein/e Entscheider/-in in der Lage sein muss, die Präferenzen im Hinblick auf ein Entscheidungsproblem zu ordnen. Aus Präferenzen, die den Ordnungsaxiomen widersprechen, lassen sich keine mathematischen Nutzenfunktionen bilden. Handeln, das nicht im Einklang mit dem ökonomischen Rationalitätsprinzip steht, wird als „un-rational" bezeichnet. Un-rationales Verhalten im ökonomischen Sinne ist nicht gleichbedeutend mit „irrational" im psychologischen Sinne.

Die Erfahrung zeigt, dass Entscheider/-innen rational entscheiden wollen und bei Hinweis auf eine un-rationale Präferenzfolge im Allgemeinen geneigt sind, ihre Einstellung zu revidieren. Da im betriebswirtschaftlichen Kontext rationales Nutzendenken im Zusammenhang mit dem Shareholder-Value-Prinzip angenommen wird, ist es richtig, dem Rationalitätsprinzip im Entscheidungsprozess zu folgen. Erst wenn Konsens über das rationale Ergebnis erzielt ist, sollten andere Erwägungen sozialer, ethischer oder persönlicher Art eingebracht werden. Damit wird die Motivationslage transparent und erlaubt einen rationalen Diskurs über nicht-ökonomische Kriterien.

12. Nennen Sie Gründe, weshalb subjektive Wahrscheinlichkeitsaussagen im Entscheidungsprozess berücksichtigt werden können.

Auf persönlicher Erfahrung und Intuition beruhende Glaubwürdigkeitsvorstellungen über entscheidungsrelevante Ereignisse sind in den meisten realen Risikosituationen bei den entscheidenden Personen zu vermuten. Das Konzept der subjektiven Wahrscheinlichkeit dient dazu, diese Glaubwürdigkeitsvorstellungen in streng definierten Zahlenwerten (subjektiven Wahrscheinlichkeiten) auszudrücken, um auf diesem Weg die Erfahrung und die Intuition der Entscheider/-innen explizit im Entscheidungskalkül zu erfassen.

13. „Risikomanagement ist Hedging mit Termingeschäften." Wie ist das zu verstehen und welcher Ausprägung des Risikomanagements würden Sie diesen Vorgang zuordnen?

In der betriebswirtschaftlichen Literatur wird das wertschöpfende Risikomanagement zunächst mit dem Hedging von Preisrisiken durch Termingeschäfte in Verbindung gebracht. Diese Vorstellung ist in der kapitalmarkttheoretischen Definition von Risikomanagement als Reduzierung der Volatilität erwarteter Free Cashflows begründet. Mit Hedgegeschäften werden dem Zufall unterliegende Preisrisiken bei Rohstoffen, Währungen und Zinsen durch Gegengeschäfte abgesichert, d. h. es wird der feste Terminpreis kontrahiert, um die Volatilität der Preisschwankungen zu reduzieren oder ganz zu eliminieren. So können auf der Beschaffungsseite Rohstoffpreise berechenbar gemacht und auf der Absatzseite die Verkaufserlöse in Währung abgesichert werden. Die Reduzierung oder Eliminierung erwarteter Preisschwankungen ist dem antizipativen ebenso wie dem verhütenden Risikomanagement zuzuordnen.

14. „Risikomanagement ist eine spezifische Controllingaufgabe." Wie ist diese Vorstellung zu verstehen und welcher Bezug besteht zum betrieblichen Risikomanagement?

Bei dem Versuch, eine möglichst allgemeine Definition für Risiko zu finden, beschreibt Braun (1983) Risiko als Möglichkeit der Zielverfehlung oder Planabweichung. Diese Definition legt er seiner Arbeit zum Risikomanagement als „spezifische Controllingaufgabe" zugrunde. Aufgabe des Risikomanagements oder des Controllings wäre demnach, die Unternehmensleitung durch Anregung und Informationshinweise zu unterstützen. Dem liegt die Vorstellung zugrunde, dass die Verringerung eines Informationsdefizits, d. h. die Erhöhung des Informationsgrades, eine genauere Beurteilung der Risiken, aber auch Chancen, von Entscheidungssituationen ermöglicht. Als Resultat der verbesserten Informationslage nimmt das Risiko einer falschen Entscheidung aufgrund mangelhafter Information und der daraus resultierenden empfundenen Ungewissheit der Entscheidungsträger/-innen ab.

Als Teil einer Controllingfunktion lässt sich Risikomanagement einerseits dem verhütenden Zweig zurechnen, wenn man – vor allem negative – Planabweichungen als Risiko betrachtet. Die Gegensteuerung soll dann dieses Risiko wieder verringern, den potenziellen Schaden also verhüten. Wird aber auf Basis des Finanzcontrollings die

Unternehmensplanung aufgestellt, so geht der verhütende Ansatz in den antizipativen Ansatz des Risikomanagements über. Das Für und Wider unterschiedlicher Investitionsziele im Planungsprozess zu verfolgen – also noch vor der Entscheidung – ist damit als antizipatives Risikomanagement anzusehen, d. h. Chancen und Risiken können gegeneinander abgewogen werden.

Zum Stichwort Controllingfunktion und Risikomanagement weiterführende Literatur: Franke/Hax, 2009; Braun 1983.

8.3.5 Fragen und Aufgaben zu Kapitel 6: Bankregulierung

1. Was versteht man unter der Funktionstrennung im Bank-Risikomanagement?
Bei der Funktionstrennung handelt es sich um eine Ausprägung des Vier- oder Mehr-Augen-Prinzips, das größere Prozesssicherheit erzielen soll, indem bewusst durch Menschen eingesetzte Redundanzen in den Kontrollprozessen verwendet werden. In Finanzinstituten wird mit der Funktionstrennung nach den MaRisk zusätzlich angestrebt, das finanzielle Anreizsystem für das Risikomanagement von Vertriebs- und Wachstumszielen teilweise zu entkoppeln und stärker an der Institutssicherheit auszurichten. Dies soll dadurch erreicht werden, dass eine durchgehende aufbauorganisatorische Trennung von Geschäftsabteilungen und Risikomanagement bis auf die Geschäftsleiterebene eingehalten wird.

Zum Stichwort Vier-Augen-Prinzip und durch Menschen eingesetzte Redundanz weiterführende Literatur: Kunz, 2017, S. 165–172.

2. Nennen Sie die bedeutendsten Regulierungswerke für das prozessuale Bank-Risikomanagement.
Aus der umfangreichen Regulierung sind folgende Werke zu nennen: das Regelwerk Basel III, in der EU umgesetzt durch die Kapitaladäquanzverordnung CRR; und die Kapitaladäquanzrichtlinie CRD, die Richtlinien zur Bankenunion sowie das Kreditwesengesetz zusammen mit den Mindestanforderungen an das Risikomanagement der Finanzinstitute (MaRisk).

3. Welchen Status hat die Bank für Internationalen Zahlungsausgleich und welche Aufgaben hat sie?
Die Bank für Internationalen Zahlungsausgleich mit Sitz in Basel gilt als Bank der Zentralbanken. Ihre Anteile werden von rund 60 Zentralbanken weltweit gehalten. Ihre drei Hauptaufgaben bestehen in der Verwaltung der Währungsreserven der angeschlossenen Zentralbanken, der Beobachtung der Finanzmärkte, insbesondere im Hinblick auf die Systemstabilität, und der Erarbeitung von Vorschlägen zur Beaufsichtigung von Banken und Finanzinstituten. Siehe zur Übersicht https://www.bis.org/ (Abrufdatum 6.02.2024).

4. Welchen Rechtscharakter besitzen die MaRisk?

Es handelt sich um eine Rechtsverordnung in Form eines Rundschreibens der BaFin auf der Basis von § 25a Abs. 1 KWG, dessen Anforderungen an eine ordnungsgemäße Geschäftsorganisation und ein angemessenes und wirksames Risikomanagement sie präzisiert.

5. Was ist mit der Bezeichnung „Basel III" gemeint?

Das Kürzel „Basel III" steht für die Empfehlungen des Basler Ausschusses für Bankenaufsicht der Bank für Internationalen Zahlungsausgleich. Es steht für das Reformwerk zur Festlegung der Mindesteigenkapitalanforderungen und die Beaufsichtigung der Banken. Das Werk wurde in drei Stufen entwickelt, zuerst 1988 als Basler Akkord, dann 2004 als Basel II und im Zuge der globalen Wirtschafts- und Finanzkrise als Basel III. Die Einführung von Basel III ist wiederum in drei Schritten erfolgt: 2011, 2012 und 2017.

6. Wo sind die Details zu den internen Ratingsystemen der Banken geregelt und welche Bedeutung haben sie?

Die Regelungen zu den internen Ratingsystemen der Banken sind in der Kapitaladäquanzrichtlinie (Capital Requirements Regulation, CRR) geregelt. Sie sind in den EU-Staaten unmittelbar geltendes Recht. Die Regelungsdetails zu den Ratingsystemen betreffen deren Kategorisierung und statistische Validierung durch Backtesting. Der eigentliche Inhalt der Kreditwürdigkeitsprüfung wird darin nicht geregelt. Das Wesen der Kreditwürdigkeitsprüfung erschließt sich aus der Theorie der Unternehmensbewertung und der Beurteilung rechtlicher und wirtschaftlicher Strukturen einer Kreditvereinbarung auf der Basis der Erwartungsnutzenlehre.

7. Welche Bedeutung hat die Anti-Geldwäsche-Gesetzgebung für das prozessuale Risikomanagement?

Mit der Anti-Geldwäsche-Gesetzgebung werden Banken umfangreiche Pflichten zur Sichtung und Meldung von Geldwäsche-Verdachtsfällen auferlegt. Vorschriften zur Vermeidung von Geldwäsche in Banken sind strikt zu befolgen. Dies nicht zu tun stellt ein Compliance-Risiko dar. Das Management der Compliance-Risiken ist Teil des verhütenden Risikomanagements. Das Management der Geldwäscherisiken gehört nicht zum wertschöpfenden ökonomischen Risikomanagement, sondern stellt der Sache nach eine an Banken und Finanzinstitute ausgelagerte Funktion der Strafverfolgung dar.

8. Welches sind die Ziele und Schwerpunkte der MaRisk?

Ziel der MaRisk ist es, auf ein angemessenes und wirksames Risikomanagement unter Berücksichtigung der Risikotragfähigkeit, insbesondere die Festlegung von Strategien sowie die Einrichtung interner Kontrollverfahren, hinzuwirken. Dazu gehören Prozesse zur Identifizierung, Beurteilung, Steuerung, Überwachung sowie Kommunikation der Risiken (Risikosteuerungs- und -controllingprozesse) und die Einrichtung einer Risikocontrolling- sowie einer Compliance-Funktion. Neben den Regeln zur Ausgestaltung der Aufbau- und Ablauforganisation enthalten sie Anforderungen an die Verfahren, um Risiken früh zu erkennen und die Risiken im Kreditgeschäft zu klassifizieren sowie die Aufbau- und Ablauforganisation im Wertpapierhandelsgeschäft auszugestalten.

Die MaRisk leiten ihre Grundsätze aus den industriellen Risikomanagementstandards ab. Sie wollen u. a. sicherstellen, dass die Aufsichtsorgane über eine Grundlage für die sachgerechte Wahrnehmung der Überwachungsfunktionen verfügen und angemessen in die Risikomanagementprozesse eingebunden sind. Sie regeln die Anforderungen aus der Sicht der Corporate Governance und der allgemeinen Risikomanagement-Standards. Dabei geht es insbesondere um Schadensverhütung und Risikofrüherkennung.

9. Welche zusätzlichen Risiken entstehen durch die Bank-Regulierung?
Die zunehmende Bankregulierung erschwert das materielle Risikomanagement durch zusätzliche Komplexität und diesbezügliche Compliance-Risiken. Die Normerfüllung wird vor der Wertschöpfung priorisiert, ihre Nichterfüllung selbst zum Rechts- und Haftungsrisiko. Gerade deswegen ist es wichtig, dass das Risikomanagement seine wertschöpfende Rolle im Entscheidungsprozess ernst nimmt und trotz umfassender Regulierung eigenständig und unabhängig seine wirtschaftlichen und bisweilen ethischen Aufgaben in den Mittelpunkt rückt.

9 Glossar

Begriff	Erläuterung
AktG	Aktiengesetz
ALM-Prozess	Der Asset-Liability-Management-Prozess bezeichnet die Abstimmung der Risiken aus dem leistungs- mit dem finanzwirtschaftlichen Bereich. ALM beinhaltet die zielgerichtete Steuerung der Aktiva und Passiva. In einem Kreditinstitut werden auf diese Weise die Transformationsrisiken aus den Fristigkeiten und den Zinsänderungen der Spar- und Termineinlagen sowie der Kapitalmarktemissionen an die jeweilige Struktur der Aktiva, wie Kredit- und Wertpapierportfolien, angepasst.
Antizipierte Risiken	Im Gegensatz zu den akuten Zufalls- und Gefahrenrisiken gehen antizipierte Risiken in einem Planungsszenario als mögliche negative Einflussgrößen ein oder könnten potenziell im Zusammenwirken mit weiteren Risiken zu einem akuten Risiko kumulieren.
Asset-Backed Securities (ABS)	Bei Asset-Backed Securities (ABS) handelt es sich um anleiheähnliche Wertpapiere, für die ein Pool in der Regel homogener Kredite als Haftungsmasse, d. h. Sicherheiten, zur Verfügung steht.
Asset-Backed Security-Position	Vermögensposition, die aus dem Halten von Anteilen an ABS-Anleihen, bzw. Tranchen dieser Anleihen, besteht.
Asset-Liability-Committee (ALCO)	Das Entscheidungsgremium Asset-Liability-Committee (abgekürzt ALCO) steuert die Marktpreis- und Zinsänderungsrisiken über ein spartenübergreifendes institutionalisiertes Verfahren. Mitglieder eines ALCOs sind in der Regel alle relevanten Entscheidungs- und Wissensträger/-innen eines Finanzinstituts, eingeschlossen Vertreter/-innen der Geschäftsleitung.
Asset-Liability-Strategie	→ ALM-Prozess
Ausfallwahrscheinlichkeit	Wahrscheinlichkeit, dass ein Kreditnehmer/-in innerhalb einer vorbestimmten Periode „ausfällt", d. h. sein Zahlungsversprechen nicht einhalten kann. Ausfallkriterien sind insbesondere das Unvermögen oder die Unwilligkeit zu termingerechter Leistung von Zins- und Tilgungsbeträgen, ferner auch Zahlungen, die länger als 90 Tage überfällig sind, Zahlungsaufschub, Unternehmensrestrukturierung, außergerichtliches oder gerichtliches Insolvenzverfahren.

https://doi.org/10.1515/9783110596571-009

(fortgesetzt)

Begriff	Erläuterung
Bank für Internationalen Zahlungsausgleich (BIZ)	Die Bank für Internationalen Zahlungsausgleich ist eine internationale Organisation mit Sitz in Basel, die die angeschlossenen Zentralbanken und andere Finanzregulatoren weltweit dabei unterstützt, die Geld- und Finanzmarktstabilität durch internationale Kooperation zu fördern. Außerdem fungiert sie als Bank der Zentralbanken, z. B. zur Verwaltung der Währungsreserven. → BCBS.
Basel Committee on Banking Supervision (BCBS)	Ein Ausschuss der Bank für Internationalen Zahlungsausgleich, der Vorschläge für die Regulierung von Banken und Finanzinstituten für die angeschlossenen Zentralbanken erarbeitet. Diese Vorschläge werden überwiegend entweder in nationales oder EU-Recht implementiert.
Basel I, II, III	Die Bezeichnung "Basel" steht als Kurzform für die Vorschläge und Beschlüsse des Basler Ausschusses für Bankenaufsicht. Siehe auch oben → Basel Committee on Banking Supervision. Die Reformpakete werden als Basler Akkord („Basel I"), Basel II und Basel III bezeichnet. Die Bezeichnung „Basel IV" wird von der BIZ nicht verwendet.
Bernoulli-Nutzen	Begriff aus der Entscheidungslehre, um die Voraussetzung für die Erstellung einer mathematischen Nutzenfunktion nach Daniel Bernoulli zu kennzeichnen. Er bezeichnet den speziellen Nutzenbegriff, der dem → Bernoulli-Prinzip zugrunde liegt. Andere Bezeichnungen dafür sind Erwartungsnutzen, von Neumann-Morgenstern-Nutzen oder Risikonutzen. Der Bernoulli'sche Nutzenbegriff bezieht sich auf die abstrakte Wahl zwischen Lotterien und beruht nicht auf der Vorstellung eines Gebrauchswerts.
Bernoulli-Prinzip	Eine Person richtet sich nach dem Bernoulli-Prinzip, wenn sie ihre Entscheidung nicht auf der Basis von Erwartungswerten trifft, sondern zusätzlich auf der Basis des Erwartungsnutzens oder → Bernoulli-Nutzens. Zur Bestimmung des Erwartungsnutzens ist es erforderlich, die Risikoeinstellung (Risikoscheu, Risikoneutralität oder Risikofreude) der entscheidenden Person zu ermitteln. Bernoulli selbst ging im Allgemeinen von Risikoscheu aus und damit einer endlichen Bereitschaft, an einem Glücksspiel teilzunehmen.
Bet-your-Company-Kultur	Die Bet-your-Company-Kultur ist dadurch gekennzeichnet, dass Unternehmensmitglieder Entscheidungen mit großer Bedeutung und großem Risiko übernehmen, deren Erfolg oder Misserfolg aber erst nach längerer Zeit offenkundig wird.

(fortgesetzt)

Begriff	Erläuterung
Besitztums-Effekt (Endowment Bias)	Der Besitztumseffekt, auch Endowment Bias genannt, ist ein Begriff aus der Verhaltensökonomik (Behavioral Finance). Er beschreibt die Neigung der Marktteilnehmer, den Wert einer Anlage höher einzuschätzen, wenn sie diese erworben haben, als wenn sich die Anlage noch nicht in ihrem Besitz befindet.
BilMoG	Gesetz zur Modernisierung des Bilanzrechts (Bilanzrechtsmodernisierungsgesetz – BilMoG) vom 25. Mai 2009, Bundesgesetzblatt, Jahrgang 2009 Teil I Nr. 27.
BRRD I und II	Bank Recovery and Resolution Directive. Der vollständige Titel der Richtlinie lautet Richtlinie 2014/59/EU des europäischen Parlaments und des Rates vom 15. Mai 2014 zur Festlegung eines Rahmens für die Sanierung und Abwicklung von Kreditinstituten und Wertpapierfirmen, im Deutschen in Kurzform auch als Abwicklungsrichtline bezeichnet.
Buy-and-Hold-to-Maturity	Buy-and-Hold-to-Maturity heißt eine Form des Wertpapiererwerbs mit der Absicht, das Wertpapier bis zu seinem Laufzeitende (Fälligkeit) auf den Büchern zu halten, d. h. nicht für den Weiterverkauf vorzusehen.
Capital Asset Pricing Model (CAPM)	Das ökonomisch fundierte Modell basiert auf einem vollkommenen Kapitalmarkt, nach dem die erwartete Rendite eines Wertpapiers eine lineare Funktion der Risikoprämie des idealen Marktportfolios ist. Es baut auf der Portfolioauswahl-Theorie auf und dient u. a. als Grundlage für die praktische Unternehmensbewertung.
Cashflow-Based-Lending	Cashflow-Based-Lending ist die Kreditvergabe aufgrund der erwarteten hohen bzw. stabil prognostizierbaren Free Cashflow-Entwicklung eines Unternehmens. Diese Finanzierungsform ist typisch im Projektfinanzierungsgeschäft und dem Leveraged Finance, wo der Wert der Sicherheiten oft nur einen Bruchteil der Kreditsumme ausmacht und deswegen hauptsächlich auf die Sicherheit der Absatzentwicklung abgestellt wird, z. B. gestützt auf feste Abnahmeverpflichtungen für Stromlieferungen aus erneuerbaren Energien durch die Einspeisevergütungsverpflichtung des Erneuerbare-Energien-Gesetzes (EEG).
Central Counterparty	Zentraler Kontrahent, Vertagspartner zwischen Käufer und Verkäufer, z.B. Wertpapierbörse

(fortgesetzt)

Begriff	Erläuterung
Conditional Value at Risk	Der Conditional Value at Risk (CVaR) oder Expected Shortfall (ES) ist die Fortentwicklung des Value at Risk-Ansatzes (→ Value at Risk). Der CVaR entspricht dem durchschnittlichen Verlust bei einem Verlustereignis, das durch die Überschreitung des VaR ausgelöst wird, während der VaR den Maximalverlust bei einem bestimmten Konfidenzniveau darstellt.
Corporate Governance	Corporate Governance bedeutet gute Unternehmensführung durch Überwachung und Kontrolle der Leitungsorgane und der Unternehmensprozesse. Die Corporate Governance bildet die Klammer über alle Risikomanagementaktivitäten eines Unternehmens mit dem vorrangigen Ziel, eine Gefährdung des Fortbestandes eines Unternehmens zu verhindern. Den Leitungsorganen obliegt die Überwachung des Risikomanagementsystems.
Covenants	Neben den Kernbestandteilen Rückzahlungsbetrag, Zinsen und Laufzeit enthalten Kreditverträge und Anleihen eine Vielzahl zusätzlicher vertraglicher Nebenpflichten, sogenannte Covenants. Dieser angelsächsische Rechtsausdruck ist ins Deutsche übernommen worden. Zu diesen Covenants gehören z. B. Informationspflichten, die Einhaltung von Finanzkennzahlen und Verhaltenspflichten (z. B. Dividendenbeschränkung, Nichtbelastung von Vermögen).
CRD	Die EU-Capital Requirements Directive wird im Deutschen als Kapitaladäquanzrichtline übersetzt. Sie richtet sich an die EU-Staaten und muss zu ihrer Geltung in nationales Recht umgesetzt werden. Die CRD regelt den einheitlichen Aufsichtsmechanismus für Finanzinstitute in den EU-Staaten.
Credit Event	Ein Credit Event ist ein Rechtsbegriff im Zusammenhang mit Credit Default Swaps. Den Credit Event kann man als Ausfallkriterium bezeichnen. Dazu gehören das Unvermögen oder die Unwilligkeit zu termingerechter Leistung von Zins- und Tilgungsbeträgen, ferner auch Zahlungsaufschub, Unternehmensrestrukturierung, außergerichtliches oder gerichtliches Insolvenzverfahren.
CRR	CRR steht für die EU-Capital Requirements Regulation, im Deutschen als Kapitaladäquanzverordnung übersetzt. Sie ist in der EU unmittelbar geltendes Recht. Darin sind u. a. die Anforderungen an die internen Ratingsysteme eines Finanzinstituts und die Mindesteigenkapitalanforderungen geregelt.

(fortgesetzt)

Begriff	Erläuterung
Dekomposition	Unter Dekomposition versteht man in der Entscheidungstheorie die Vereinfachung (Zerlegung) von komplexen Zusammenhängen in fassbare Teilkomponenten, um sie so in einem Entscheidungsmodell in eine mathematische Funktion übertragen zu können.
Derivaterisiko	Derivaterisiko ist das Risiko einer Vertragspartei aus einem Derivatgeschäft. Die Besonderheit des Risikos besteht in den bisweilen wechselnden Positionen, einmal als Gläubiger und einmal als Schuldner während der Laufzeit des Derivats aufgrund der Marktwertschwankungen des Derivatkontraktes. Zwar materialisiert sich das Risiko normalerweise erst am Ende der Laufzeit bzw. bei Glattstellung der Position. Da üblicherweise Sicherheitsleistungen vom jeweiligen Schuldner aus dem Kontrakt, insb. an den Terminbörsen, verlangt werden, kann sich das Derivaterisiko auch als Liquiditätsrisiko während der Laufzeit auswirken.
DIIR	Deutsches Institut für Interne Revision e. V.
Discounted-Cashflow-Verfahren	Zentrales Verfahren zur Unternehmensbewertung, bei dem die künftig erwarteten Free Cashflows unter Heranziehung des angemessenen Diskontsatzes (Kapitalkostensatz) auf den Gegenwartswert abgezinst werden.
Dominanzkriterium	In der Entscheidungstheorie gibt das Dominanzkriterium an, ob eine Handlungsalternative von mindestens einer anderen Alternative dominiert wird, sodass ein rationaler Mensch diese Alternative niemals wählen würde. In diesem Sinne bedeutet Dominanz unbedingte Vorzugswürdigkeit. Die Entscheidungslehre macht hier Anleihen bei der stochastischen Dominanz, einem Begriff aus der Wahrscheinlichkeitslehre.
Downside-Risiken	Unter Downside-Risiken werden negative Einflüsse auf ein erwartetes Planergebnis verstanden. Das Gegenteil wären → Upside-Potenziale, die im Zusammenhang mit dem Risikomanagement auch als Chancen bezeichnet werden.
Endowment Bias	→Besitztumseffekt
Erwartungsnutzen	Unter dem Erwartungsnutzen versteht die Entscheidungstheorie einen ideellen Zahlenwert, den ein/e Entscheider/-in einer Ergebnisalternative entsprechend ihrer Vorzugswürdigkeit zumisst. Als Risikonutzen verstanden misst der Erwartungsnutzen die Präferenz unter verschiedenen Lotterien mit unterschiedlichen Gewinnwahrscheinlichkeiten → Bernoulli-Nutzen.

(fortgesetzt)

Begriff	Erläuterung
Erwartungsrendite	Die Erwartungsrendite eines Investments ist die von den Investor/-innen erwartete Verzinsung des Kapitals. Sie korrespondiert im Kapitalmarktmodell mit dem erwarteten Risiko (gemessen als Varianz oder Standardabweichung der Renditen) dieses Investments.
Erwartungswert	Der stochastische Erwartungswert beschreibt in seiner einfachsten Variante den Mittelwert einer Zufallsgröße, sprich die Zahl, die die Zufallsgröße im Durchschnitt annimmt. Beim Spiel Kopf oder Zahl beträgt, wenn Zahl 10 gewinnt und Kopf leer ausgeht, der Erwartungswert (10+0)/2=5.
Erwartungswert-Varianz-Prinzip, My-Sigma-Prinzip, (μ, σ)-Prinzip	Die Varianz bezeichnet die Standardabweichung einer Zufallsvariablen um ihren Mittelwert bzw. Erwartungswert. Diese Vorgehensweise ist in der Wirtschaftspraxis an vielen Stellen vorzufinden. Auch die Portfolioauswahl-Theorie baut auf diesem Prinzip auf. Vielfach geschieht die Berücksichtigung der Standardabweichung intuitiv, indem ein gefühlsmäßig ermittelter Sicherheitsabschlag am Erwartungswert vorgenommen wird und der so reduzierte Erwartungswert als Beurteilungsgröße dient. In der Stochastik wird dieses Prinzip als My-Sigma-Prinzip bezeichnet und formal als (μ, σ)-Prinzip geschrieben.
ESG	Environmental, Social und Governance, also Umwelt, Soziales und (gute) Unternehmensführung. Die Abkürzung bezeichnet die allgemeinen Kriterien, um die nachhaltige und ethische Praxis von Unternehmen zu bewerten.
Expected Loss	Erwartete Verlusthöhe bei Ausfall eines Kreditnehmers, in der deutschen Fachsprache auch als Standard-Risikokosten bezeichnet.
Exposure-at-Default	Kredithöhe im Ausfallzeitpunkt
Facilitator	Wörtlich: der Ermöglicher/-, Förderer/- oder Unterstützer/-in. Der Begriff wird gelegentlich verwendet, um die Rolle des Risikomanagements als Dienstleistung zu beschreiben und von der Entscheidungsfunktion zu unterscheiden.
Finanzcontrolling	Im Finanzcontrolling werden u. a. Informationen zur Plan- und Ist-Performance erfasst und dem Management als Entscheidungsgrundlage zur Verfügung gestellt.
Gegenpartei	Vertragspartner eines Derivatgeschäfts, auf den sich das Kredit- bzw. Ausfallrisiko bezieht.

(fortgesetzt)

Begriff	Erläuterung
Going Concern	Das Going Concern-Prinzip setzt zur Anwendung der Regeln der International Financial Reporting Standards (IFRS) die Fortführung des Unternehmens voraus. Das Gegenteil wäre der Gone Concern, d. h. die Unternehmensabwicklung zu Liquidationswerten.
Greensill Capital, Greensill Bank AG	Die Greensill Bank AG ist ein deutsches Kreditinstitut mit Sitz in Bremen, das als Teil der anglo-australischen Greensill-Gruppe zuletzt auf Finanzierung von Lieferantenverbindlichkeiten spezialisiert war. Das Unternehmen ist seit März 2021 insolvent, u. a. weil hohe Konzentrationsrisiken eingegangen und nicht existente Forderungen finanziert wurden.
Gutes Risiko	Gute Risiken besitzen einen positiven Kapitalwert und eine hohe Erfolgswahrscheinlichkeit.
Hedging	Unter Hedging versteht man in der betriebswirtschaftlichen Theorie und Praxis, insbesondere das Absichern von Rohstoffpreis-, Währungs- und Zinsschwankungen mithilfe von Termingeschäften
HGB	Handelsgesetzbuch
ICAAP	Beim ICAAP (Internal Capital Adequacy Assessment Process bzw. internes Kapitaladäquanzverfahren) handelt es sich um den Prozess zur Sicherstellung eines ausreichenden ökonomischen Kapitalpuffers der Banken, die alle eingegangenen Risiken, auch unter negativen Entwicklungen, abdecken kann. Die Ergebnisse des ICAAP sind den Investor/-innen und Anteilseigner/-innen zugänglich zu machen.
ILAAP	Beim ILAAP (Internal Liquidity Adequacy Assessment Process) handelt es sich um den Prozess zur Sicherstellung einer angemessenen Liquiditätsausstattung. Die Ergebnisse des ILAAP sind den Investor/-innen und Anteilseigner/-innen zugänglich zu machen.
IFRS 9	Der Standard IFRS 9 der International Financial Reporting Standards ist die wesentliche Vorschrift für die Abbildung von Wertminderungen in einem Kreditportfolio und insofern eine zentrale Rechnungslegungsvorschrift für Banken und Finanzinstitute, die einen Jahresabschluss nach IFRS aufstellen.
Indicators of Emerging Risks	Indikatoren zur Risikofrüherkennung → antizipierte Risiken
Internal Ratings-Based Approach (IRBA)	Interner Ratingansatz nach der CRR, den Banken für die Klassifizierung ihrer Kreditrisiken anwenden können, sofern die Bankenaufsicht diesen Ansatz genehmigt.

(fortgesetzt)

Begriff	Erläuterung
ISO 31000	ISO 31000 ist der internationale Industriestandard für das Enterprise Risk Management. ISO steht für Internationale Organisation für Normung (International Organization for Standardization) mit Sitz in Genf.
Kovarianz	Die Kovarianz beschreibt das Verhältnis der Varianzen der Renditen zweier Wertpapiere zueinander. Sie wird normiert durch den Korrelationskoeffizienten.
KonTraG	Gesetz zur Kontrolle und Transparenz im Unternehmensbereich (KonTraG) vom 27. April 1998, Bundesgesetzblatt Jahrgang 1998 Teil I Nr. 24, ausgegeben zu Bonn am 30. April 1998, S. 786 ff.
Kreditfazilität	Kreditrahmenvereinbarung, die einem/er Kunden/-in zur Deckung eines Kreditbedarfs bei einer oder mehreren Banken zur Verfügung stehen (mit oder ohne Stellung von Sicherheiten) und die er bzw. sie nach Bedarf in Anspruch nehmen kann.
Kreditprolongation	Verlängerung einer Kreditvereinbarung nach Ablauf der festgelegten Laufzeit.
Lernende Organisation	Eine an sich verändernde Umweltzustände anpassungsfähige Organisation.
Lessons Learned	Im Lessons-Learned-Prozess geht es um die Aufarbeitung der Gründe für den Eintritt von Kreditverlusten, um gegebenenfalls Schwächen im Entscheidungsprozess aufzudecken und zu beheben.
Loss Given Default (LGD)	Verlustquote; Verhältnis von erwartetem Verlust zu Kredithöhe im Zeitpunkt des Ausfalls, Begriffsdefinition aus Basel II und III.
Management Adjustment	→ Management Overlay
Management Overlay	Begriff aus der internationalen Rechnungslegung IFRS zur Bezeichnung einer Korrekturposition (zusätzlicher Verlustpuffer) in der Höhe der Wertberichtigungen auf Portfolioebene, wenn die Modelle nach IFRS 9 nicht ausreichen, um antizipierbare Verluste zu erfassen, z. B. um die Auswirkungen einer beginnenden Pandemie auf die Bonität von Unternehmen hochzurechnen und das erhöhte Insolvenzrisiko zu berücksichtigen. Auch als → Management Adjustment bezeichnet.
Margin Calls	Sicherheiten-Nachschusspflicht aus Derivategeschäften.
Mark-to-Market	Bewertung von Wertpapieren und Vermögenswerten nach aktuellen, beobachtbaren Marktwerten.

(fortgesetzt)

Begriff	Erläuterung
Markt (MaRisk)	Die MaRisk bezeichnen die Vertriebs- und Geschäftsabteilungen eines Kreditinstituts als „Markt".
Marktfolge (MaRisk)	Als „Marktfolge" bezeichnen die MaRisk diejenige Einheit in einem Kreditinstitut, die über ein → Zweitvotum verfügt. Gemeint ist das Vier- oder Mehr-Augen-Prinzip im Kreditentscheidungsprozess. Diese Rolle gehört in international tätigen Banken zum Risikomanagement.
Netting	Aufrechnungsklausel u. a. in Derivateverträgen. Positive und negative Werte werden verrechnet und nur der Nettobetrag wird vom Schuldner gezahlt.
NPV	Net Present Value oder Netto-Barwert bzw. Kapitalwert.
Optionspreismodell	Modell zur Ermittlung des Fair Value (Marktwerts, Wiederbeschaffungswertes) von Optionen, z. B. Aktienindex-Optionen, Devisenoptionen, Optionen auf Futures.
Portfolioauswahl-Theorie	Die Portfolioauswahl-Theorie geht auf Harry Markowitz zurück und ist die grundlegende Theorie für die Verwaltung institutioneller Vermögen. Aus ihr gehen das Prinzip der Diversifikation, der Korrelation und Portfolioeffizienz in Bezug auf die Vermögensanlage in Wertpapieren hervor.
Rating	Klassifizierung von Schuldner/-innen nach ihrer Bonität bzw. Kreditwürdigkeit.
Regressfrei	Im Kreditgeschäft: ohne Haftung von Dritten (Anteilseigner, Sponsoren), die nicht selbst Kreditnehmer sind, z. B. bei Projektfinanzierungen, Leveraged Finance oder anderen strukturierten Finanzierungen.
Risikofreude	Risikofreude im Sinne der Entscheidungstheorie misst sich an der Abweichung des Erwartungsnutzens vom Erwartungswert. Liegt er über dem Erwartungswert, repräsentiert dies Risikofreude. → Risikoscheu
Risikonutzen	→ Bernoulli-Nutzen.
Risikoscheu	Risikoscheu im Sinne der Entscheidungstheorie misst sich an der Abweichung des Erwartungsnutzens vom Erwartungswert. Liegt der Erwartungsnutzen unter dem Erwartungswert, repräsentiert dies Risikoscheu. → Risikofreude
Risikopositionswert	Der Risikopositionswert (Risk Value) gibt die erwartete Risikohöhe bei Ausfall an. Siehe oben → Exposure at Default.

(fortgesetzt)

Begriff	Erläuterung
Risikosituation	Der Fachbegriff der Entscheidungslehre bezeichnet eine Situation der Unsicherheit über die Konsequenzen einer Wahlhandlung für deren Konsequenzen Eintrittswahrscheinlichkeiten angegeben oder ermittelt werden können. Situationen, in denen es nicht möglich ist, Eintrittswahrscheinlichkeiten für künftige Zustände zu bestimmen, werden als Ungewissheitssituation bezeichnet.
Sarbanes-Oxley Act	US-Amerikanisches Gesetz, das nach der globalen Finanzkrise 2007/2008 für eine Verstärkung des internen Kontrollsystems in Unternehmen und die Ordnungsmäßigkeit der Rechnungslegung sorgen soll.
Schlechtes Risiko	Eine Finanztransaktion mit negativem Kapitalwert.
Settlement-Risk	In der Bankfachsprache verwendeter Begriff für Anschaffungsrisiken, also Risiken aus Geschäften, für die zwar Zug-um-Zug vereinbart werden, deren physische Abwicklung jedoch ein oder mehrere Tage erfordert.
Sicherheitsäquivalent	Begriff aus der mathematischen Risikotheorie und Entscheidungslehre. Er bezieht sich auf die Wahlsituation zwischen einer sicheren Zahlung und der Teilnahme an einer Lotterie mit unsicherem Ausgang. Bei Indifferenz repräsentiert der Wert der sicheren Zahlung für den/die Entscheider/-in das Sicherheitsäquivalent.
Standardabweichung	→ Erwartungswert-Varianz-Prinzip
Termingeschäfte	Termingeschäfte sind Kontrakte, bei denen Vereinbarung und Erfüllung des Geschäfts zeitlich auseinanderfallen.
Treasury	Unter Treasury versteht man in Finanzinstitutionen diejenige Einheit, die den Geldeinkauf vornimmt und das Zinsrisiko steuert. Im deutschen Bankenjargon existiert auch der Begriff Refinanzierungsabteilung.
Unberechenbare Risiken	Ereignisse, deren Auswirkungen sich einer Beurteilung entziehen.
Upside-Potenzial	Positive Einflüsse auf ein erwartetes Planergebnis. Das Gegenteil wären → Downside-Risiken.

(fortgesetzt)

Begriff	Erläuterung
Value at Risk	Der Value at Risk ist der maximale Verlusterwartungswert in einer Periode innerhalb eines vorgegebenen Konfidenzniveaus. Die Versicherungstechnik spricht im Zusammenhang mit ihm auch von der Ruinwahrscheinlichkeit. Im Bankenaufsichtsrecht ist der Value at Risk eine wesentliche Grundlage für die Berechnung der Mindesteigenmittelerfordernisse.
Varianz	→ Erwartungswert-Varianz-Prinzip
Verwertungsentscheidungen	Als Verwertungsentscheidung wird die Entscheidung bezeichnet, einen Vermögensgegenstand zu veräußern, meist im Zusammenhang mit der Liquidation von Unternehmen oder Abwicklung von Kreditinstituten.
Work-Hard-Play-Hard-Kultur	Die Mitglieder eines Unternehmens, das durch eine Work-Hard-Play-Hard-Kultur gekennzeichnet ist, übernehmen eher kleine Risiken und erhalten ein schnelles Feedback über den Erfolg von getroffenen Entscheidungen. Die Kultur ist gekennzeichnet durch eine Team- und Kundenorientierung, ungezwungenen Umgang miteinander und eine optimistische Ausstrahlung.
Zweitvotum	Das „Zweitvotum" ist der Begriff, den die MaRisk für die Anwendung des Vier- oder Mehr-Augen-Prinzips im Kreditentscheidungsprozess verwendet. Diese Rolle gehört in international tätigen Banken zum Risikomanagement.

Literatur

Arndorfer, I./Minto, A. (2015): The "four lines of defence model" for financial institutions – Taking the three-lines-of-defence model further to reflect specific governance features of regulated financial institutions. In: Bank for International Settlements, Financial Stability Institute, Occasional Paper No. 11, December 2015.

Baetge, J./Melcher, T./Celik, A. (2015): Möglichkeiten und Grenzen von Bilanzratings nach dem BilMoG, in: Everling, O./Leker, J./Bielmeier (Hrsg.) 2015, Credit Analyst, Verlag De Gruyter Oldenbourg, Berlin, S. 149–173.

Bamberg, G./Coenenberg, A. G./Krapp, M. (2019): Betriebswirtschaftliche Entscheidungslehre. 16. Aufl., Verlag Vahlen, München.

Basel Committee on Banking Supervision (2003): Sound Practices for the Management and Supervision of Operational Risk. Bank for International Settlements, Basel, February 2003.

Basel Committee on Banking Supervision (2004): Internationale Konvergenz der Eigenkapitalmessung und der Eigenkapitalanforderungen. Überarbeitete Rahmenvereinbarung, Bank for International Settlements, Basel, Juni 2004.

Basel Committee on Banking Supervision (2009): Principles for Sound Stress-Testing Practices and Supervision, Bank for International Settlements, Basel, Mai 2009.

Basel Committee on Banking Supervision (2011): Revisions to the Basel II market risk framework, Updated as of 31 December 2010, Bank for International Settlements, Basel, February 2011 (im Bankenjargon teils als „Basel 2.5" bezeichnet).

Basel Committee on Banking Supervision (2011): A global regulatory framework for more resilient banks and banking systems, Bank for International Settlements, Basel, Juni 2011 ("Basel III").

Basel Committee on Banking Supervision (2017): Basel III: Finalising post-crisis reforms, Bank for International Settlements, Basel, December 2017 (Finalisierung von Basel III, im Bankenjargon auch als „Basel IV" bezeichnet).

Basel Committee on Banking Supervision (2012): Sound practices for backtesting counterparty credit risk models, Bank for International Settlements, Basel, Dezember 2012 (BCBS 185).

BASF SE (2022): AG-Bericht 2022. Integrierter Unternehmensbericht zur ökonomischen, ökologischen und gesellschaftlichen Leistung.

Bergermann, M./ter Haseborg, V. (2021): Die Wirecard Story. Die Geschichte einer Milliarden-Lüge, FinanzBuch, München.

Berk, J./ DeMarzio, P. (2020): Corporate Finance. 5. Aufl., Pearson Education, Harlow, UK.

Bernstein, P.L. (1998): Against the Gods. The Remarkable Story of Risk, John Wiley & Sons, New York NY.

Board of Governors of the Federal Reserve System (2023): Review of the Federal Reserve's Supervision and Regulation of Silicon Valley Bank, Bericht vom April 28, 2023. URL: https://www.federalreserve.gov/publications/files/svb-review-20230428.pdf, Zugriff am 24.02.2024.

Braun, H. (1983): Risikomanagement. Eine spezifische Controllingaufgabe. Stmv, Darmstadt.

Bundesanstalt für Finanzdienstleistungsaufsicht (BaFin), Pressemitteilung vom 03.03.2021: BaFin ordnet Moratorium über die Greensill Bank AG an. URL: https://www.bafin.de/SharedDocs/Veroeffentlichungen/DE/Pressemitteilung/2021/pm_210303_Greensill.html (Abrufdatum: 24.02.2024).

Brealey, R. A., Myers, Stewart C., Marcus, Alan J. (2020): Fundamentals of Corporate Finance, 10. Aufl., McGraw Hill, New York, NY.

Busse von Colbe, W., Witte, F. (2018): Investitionstheorie und Investitionsrechnung, 5. Aufl., Springer Gabler, Wiesbaden.

Commission of the European Communities: Communication from the Commission of 27 May 2009 – European financial supervision [COM(2009) 252 final].

https://doi.org/10.1515/9783110596571-010

Committee of Sponsoring Organizations of the Treadway Commission (COSO) (2020): Enterprise Risk Management. Integrating with Strategy and Performance. Executive Summary, URL: https://www.coso.org/guidance-on-ic (Abrufdatum 31.01.2024)

Daxhammer, R., Fascar, M. (2018): Behavioral Finance. Verhaltenswissenschaftliche Finanzmarktforschung im Lichte begrenzt rationaler Marktteilnehmer, 2. Aufl., UVK Verlagsgesellschaft, Konstanz.

Deacon, J. (2004): Global securitization and CDOs, John Wiley & Sons, Chichester, UK.

Deutsche Bank AG (2022): Geschäftsbericht 2022.

Deutscher Corporate Governance Kodex: Fassung vom 28. April 2022, veröffentlicht von der Regierungskommission Deutscher Corporate Governance Kodex im Bundesanzeiger des Bundesministeriums der Justiz vom 27. Juni 2022, URL: https://www.dcgk.de//files/dcgk/usercontent/de/download/kodex/220627_Deutscher_Corporate_Governance_Kodex_2022.pdf (Abruf am 20.03.2024).

Eckrich, E./Trustorff, J.-H. (2015): Ratingentwicklung und -validierung, in: Everling, O./Leker, J./Bielmeier (Hrsg.) 2015, Credit Analyst, De Gruyter Oldenbourg, Berlin, S. 123–146.

Eisenführ, F./Weber, M./Langer, T. (2010): Rationales Entscheiden, 5. Aufl. Springer, Berlin.

Europäische Zentralbank: Leitfaden der EZB für den bankinternen Prozess zur Sicherstellung einer angemessenen Kapitalausstattung (Internal Capital Adequacy Assessment Process – ICAAP), November 2018, URL: https://www.bankingsupervision.europa.eu/ecb/pub/pdf/ssm.icaap_guide_201811.de.pdf (Abrufdatum: 22.02.2024)

Europäische Zentralbank: Leitfaden der EZB für den bankinternen Prozess zur Sicherstellung einer angemessenen Liquiditätsausstattung (Internal Liquidity Adequacy Assessment Process – ILAAP), November 2018, URL: https://www.bankingsupervision.europa.eu/ecb/pub/pdf/ssm.ilaap_guide_201811.de.pdf.

European Central Bank (2017): Banking Supervision. Guide to fit and proper assessments. www.bankingsupervision.europa.eu/ecb/pub/pdf/ssm.fit_and_proper_guide_update202112~d66f230eca.en.pdf (Abrufdatum: 4.02.2024).

Everling, O./Leker, J./Bielmeier (Hrsg.) (2015): Credit Analyst, Verlag De Gruyter Oldenbourg, Berlin.

Farny, D. (1979): Grundfragen des Risk Management, in: v. Goetzke, W./Sieben, G. (Hrsg.): Risk-Management – Strategien zur Risikobeherrschung. Bericht von der 5. Kölner BFuP-Tagung am 5. und 6. Oktober 1978 in Leverkusen, Verlag GEBERA, Gesellschaft für Betriebswirtschaftliche Beratung mbH, Köln, S. 11–37.

Fiege, S. (2006): Risikomanagement- und Überwachungssystem nach KonTraG. Prozess, Instrumente, Träger, Verlag Springer, Wiesbaden.

Financial Stability Board (2014): Guidance on Supervisory Interaction with Financial Institutions on Risk Culture. A Framework for Assessing Risk Culture, 7 April 2014.

Financial Times (2021): How Credit Suisse rolled the dice on risk management – and lost. Senior executives pushed compliance to become 'more commercial' and dissenting voices were suppressed, vom 21. April 2021, S. 7. URL: https://www.ft.com/content/cb708ba2-ea8c-4c66-9190-0255fa5112e3 (Abrufdatum: 25.02.2024).

Finanzmarktaufsicht (FMA): Pressemitteilung vom 14. Juli 2020, Österreichs Finanzmarktaufsichtsbehörde FMA hat der „Commerzialbank Mattersburg im Burgenland AG" per Bescheid die Fortführung des Geschäftsbetriebes untersagt und den Wirtschaftsprüfer Mag. Bernhard Mechtler zum Regierungskommissär bestellt. URL: https://www.fma.gv.at/oesterreichs-finanzmarktaufsichtsbehoerde-fma-hat-der-commerzialbank-mattersburg-im-burgenland-ag-per-bescheid-die-fortfuehrung-des-geschaeftsbetriebes-untersagt-und-den-wirtschaftsp/ (Abrufdatum: 24.02.2024).

Franke, G./Hax, H. (2009): Finanzwirtschaft des Unternehmens und Kapitalmarkt, 6. Aufl., Springer Heidelberg.

Gigerenzer, G. (2014): Risiko: Wie man die richtigen Entscheidungen trifft, btb Verlag, München.

Gleißner, W./Sassen, R./ Behrmann, M. (2019): Prüfung und Weiterentwicklung von Risikomanagementsystemen. Ökonomische und aktienrechtliche Anforderungen, Springer Gabler, Wiesbaden.

Grabner, R./ Schnauder, A. (2015): Akte Hypo Alpe Adria: Von der Geldmaschine zum Milliardengrab. Verantwortliche, Profiteure, Hintergründe, 2. Aufl., Linde Verlag, Wien.

Hagen, J. (2017): Fatale Fehler. Warum Organisationen ein Fehlermanagement brauchen, 2. Aufl., Springer Gabler, Wiesbaden.

Handelsblatt: Bilanzfälschung: Skandal um österreichische Commerzialbank erinnert an Wirecard, Artikel vom 6. Oktober 2020. URL: https://www.handelsblatt.com/finanzen/banken-versicherungen/banken/bilanzfaelschung-skandal-um-oesterreichische-commerzialbank-erinnert-an-wirecard/26195244.html (Abrufdatum: 24.02.2024).

Hartmann-Wendels, T./ Pfingsten, A./ Weber, M. (2019): Bankbetriebslehre, 7. Aufl., Springer Gabler, Wiesbaden.

Haves, R. (2015): Baseler Regulatorik: Basel I, II und III im Überblick, in: Everling, O./Leker, J./Bielmeier (Hrsg.) 2015, Credit Analyst, De Gruyter Oldenbourg, Berlin, S. 25–53.

Heldt-Sorgenfrei, P. (2015): Kreditgeschäft im Kontext des Baseler Regelwerks, in: Everling, O./Leker, J./ Bielmeier (Hrsg.), Credit Analyst, De Gruyter Oldenbourg, Berlin, S. 3–24.

HM Treasury (2023): The Orange Book. Management of Risk – Principles and Concepts. UK Government, URL: https://assets.publishing.service.gov.uk/media/6453acadc33b460012f5e6b8/HMT_Orange_Book_May_2023.pdf (Abrufdatum: 26.03.2024).

Hopkin, P. (2018): Fundamentals of Risk Management. Understanding, evaluating and implementing effective risk management, 4. Aufl., Kogan Page, London.

Hopkin, P./Thompson, C. (2022): Fundamentals of Risk Management. Understanding, Evaluating and Implementing Effective Enterprise Risk Management, 6. Aufl., Kogan Page, London.

Hull, J.C. (2018): Risk Management and Financial Institutions, 5. Aufl., Wiley & Sons, Hoboken.

Hull, J.C. (2023): Risk Management and Financial Institutions, 6. Aufl., Wiley & Sons, Hoboken.

Hungenberg, H./Wolf, T. (2021): Grundlagen der Unternehmensführung. Einführung für Bachelorstudierende, 6. Aufl., Springer Gabler, Berlin.

Hunziker, S./Meissner, J. O. (Hrsg.) (2018): Ganzheitliches Chancen- und Risikomanagement. Interdisziplinäre und praxisnahe Konzepte, Springer Gabler, Wiesbaden.

Institute of International Auditors (IIA): The IIA's Three Lines Model, Deutsche Übersetzung: Deutsches Institut für Interne Revision e.V. (DIIR), Stand Juli 2020.

International Financial Reporting Standards (IFRS): International Accounting Standards Board (Hrsg.) https://www.ifrs.org/ (Abrufdatum: 26.02.2024).

International Organization for Standardization (2018): ISO-Standard 31000, Risk Management – Guidelines, 2. Aufl., Februar 2018.

Jabbour, G. M./Kramin, M. V./Young, S. D. (2009): Nth-to-default swaps: valuation and analysis, in: Managerial Finance 35(1), 1. Januar 2009, S. 25–47.

Jakubowski, R. (2017a): Nachhaltiges Risikomanagement: Erkenntnisse aus einer Bankenabwicklung, in: Risiko Manager, 09/2017, S. 18 ff.

Jakubowski, R. (2017b): Vorsicht bei der Risikovorsorge, Betriebswirtschaftliche Blätter: Fachzeitschrift für Unternehmensführung in der Sparkassen-Finanzgruppe, September 2017, Hrsg. Deutscher Sparkassen- und Giroverband.

Jeschke, B. G. (2017): Entscheidungsorientiertes Management. Einführung in eine konzeptionell fundierte, pragmatische Entscheidungsfindung, Verlag DeGruyter Oldenbourg, Berlin.

Kahnemann, D. (2012): Schnelles Denken, langsames Denken, 27. Aufl., Siedler Verlag, München.

Karten, W./Nell, M./Richter, A./Schiller, J. (2018): Risiko und Versicherungstechnik. Eine ökonomische Einführung, Springer Gabler, Wiesbaden.

Kessler, H. (2015): Internationale Rechnungslegung und Abschlussanalyse, in: Everling, O./Leker, J./
Bielmeier (Hrsg.) 2015, Credit Analyst, De Gruyter Oldenbourg, Berlin, S. 175–224.

Klein, C. (2015): Erweiterung der Kreditanalyse um ESG Faktoren, in: Everling, O./Leker, J./Bielmeier (Hrsg.)
2015, Credit Analyst, De Gruyter Oldenbourg, Berlin, S. 257–264.

Kniese, G. (1997): Futureshedging auf Ölmärkten: Die Öl-Geschäftsstrategie der Metallgesellschaft,
Deutscher Universitätsverlag.

Knight, F. H. (1921): Risk Uncertainty and Profit, Houghton Mifflin Company, Boston, New York.

Krehl, H., Strobel, S./Sonius, D. (2015): Analyse und Planung von Geschäftsmodellen, in: Everling, O./Leker,
J./Bielmeier (Hrsg.), Credit Analyst, De Gruyter Oldenbourg, Berlin, S. 225–256.

Kreuzer, E. (2019): Ein Ansatz für den Umgang mit Risiken und Unsicherheit in der Entscheidungspraxis, in:
Fleischer, B./Lauterbach, R./Pawlik, K. (Hrsg.), Rationale Entscheidungen unter Unsicherheit, Verlag
Walter de Gruyter, Berlin/Boston.

Kühnapfel, J. B. (2012): Scoring und Nutzwertanalysen. Ein Leitfaden für die Praxis, Springer Wiesbaden.

Kürsten, W. (2006): Risikomanagement und aktionärsorientierte Unternehmenssteuerung – mehr Fragen
als Antworten, in: Kürsten, W./Nietert, B. (Hrsg.): Kapitalmarkt, Unternehmensfinanzierung und
rationale Entscheidungen, Festschrift für Jochen Wilhelm, Springer, Berlin, S. 179–204.

Kunz, Fiona A. (2017): Vier Augen sehen mehr als zwei, in Dieter Frey (Hrsg.), Psychologie der
Sprichwörter, Weiß die Wissenschaft mehr als Oma? Springer-Verlag Berlin Heidelberg, S. 165–172.

Kurfels, M. (2015): Mindestanforderungen an das Risikomanagement, in: Everling, O./Leker, J./Bielmeier
(Hrsg.), Credit Analyst, De Gruyter Oldenbourg, Berlin, S. 55–76.

Laux, H./Gillenkirch, R.M./Schenk-Mathes, H. Y. (2018): Entscheidungstheorie, 10. Aufl., Springer Gabler,
Wiesbaden.

Lefterov, A. (2015): The Single Rulebook: legal issues and relevance in the SSM context, European Central
Bank, Legal Working Paper Series, Nr. 15, Oktober 2015.

Lhabitant, F.-S. (2002): Hedge Funds. Myths and Limits, Verlag John Wiley & Sons, Hoboken (US),
Chichester (UK).

Lhabitant, F.-S. (2011): Handbook of Hedge Funds, Verlag John Wiley & Sons, Hoboken (US),
Chichester (UK).

Luhmann, N. (1991): Soziologie des Risikos, De Gruyter, Berlin, New York.

Markowitz, H. (1952): Portfolio Selection, in: The Journal of Finance, Vol. 7, No. 1 (March 1952), S. 77–91.

Markowitz, H. (1959): Portfolio Selection: Efficient Diversification of Investments, Wiley, New York, NY.
Deutsche Ausgabe, 2008: Portfolio Selection. Die Grundlagen der optimalen Portfolio-Auswahl,
FinanzBuch, München.

Martin, T.A./Bär, R. (2002): Grundzüge des Risikomanagements nach KonTraG. Das
Risikomanagementsystem zur Krisenfrüherkennung nach § 91 Abs. 2 AktG, Oldenbourg, München.

Mock, C. (2015): Ratingmethodologie und Ratingprozess von Standard & Poor's für Industrieunternehmen,
in: Everling, O./Leker, J./Bielmeier (Hrsg.), Credit Analyst, De Gruyter Oldenbourg, Berlin, S. 265–286.

Möbius, C./Pallenberg, C. (2013): Risikomanagement in Versicherungsunternehmen, 2. Aufl., Springer
Gabler, Wiesbaden.

Mondello, E. (2017): Finance. Theorie und Anwendungsbeispiele, Verlag Springer Gabler Wiesbaden.

Niehoff, W./Hirschmann, S. (Hrsg.)(2015): Brennpunkt Risikomanagement und Regulierung,
Bank-Verlag, Köln.

Neue Züricher Zeitung, Die amerikanische Silicon Valley Bank kollabiert – der Staat übernimmt die
Kontrolle, Artikel vom 04.05.2023, URL https://www.nzz.ch/finanzen/die-silicon-valley-bank-ist-
kollabiert-der-staat-uebernimmt-ld.1729794 (Abrufdatum: 14.05.2024).

Nguyen, T./Romeike, F. (2013): Versicherungswirtschaftslehre, Springer Gabler, Wiesbaden.

Oermann, N. O. (2018): Tod eines Investmentbankers. Eine Sittengeschichte der Finanzbranche, Verlag
Herder, Freiburg.

Perridon, L./Steiner, M./Rathgeber, A.W. (2022): Finanzwirtschaft der Unternehmung, 18. Aufl., Vahlen, München.

Reichling, P./Bietke, D./Henne, A. (2007): Praxishandbuch Risikomanagement und Rating. Ein Leitfaden, 2. Aufl., Verlag Gabler, Wiesbaden.

Reimer, M./Fiege, S. (Hrsg.) (2009): Perspektiven des Strategischen Controllings: Festschrift für Professor Dr. Ulrich Krystek, Springer, Wiesbaden.

Reuse, S. (Hrsg.) (2020): Praktikerhandbuch Risikotragfähigkeit. Sicherstellung des ICAAP im Kontext normativer und ökonomischer Sicht, 3. Auflage, Finanz Colloquium Heidelberg (FCH).

Risiko Manager, o. Verf. (2014): CRO in Versicherungen: Antreiber der Wertschöpfung, Ausgabe 22 vom 30.10.2014.

Romeike, F. (2018): Risikomanagement, Springer Gabler, Wiesbaden.

Rommelfanger, H. (2015): Ratingmethoden, in: Everling, O./Leker, J./Bielmeier (Hrsg.), Credit Analyst, De Gruyter Oldenbourg, Berlin, S. 79–98.

Scherpereel, P. (2006): Risikokapitalallokation in dezentral organisierten Unternehmen, Dissertation, Deutscher Universitäts-Verlag, Wiesbaden.

Schierenbeck, H./ Lister, M./Kirmße, S. (2014): Ertragsorientiertes Bankmanagement, Band 1: Messung von Rentabilität und Risiko im Bankgeschäft, 9. Aufl., Gabler Verlag, Wiesbaden.

Schierenbeck, H./ Lister, M./Kirmße, S. (2008): Ertragsorientiertes Bankmanagement. Band 2: Risiko-Controlling und integrierte Rendite-/Risikosteuerung, 9. Aufl., Gabler Verlag, Wiesbaden.

Schneeweiß, H. (1967): Entscheidungskriterien bei Risiko, Springer, Berlin.

Schreyögg, G./Koch, J. (2020): Management. Grundlagen der Unternehmensführung, 8. Aufl. 2020, Springer Gabler, Wiesbaden.

Schreyögg, G./Geiger, D. (2024): Organisation. Grundlagen moderner Organisationsgestaltung, 7. Aufl., Springer Gabler, Wiesbaden.

Schulte-Mattler, H., Becker, A. (Hrsg.) (2012): Finanzkrise 2.0 und Risikomanagement von Banken. Regulatorische Entwicklungen – Konzepte für die Umsetzung, Erich Schmidt Verlag, Berlin.

Der Spiegel (2018): „Kampf der Kulturen". Nr. 5, 31. Januar 1999.

Stier, C. (2017): Risikomanagement und wertorientierte Unternehmensführung. Effizienz- und Monopoleffekte. Springer Gabler, Wiesbaden.

Spillmann, M./Döhnert, K./Rissi, R. (2019): Asset Liability Management (ALM) in Banken, Springer Gabler, Wiesbaden.

Stulz, R. M. (1996): Rethinking Risk Management, in: Journal of Applied Corporate Finance, Vol. 34, No. 1, Winter 2022, S. 32–46.

Stulz, R. M. (2008): Risk Management Failures. What Are They and When Do They Happen, in: Journal of Applied Corporate Finance, Vol. 20, Nr. 4, Herbst 2008, S. 39–48.

Stulz, R. M., (2015): Risk Taking and Risk-Management by Banks, in: Journal of Applied Corporate Finance, Vol. 27, No. 1, Winter 2015, S. 8–18.

Smith, C.W./Stulz, R. M. (1985): The Determinants of Firms' Hedging Policies, in: Journal of Finance and Quantitative Analysis, Vol. 20, No. 4, Dezember 1985, S. 391–405.

Süddeutsche Zeitung, Der Niedergang der Hypo Real Estate, Artikel vom 17. Mai 2010: https://www.sueddeutsche.de/geld/drama-in-zehn-akten-der-niedergang-der-hypo-real-estate-1.367409 (Abrufdatum: 14.05.2024).

Süddeutsche Zeitung, IKB – Was im Juli 2007 geschah, Artikel vom 17. Mai 2010, URL: https://www.sueddeutsche.de/geld/ikb-was-im-juli-2007-geschah-1.190483. (Abrufdatum: 14.05.2024).

Taleb, N. N. (2010): The Black Swan. The Impact of the Highly Improbable, Random House, New York, NY.

TEGOVA, The European Group of Valuers' Associations (2020): European Valuation Standards and Guidance Notes, 9. Aufl., Verlag Gillis nv/sa, Belgien, URL: https://tegova.org/static/72fa037473e198cb d428e465158bcfdb/a6048c931cdc93_TEGOVA_EVS_2020_digital.pdf, (Abrufdatum: 12.03.2024).

Thommen, J.-P./Achleitner, A.-K./Gilbert, D. U./Hachmeister, D./Jarchow, S./Kaiser, G. (2023): Allgemeine Betriebswirtschaftslehre. Umfassende Einführung aus managementorientierter Sicht, 10. Aufl., Springer, Wiesbaden.

Töpfer, A. (2007): Betriebswirtschaftslehre, Anwendungs- und prozessorientierte Grundlagen, 2. Aufl., Springer, Berlin.

Vanini, U./Rieg, R. (2021): Risikomanagement. Grundlagen – Instrumente – Unternehmenspraxis, 2. Aufl., Schäffer-Poeschel, Stuttgart.

Vousinas, L. (2021): Beyond the three lines of defense: The five lines of defense model for financial institutions, ACRN Journal of Finance and Risk Perspectives, Nr. 10 (2021), S. 95–110.

Von Neumann, J. Morgenstern, O., Kuhn, H. W., Rubinstein, A. (1944): Theory of Games and Economic Behavior, 60th Anniversary Commemorative Edition, Verlag Princeton University Press, 2004.

Wagner, F. (Hrsg.) (2017): Gabler Versicherungslexikon, Springer Gabler, Wiesbaden.

Wagner, F./Elert, R./Luo, J. (2017): Risikomanagement in Versicherungsunternehmen. In: Wagner, F. (Hrsg.), Gabler Versicherungslexikon, 2. Aufl., Springer Gabler, Wiesbaden, S. 762–768.

Weinmann, S. (2020): Normatives Entscheiden. Aufgaben und Merkmale der Entscheidungs- und Erwartungsnutzentheorie, 2. Aufl., Springer Gabler, Wiesbaden.

Welge, M. K./Eulerich, M. (2021): Corporate-Governance-Management. Theorie und Praxis der guten Unternehmensführung, 3. Aufl., Springer Gabler, Wiesbaden.

Weiguny, B./Meck, G. (2021): Wirecard. Das Psychogramm eines Jahrhundertskandals, Goldmann-Verlag, München.

Wernz, J. (2012): Banksteuerung und Risikomanagement, Verlag Springer Gabler, Berlin und Heidelberg.

Wolke, T. (2015): Risikomanagement, 3. Aufl., Oldenbourg, Berlin.

Register

https://doi.org/10.1515/9783110596571-011

www.ingramcontent.com/pod-product-compliance
Lightning Source LLC
Chambersburg PA
CBHW081104220326
41598CB00038B/7217